KB105262

열린 우주

비결정론을 위한 논증

열린 우주

비결정론을 위한 논증

칼 포퍼

이한구 · 이창환 옮김

철학과현실사

THE OPEN UNIVERSE

An Argument for Inderterminism

KARL R. POPPER

From the POSTSCRIPT TO THE LOGIC OF
SCIENTIFIC DISCOVERY
Edited by W. W. Bartley, III

The Open Universe

Copyright © Karl Popper
Korean Translation Copyright © 2020 by Chulhak-kwa-Hyunsil Publishing Co.

Korean edition is published by arrangement
with The Estate of Karl Popper
through Duran Kim Agency, Seoul

이 책의 한국어판 저작권은 듀란킴 에이전시를 통한
The Estate of Karl Popper와의 독점계약으로 철학과현실사에 있습니다.
저작권법에 의하여 한국 내에서 보호를 받는 저작물이므로
무단전재와 무단복제를 금합니다.

✧ 차 례 ✧

부록

[각 절의 번호에 대한 편집자 주석] 『후속편』 세 권에 있는 각각의 절들은 1절부터 시작해 연속적으로 번호를 붙였다. 전체로서 『후속편』 속의 절들을 나타내고 있는 원래 절의 번호들은 차례 안의 괄호로 묶고 별표를 했다.

✧ 편집자 서문 ✧

　이 책 『열린 우주: 비결정론을 위한 논증(*The Open Universe: An Argument for Inderterminism*)』은 칼 포퍼 경의 『과학적 발견의 논리(*The Logic of Scientific Discovery*)』에 대한 기다려 마지않던 『후속편(*Postscript*)』의 두 번째 권이다. 또한 논증의 중요한 부분이 실려 있다. 이 책은 1950년대 중반에 쓰였음에도, 이전에 출판된 적이 없었다. 이것은 내가 아는 결정론과 비결정론에 대한 가장 일관되고 중요한 문제를 담고 있다.

　『과학적 발견의 논리』의 『후속편』은 1951년과 1956년 사이에 주로 저술되었다. 그때는 포퍼가 1934년에 처음 출판한 책인 『탐구의 논리(*Logik der Forschung*)』를 영어로 번역한 『과학적 발견의 논리』가 출판되었던 때이다.

　『후속편』의 여러 상이한 책들은 원래 『과학적 발견의 논리』 부록 시리즈의 일부였다. 그 부록에서 포퍼는 첫 번째 책의 생각들을 바로잡고 확장하여 발전시킬 작정이었다. 이 부록들 중 어떤 것은 1959년에 출판된 『과학적 발견의 논리』에 실제로 포함되어 있다. 그렇지만 일군의 부록들은 자체적인 형태를 갖추어, 점차 밀접히 연관된 하나의 작업이 ─ 길이에 있어서는 원래의 『탐구의 논리』를 훨씬 초과하는 작업이 되었다. 『과학적 발견의 논리』의 속편이나 안내서 ─『후기 속편: 20년 후』라고 불리는 ─ 로 이 새로운 작업을 출판하는 것이 결정되었다. 그렇게 해서 결국 1956-57년에 활자로 조판되어 교정쇄로 나왔다.

하지만 기대하던 출판을 몇 달 앞두고 그 계획은 중단되었다. 포퍼의 지적 자서전인 『끝나지 않는 물음(Unended Quest)』에서, 그는 이 교정쇄에 대한 말을 다음과 같이 밝히고 있다. "교정은 악몽으로 변했다. … 그때 나는 두 눈을 수술해야 했기 때문이다. 이후 나는 잠시 동안 교정을 다시 시작할 수 없었다. 그 결과 『후속편』이 아직 출판되지 못했다."

나는 이때를 생생하게 기억하고 있다. 망막 분리 수술을 몇 번한 후 곧 그곳 병원에 입원해 있는 포퍼를 문병하기 위해 나는 빈에 갔다. 그리고 그가 회복했을 때, 우리는 『후속편』 작업을 착수했다. 오랫동안 그는 거의 볼 수가 없었으며, 그래서 우리는 그가 맹인이 되지 않을까 심히 우려했다.

그가 다시 볼 수 있었을 때, 『후속편』에 대한 많은 작업이 이루어졌다. 몇몇 절은 추가되었고, 또한 수없이 많은 교정이 이루어졌다. 그렇지만 이제 다른 작업에 대한 큰 압박 때문에, 1962년 이후에는 실질적으로 본문에 추가된 것이 전혀 없었다. 『추측과 논박(Conjectures and Refutations)』(1963)을 출판한 후 10년 동안 상당히 왕성한 저술을 했던 포퍼는 많은 논문을 발표하는 중에, 세 권의 새로운 책『객관적 지식: 진화론적 접근(*Objective Knowledge: An Evolutionary Approach*)』(1972),『끝나지 않는 물음』(1976), 그리고 (존 에클스 경(Sir John Eccles)과의 공저인)『자아와 그 두뇌(*The Self and Its Brain*)』(1977)를 완성하고 출판하였다. 이 책들은 몇 년에 걸쳐 나왔으며, 이제 유명해진 객관적인 마음의 이론(그리고 세계 1, 2, 3의 이론)이 전개되었고, 그 접근이 생물학의 과학으로 연장되었던 저작들이었다.

반면에 물리학의 철학에서 포퍼 작품의 정점이었던『후속편』은 출판되지 않았다. 그렇지만 사람들이 이것을 읽지 못한 것은 아니었다. 포퍼와 매우 가까운 제자들과 동료들 대부분은 이 작품으로 연구를 했다. 그리고 몇몇은 수년 동안 교정본의 복사본을 갖고 있었다. 이 책이 결국 완성되어 대중과 공유되었음을 보는 것이야말로 이 책을 알았고 이 책에 깊은 영향을 받았던 나와 같은 사람들에게는 대단한 만족을 주는 원천이었다.

지금 출판을 위해 편집된 본문은 본질적으로 1962년에 완성되었던 것이다. 표시된 대로 몇 곳을 제외하고는 대폭적인 변경을 하지 않았다. 이렇게 하는 것이 포퍼의 제자들과 동료들에게 미친 영향을 통해서 이제 역사적인 성격을 — 이 작품을 구성한 이후 약 25년, 그리고 원래의『탐구의 논리』를 쓴 이후 45년이 경과한 역사를 — 획득하게 된 작품에 대한 적절한 접근이라고 느끼게 되었기 때문이다. 분명히 오늘의 관점에서 보면 많은 논점들이 다르게 언급되었을 것이다. 그렇지만 저자의 완전한 개정이 허용되었다면, 출판은 한없이 연기되었을 것이다.

다음과 같은 일들이 편집하면서 이루어졌다. 수년간에 걸쳐 본문의 부분들이 축적되었기 때문에, 본문의 몇몇 부분에 대한 상이한 판본들을 한데 엮었으며, 교열을 본 것은 물론이고, 독자의 도움을 위해 문헌적인 주석들과 여타의 주석들을 추가했다. 포퍼가 새로 추가한 주석 몇몇을 분명히 표시했는데, 그것들을 대괄호로 표현했으며, 별표(*)를 붙어 표시했다. 내가 한 간략한 편집 주석들과 자서전적인 주석들 또한 대괄호로 묶은 다음, 뒤이어 '편집자(Ed.)'란 축약어를 붙였다. 나는 여기서 일반적으로 포퍼의 *Die beiden Grundprobleme der Erkenntnistheorie*(1930-32년에 썼고 1979년에 출판)를 편집한 한센(Troels Eggers Hansen)의 관례를 따랐다. 우리가 과거 2년 동안에 걸쳐 다양한 장소에서 — 하이델베르크, 구엘프, 토론토, 워싱턴 D.C., 크론베르크 성, 그리고 버킹엄셔의 그의 집에서 열렸던 일련의 만남을 통해 포퍼는 편집 작업을 확인할 수 있었다. 또한 포퍼는 모든 책의 새로운 서문과 2권의 새로운 후기를 추가했다.

내 제안에 따라 표현상 하나의 주요한 변경이 이루어졌다. 이런 커다란 저작을 한 권의 책으로 출판하는 것이 가능했을 것이다. 그러나 수많은 철학도의 재력을 넘어서는 무겁고 불편한 책이 되었을 것이다. 『후속편』—『열린 우주: 비결정론을 위한 논증』을 포함하고 있는— 의 부분들은 철학자들과 철학을 전공하는 학생들에게는 물론이고 일반 대중에게도 광범위한 흥미와 관심사를 불러일으킬 것이다.

또한 이 부분들은 대체로 서로 독립적이다. 이 점 때문에 나는 그 작업을 어울리는 판형의 세 권의 분리된 책으로 출판하도록 제안하게 되었다. 그 전체를 『후속편』으로 구성했다. 포퍼 경은 약간 머뭇거린 후에 이 제안을 수락했으며, 그리고 세 권에 대해 내가 제안한 제목도 동의했다.

그래서 『후속편』은 다음과 같이 출판되었다.

『실재론과 과학의 목표(*Realism and the Aim of Science*)』(I권)
『열린 우주: 비결정론을 위한 논증』(II권)
『양자 이론과 물리학의 분열(*Quantum Theory and the Schism in Physics*)』(III권)

독자가 『후속편』의 이 세 책을 별개로 쉽게 읽을 수 있다 할지라도, 그 책들은 어떤 연관된 논증을 창조하고 있음을 알아야 한다. 『후속편』의 각각의 책은 지식에 대한 주관주의적인 접근이나 관념론적인 접근의 어느 하나를 공박하고 있다. 각각의 책은 지식에 대한 객관주의적인 접근, 즉 실재론적으로 접근하는 하나 이상의 요소들로 이루어져 있다.

이렇게 해서 지금 『실재론과 과학의 목표』라는 제목의 책에서, 포퍼는 '귀납주의'를 추적하고 있다. 그는 귀납주의를 논리적, 방법론적, 인식론적, 그리고 형이상학적인 네 단계를 통해서 주관주의와 관념론의 주요한 원천으로 보고 있다. 그는 오류 가능성에 대한 자신의 이론을 전개했으며, 그리고 과학적인 관점과 비과학적인 관점 그리고 사이비-과학적인 관점을 구획하는 데 그 이론의 결과들을 적용하고 있다. 또한 그는 주관적인 '확실함'이나 전통적인 철학자들의 객관적인 '정당화'라는 어떤 것에도 의존하지 않고, 다른 이론보다 하나의 어떤 이론을 합리적으로 선호하는 방식으로서 확인에 대한 이론을 제시하고 있다. 첫 번째 책에서 포퍼는 또한 철학에서 버클리, 흄, 칸트, 마하 및 러셀 같은 역사적인 인물들과 자신의 관계를 논의하고 있다. 그들은 주관주의 전통에 공헌을 한 중요한 사람들이다. 그리고 그는 동시대의 철학적인 비판과 과학적인 비판에 대해 상세한 답변을 해주고 있다. 포퍼는 또한 확률계산의 주관적인 해석, 즉 확률은 주관의 불충분한 지식 상태를 측정한다는 믿음에 뿌리를 둔 해석을 공박한다. 『과학적 발견의 논리』에서, 포퍼는 확률계산의 객관적인 해석을 옹호하고 있다. 이런 목적 때문에 그는 도수 해석을 사용하고 있다. 이제 그는 또한 도수 해석도 비판한다. 그 대신에 그는 성향 해석을— 지난 20년 동안 많은 지지자들을 확보했던 해석을 상세히 제시하고 있다. 이런 생각들과 논증들은 나머지 책에 적용되고 개진되었다.

『열린 우주: 비결정론을 위한 논증』에서, 포퍼는 '과학적' 결정론과 형이상학적 결정론 모두에 대한 비판을 제시하고 있다. 그리고 그는 고전 물리학이 양자 이론보다 결정론을 더 많이 가정하거나 함의하지 않음을 논증하고 있다. 그렇지만 형이상학적 결정론은 수많은 당대의 양자 이론가들의 작업 기반으로 계속되었음을 그는 발견했다. 물론 결정론을 반대하는 양자 이론가들도 그렇게 했다. 포퍼는 물리학 내에서 이런 형이상학적인 가정들에 대한 주관적인 확률 해석들에 의해 계속해서 행해졌던 역할을 추적하고 있다.

첫 번째 책과 두 번째 책의 논증들 간에는 깊은 연관이 있는데, 그것은 인간의 자유, 창의성, 그리고 합리성에 대한 공통적인 관심사이다.

첫 번째 책에서는 정당화와 합리성을 검토하면서 비판의 한계에 관한— 그와 함께 합리성의 한계에 관한 주관주의자의 주장과 회의적인 주장을 논박한다. 만약 그런 한계가 존재한다면, 진지한 논증은 쓸모가 없을 것이며, 그 논증이 나타난 모습도 환상에 불과할 것이다.

두 번째 책은 결정론을 다루고 있는데, 다음과 같은 주장을 옹호하고 있다. 즉, 우리의 합리성은 인간 지식의 미래 성장에 대한 예측 때문에 제한을 받는다는 것이다. 만일 그런 한계가 존재하지 않는다면, 진지한 논증도 무용할 것이고, 그런 논증의 나타남도 환상에 불과할 것이다.

따라서 인간 이성은 비판에 대해서는 제한을 받지 않지만, 그러나 인간 이성의 예측 능력에 관해서는 제한을 받는다고 포퍼는 논증하고 있다.

III권인 『양자 이론과 물리학의 분열』에서, 포퍼는 관념론자의 관점을 옹호하기 위해 널리 사용된 일련의 논증들과 '역설들'을 다시 검토한 후 비판하고 있다. 양자역학의 해석에 대한 문제들은 확률계산의 해석에 대한 문제들로 추적될 수 있다고 추측했기 때문에, 포퍼는 더 나아간 확률의 성향 해석을 전개하고 있다. 그런 다음 그는 양자 이론의 주도적인 몇몇 해석에 대한 전면적인 비판을 한다. 즉, 유명한 역설을 해결하고 양자 물리학에서 '관찰자'를 내쫓으려고 시도하는 해석들이 그것이다.

그가 결론을 내리고 있는 '형이상학적인 맺음말'은 전체 『후속편』 주제들과 함께 연관되어 있다. 이 『후속편』은 물리학의 역사에서 형이상학적 탐구 프로그램들이나 해석들의 역할에 대한 역사적이고 계획적인 연구이다.

편집자는 미국 학회 협의회와 미국 철학회가 이 책의 편집 작업에 대해 보여준 관대한 후의에 포퍼의 감사를 전하고 싶다. 또한 도날드 캠벨(Donald T. Campbell)과 하이에크(F. A. von Hayek)의 충고와 지지에 대한 그의 감사도 곁들이고 싶다. 포퍼는 또한 자신의 비서인 사도야마(Nancy Artis Sadoyama)의 헌신과 한결같은 도움에도 감사를 표하길 원했다.

✧ 감사의 말 ✧

나는 이런 기회를 통해 동료인 존 왓킨스(John W. N. Watkins)가 보여준 엄청난 독려에 대해 감사하고 싶다. 특히 나에게 보여준 그의 그칠 줄 모르는 관심에 감사드리고 싶다. 그는 이 책을 원고와 교정본으로 읽은 다음, 개선을 위해 가장 도움이 되는 제안을 해주었다. 이 『후속편』을 당초 계획했던 『과학적 발견의 논리』에 대한 일련의 부록으로 출판하기보다는 별도의 작업으로 출판하도록 결정한 것도 그의 제안 때문이었다. 하지만 이 같은 생각에 그가 기울인 관심이야말로 이런 제안보다 작업의 완성을 위해 훨씬 더 중요한 것이었다.

나는 또한 『과학적 발견의 논리』의 공동 번역자인 줄리우스 프리드(Julius Freed) 박사와 란 프리드(Lan Freed)에게 심심한 감사를 표하고 싶다. 그들은 이 책의 대부분을 교정본으로 읽었으며, 그 문체에 대한 수많은 제안을 해주었다. [그들은 모두 책이 출판

되기 오래전에 작고하였다. 편집자.]

조셉 아가시(Joseph Agassi)는 이 책을 쓰는 동안 나의 첫 번째 연구 학생이었으며 나중에는 연구 조교가 되었다. 나는 거의 모든 절을 그와 상세하게 논의했다. 그 결과로 종종 그의 조언에 따라 나는 하나의 진술이나 두 진술을 전혀 새로운 절로 확장했다. 혹은 어떤 경우엔 전혀 새로운 부분으로 확장했다. [그것은 『실재론과 과학의 목표』의 2부가 되었다.] 그의 협조는 나에게 가장 중요한 것이었다.

또한 내가 아가시 박사의 도움을 유용하게 받을 수 있도록 해준 런던정경대학에 감사를 표하고 싶다. 그리고 1956년 10월부터 1957년 7월까지 이 책의 교정본을 중단하지 않도록 작업하는 기회를 주었고, 또한 아가시 박사가 이 기간 동안 나를 도울 수 있도록 해준 캘리포니아, 스탠포드대학의 행동과학 중앙 연구소(포드 재단)에게도 감사를 표하고 싶다.

펜(Penn), 버킹엄셔(Buckinghamshire), 1959

바틀리(W. W. Bartley, III) 교수는 나의 제자였는데, 이후 1958-63년에는 런던정경대학의 동료가 되었다. 그는 1960-62년 동안 이 책에 대한 면밀한 작업을 나와 같이 했다. 1978년에 그는 친절하게도 『후속편』의 편집자로 작업하는 것을 동의해 주었다. 나는 그의 도움과 몹시 힘든 이 작업을 해준 것에 감사한다. 이루 말할 수 없는 그의 은혜에 심심한 감사를 드린다.

또한 나와 함께 그동안 이 『후속편』의 작업을 했던 다른 몇몇 사람들에게도 감사를 드릴 수 있어서 기쁘다. 특히, 앨런 머스그레이브(Alan E. Musgrave), 데이비드 밀러(David Miller), 아르네 피터슨(Arne F. Petersen), 톰 세틀(Tom Settle), 그리고 제러미 쉬머(Jeremy Shearmur)에게 감사드린다. 그중 데이비드 밀러와 아르네 피터슨에게 특별히 고맙다는 말을 하고 싶다. 이 두 사람은 1970년 이전 여러 해 동안 막대한 작업을 해주었기 때문이다.

런던정경대학은 수년간에 걸쳐 연구 조교를 지명하여 나를 계속 돕도록 해주었다. 또한 런던정경대학은 1969년 내가 은퇴한 이후에도 13년 동안 너필드 재단(Nuffield Foundation)으로부터 보조금의 도움을 받도록 해주었다. 너필드 재단에도 감사를 드리고 싶다. 이런 작업에 주요한 책임을 감수했던 나의 친구이자 계승자인 존 왓킨스 교수, 고인이 되신 학장 월터 애덤스 경(Sir Walter Adams), 그리고 현 학장이신 랄프 다렌도르프(Ralf Dahrendorf) 교수의 따뜻한 우정과 나의 작업에 대한 커다란 관심에 심심한 사의를 표한다.

『후속편』이 1950년대에 출판되었다면, 나는 버트런드 러셀에게 헌정을 했을 것이다. 바틀리 교수가 나에게 맥마스터대학의 러셀 기록 보관소에 이런 취지의 서신이 있다고 말해 주었다.

나는 마지막으로 이 『후속편』(『과학적 발견의 논리』 번역과 함께)은 1954년에 이미 거의 마련된 것 같다고 말할 수 있다. 1934년 『탐구의 논리』의 출판에 대한 암시와 함께 원래 제목인 '후속편: 20년 후'를 내가 선택한 깃도 바로 그때였다.

펜(Penn), 버킹엄셔(Buckinghamshire), 1982

✧ 1982년판 서문 ✧

『과학적 발견의 논리』에 대한 『후속편』의 일부로 1956년 이전에 이 책을 썼다. 짤막한 서문으로 바틀리 교수가 이것을 설명하고 있다. 이 책은 인간의 자유와 자유의지를 논의하고자 한 것이 아니었다. 비록 인간의 자유와 자유의지가 실제로 『후속편』의 배경을 이루고 있는 문제들일지라도 그렇다.

내가 이 책을 썼던 그 당시에 자유의지의 문제를 분명하게 논하고 싶지 않았던 이유가 여러 가지 있었다. 첫 번째 이유는 『과학적 발견의 논리』의 『후속편』으로서 물리적인 과학들, 그 방법론들, 그 방법들의 몇몇 함의들, 물리적 우주론 및 물리적인 과학들에서 지식론의 역할을 논의하고 있기 때문이다.

두 번째 이유는 인간의 자유문제에 관한 여러 문제들이 철학자들이 그 문제들에 관해 논의했던 것에 의하여 혼란스럽게 되었다고 내가 느꼈기 때문이다. 이런 혼동은 적어도 역사적으로 가장 위대한 철학자들 중 한 사람인 흄에서 시작되었다. 그것은 이런 문제들에 관해 혼란스럽게 되었다는 사실과 연관되어 있다고 나는 생각한다. 왜냐하면 (1) 한편으로는 모든 사건이 이전의 몇몇 사건 때문에 일어나므로 만약 충분할 정도로 관련이 있는 이전의 모든 사건을 우리가 상세히 안다면, 모든 사건을 우리가 설명하거나 예측할 수 있다고 주장하는 경향이 있기 때문이다. (2) 다른 한편으로는 상식은 성숙하고 정신이 올바른 인간 개인일 경우에 한해 적어도 수많은 상황에서 행동 가능한 대안 들 중 하나를 자유로이 선택할 능력이 있으며, 따라서 이런 행동에 대한 책임도 그 개인에게 귀속시키고 있기 때문이다.

이제 (1)과 (2)는 충돌하는 것 같으며, 문제는 이런 충돌이 실제적인 것인가 아니면 현상에 불과한 것인가 하는 점이다. 흄과 많은 결정론자들은 독창적이면서도 교묘하게 (내 생각에 매우 교묘하게) (1)과 (2)는 실제로 충돌하지 않기 때문에, 우리는 결정론자가 될 수 있는 동시에 행동의 자유를 말할 수 있음을 보여주려고 했다. 그러나 이런 견해가 근거하고 있는 논증들은 대체로 언어적이다. 그 논증들은 '자유', '의지' 및 '행동' 등과 같은 말들의 의미에 대한 언어적 분석에 의존하고 있으며, '나는 내가 행했던 방식과 달리 행할 수 있는가?'와 같은 물음들에 대한 분석에 의존하고 있다. 이런 언어적 분석들은 전혀 쓸모가 없으며 근대 철학을 곤경에 빠지게 했다. 그러나 다른 접근 방법이 있다.

이와 같은 물음들에 대한 나의 출발점과 나의 접근 방법은 흄에게서 나온 것이 아니라, 라플라스(Laplace)로부터 나온 것이다. 라플라스는 흄의 『인성론(*Treatise*)』이 나온 지 약 50년 후인 1819년에 출간된 자신의 책 『확률에 관한 철학(*Essai philosophique sur les probabilités)*』에서 다음과 같이 썼다.

우리는 우주의 현재 상태를 이전 상태의 결과로 간주해야 하며
또한 뒤따르는 상태의 원인으로 간주해야 … 한다. 자연이 생기를
띠게 하는 모든 힘을 알 수 있는 지성과 자연을 구성하는 모든 대상
의 순간 상태를 알 수 있는 … 지성을 상정하자. 왜냐하면 [이런 지
성에는] … 어떤 것도 불확실한 것일 수 없고 또한 미래가 과거로서
미래의 눈에 나타날 것이기 때문이다.[1]

상식보다 훨씬 더 강한 (내가 이 책의 본문에서 설명한 것처럼)
이 견해를 나는 '과학적' 결정론이라고 부른다. 이것은 적어도
1927년 이전에는 모두 다는 아닐지라도 대부분의 물리학자들이
(나는 그 예로 찰스 샌더스 퍼스(Charles Sanders Peirce)를 생각하
고 있다) 동의했을 견해이다. 이런 라플라스적인 결정론이 주장하
는 내용은 이렇다. 미래든 과거든 어떤 시점의 순간의 우주 상태는
만일 그 상태들이, 곧 우주 상태의 상황들이 어떤 순간에, 예컨대
현재 순간에 주어진다면 완전히 결정된다. 나는 이런 라플라스적인
결정론이야말로 인간의 자유, 창조성 및 책임을 설명하고 방어하는
방식에서 가장 견고하면서 심각한 난관이라고 생각한다. 물론 이
같은 결정론은 얼핏 보면 물리학의 결정론적인 이론들을 통해서
그리고 그 이론들의 신비스러운 성공을 통해서 확인될 수 있는 것
처럼 보일 수 있다. 라플라스의 강력하고 명료한 결정론의 진술은
상식을 넘어서며, 또한 서양 과학사와 심하게 엉켜 있음은 확실하
다. 그럼에도 그것은 전술한 (1)의 느슨한 정식화보다는 훨씬 우월

---

1) *Philosophical Essay on Probabilities*, 1951, pp.4-5으로 번역되었다.

하다.

하지만 우리는 라플라스적인 결정론을 반대할 수 있다. 나는 이 책에서 이를 수행하고 있다. 나는 비결정론자이다. 그리고 내가 이 책에서 나의 과제라 생각하고 있는 것은 물리적 이론 내에서 그리고 우주론 내에서 비결정론에 대한 여지를 마련하는 것이었다. 나는 라플라스적인 결정론은 지지될 수 없으며, 더구나 '고전' 물리학이든 현대 물리학이든 간에 그런 결정론을 필요로 하지 않는다고 주장한다. 이것은 근본적으로 언어적으로 비난하는 것과 전혀 관계가 없는 진지한 과제이다.2) 나의 논의는 우주론적인 수준에서 이루어질 것이다. 따라서 나는 언어의 의미보다는 우리 세계의 성격을 논의할 것이다.

그러나 오해를 피하기 위해서 내가 이 책에서 '과학적' 결정론(과학적이란 단어의 앞뒤에 인용 부호가 있는)이라고 할 때는 언제나 소위 '과학적' 교설인, 이른바 '과학적' 결정론을 염두에 두고 있음을 매우 분명히 하고 싶다. 결정론이 인기를 끈 것과 심지어 위대한 과학자들에게도 영향을 미친 것은 그것이 외견상 과학적인 성격을 갖고 있는 교설이기 때문이다. 그런 결정론은 과학의 일부라고 믿게 된 사실에 기인한다. 특히 뉴턴과 아인슈타인의 중력 이론과 맥스웰의 전자기장 이론을 널리 믿게 된 사실에 기인하고 있다. 내가 논증을 하는 과정에서 결정론에 반대하는 전술한 진술 (2)

---

2) 언어적인 논제들을 회피하는 것이야말로 내가 사회생활을 시작할 때부터 갖고 있는 중요한 지침들 중의 하나임을 독자들에게 상기시킬 수 있다. 『과학적 발견의 논리(*The Logic of Scientific Discovery*)』, 1934, 초판의 서문, 특히 슐리크와 칸트로부터의 인용문을 보라. 또한 『열린사회와 그 적들(*The Open Society and Its Enemies*)』, 1945, 11장과 『끝나지 않는 질문(*Unended Quest*)』, 1976, 7절을 보라.

를 넘어서려고 애쓰는 견해를 전개할 수 있을 것이다.

여하튼 나는 여기서 『열린사회와 그 적들』과 『역사법칙주의의 빈곤』을 통해서 분명히 알 수 있는 것을 다음과 같이 진술하고 싶다. 즉, 인간의 자유, 인간의 창조성, 그리고 전통적으로 이른바 자유의지를 철학적으로 옹호하려는 관심과 '자유란 무엇인가?' 또는 '"자유로운"이란 무엇을 의미하는가?' 그리고 '의지란 무엇인가?'와 같은 물음들과 이와 유사한 물음들을 명료히 구분하고 싶다는 것이다. 비록 이런 시도가 언어철학의 수렁에 빠질 수 있다고 내가 믿고 있다 할지라도 그렇게 하고 싶다. 이 책은 인간의 자유과 창조성이란 물음에 대한 서설의 성격을 띠고 있으며 그리고 언어 분석들에 의존하지 않는 방식으로 물리적이면서 우주론적인 여지를 마련하고 있다.

책의 첫 장을 시작하기 전에 직관에 관한 나의 견해들을 대해 한 마디 하고 싶다.

나는 직관과 상상력을 매우 중요한 것으로 여기고 있다. 왜냐하면 우리가 이론을 발명하기 위해서 직관과 상상력이 필요하기 때문이다. 그렇지만 직관은 우리를 잘못 인도할 수 있는데, 직관은 우리가 직관한 것을 진리라고 우리에게 설복하면서 납득시키고자 하기 때문이다. 직관은 매유 유용한 협조자이자 위험한 협조자이다. 우리를 무비판적으로 만드는 것도 직관이기 때문이다. 우리는 항상 직관을 존경과 감사한 마음으로 대해야 하며, 또한 우리는 언제나 직관에 대해 치열하게 비판하는 노력을 경주해야 한다.

I 장

결정론의 종류

여기서 나는 내가 왜 비결정론자가 되었는지에 대한 이유를 제시해 보고자 한다.1) 나는 이런 이유들 중에 자유의지에 대한 직관적인 생각을 포함시키지 않을 것이다. 왜냐하면 비결정론(indeterminism)을 지지하는 합리적인 논증으로서 직관적인 생각은 별 쓸모가 없기 때문이다. 어떤 사람이 실제로 제안을 받아서, 혹은 강제로 또는 약에 취해서 행동을 할 때, 그는 신중하게 행동하고 있

---

1) 『후속편』의 이 부분은 나의 논문 「양자 물리학과 고전 물리학에서의 비결정론(Indeterminism in Quantum Physics and in Classical Physics)」(*British Journal for Philosophy of Science* 1, No. 2, pp.117-133, 그리고 No. 3, pp.173-195)에 대한 개선된 판본으로 간주될 수 있다. [또한 이 논제에 관해서는 포퍼의 「구름과 시계에 관해서: 합리성의 문제와 인간의 자유에 대한 접근(Of Clouds and Clocks: An Approach to the Problem of Rationality and the Freedom of Man)」, St. Louis, 1966을 보라(『객관적 지식』, London, 1972, pp.206-255에 재출간). 편집자.]

으며 자신의 자유로운 선택에 따라 행동하고 있다고 믿을 수 있다. 그렇지만 우리가 자유의지에 대한 우리 직관에 호소하지 않는 논증들을 통해서 결정론을 거부하는 데 성공했다면, 어쩌면 제한된 범위 내에서 이런 직관의 타당성을 재정립할 수 있을지도 모른다. 그렇다면 방금 언급했던 반례들은 특별한 경우들로 다루어질 수 있다. 예컨대 일시적으로 이 같은 직관들이 신뢰할 수 없는 착각의 경우들로 다루어질 수 있다. 그러나 여기서는 이런 문제들을 전혀 논의하지 않을 것이다. 앞으로 내가 다루고자 하는 것은 결정론을 지지하는 데 사용되어 왔던 상식적인 논증, 철학적 논증, 그리고 특히 과학적 논증을 비판하는 것이다.

나의 중심적인 문제는 이른바 '과학적' 결정론을 지지하는 논증들의 타당성을 조사하는 것이다. **다시 말해 만약 우리가 모든 자연 법칙과 더불어 과거 사건에 대한 정확한 기술을 충분히 갖고 있다면, 세계의 구조란 만족할 만큼 정확하게 여하한 사건이라도 합리적으로 예측할 수 있다는 것과 같은** 교설이다.

그 문제가 적절하게 된 주된 까닭은 양자 이론의 주창자들이 그 상황을 다음과 같은 방식으로 종종 제시했기 때문이다. 그들은, 고전 물리학은 내가 말하는 '과학적' 결정론을 함의하고 있으며, 오직 양자 이론만이 우리로 하여금 고전 물리학을 그리고 그와 더불어 '과학적' 결정론도 버리게끔 강요하고 있다고 한다. 이런 견해에 반대하는 나는 고전 물리학의 타당성조차도 세계에 관한 어떤 결정론적 교설을 우리에게 강요하지 않을 것이라는 점을 보여주고자 한다.

결정론을 비판하면서 1927년까지 사실상 어떤 예외 없이 물리학자들이 견지했던 물리적인 과학과 생물학적인 과학의 관점을 나는 중시할 것이다. 아인슈타인도 이런 관점을 1955년에 죽을 때까지도 견지했던 것 같다.[2] 그 관점은 또한 스피노자, 흄, 칸트, 쇼펜하

2) [사실상, 1954년에 아인슈타인은 결정론에 관한 자신의 마음을 근본적으로 바꾼 것 같다. 그래서 지금은 출판되어 있는, 1954년 3월 31일의 날짜가 적힌 볼프강 파울리(Wolfgang Pauli)가 막스 보른(Max Born)에게 보낸 편지에서, 파울리는 프린스턴의 아인슈타인과 나눈 대화를 다음과 같이 알려주고 있다. "특히, 아인슈타인은 '결정론'의 개념을 빈번하게 주장되었던 만큼 (그가 나에게 여러 번 강조해서 말했던 만큼) 근본적인 것으로 생각하지 않는다. … 동일한 방식으로 보른이 어떤 이론을 수용하기 위한 기준으로 '그것은 엄격히 결정론적인가?'라는 질문을 사용하고 있다고 아인슈타인은 반박하고 있다. 아인슈타인의 토론의 출발점은 '결정론'이라기보다는 '실재론'이다. 이것은 그의 철학적인 편견이 다른 것이었음을 의미한다." *The Born-Einstein Letters*, New York, 1972, p.221 또는 *Albert Einstein-Hedwig und Max Born: Briefwechsel: 1916-1955*, Munich, 1969, p.293을 보라.
포퍼는 1950년에 프린스턴의 아인슈타인을 방문했던 그때 「양자 물리학과 고전 물리학에서의 비결정론」(*British Journal for Philosophy of Science* 1, pp.117-133, 그리고 pp.173-195)에 관한 논문을 강연했다. 이 논문은 결과적으로 『후속편』인 이 책의 토대가 되었다. 포퍼는 자신의 지적인 자서전에서, 이때 아인슈타인과 세 번에 걸친 대화에 관해 다음과 같이 쓰고 있다. "우리 대화의 주요한 주제는 비결정론이었다. 나는 그가 결정론을 포기하도록 설득하고자 애썼다. 그의 결정론은 세계가 사차원의 파르메니데스적인 폐쇄된 우주(block universe)에 이른다는 견해이다. 그런 우주에서의 변화란 인간의 착각이거나 거의 착각과 같다. (그는 이것이 그의 견해임을 동의했다. 그리고 그와 같은 논의를 하는 동안 나는 그를 '파르메니데스'라고 불렀다.) 만약 인간들이나 다른 유기체들이 시간 속에서 변화와 진정한 계기를 경험한다면, 이것이야말로 실제적이라고 나는 주장했다. 그것은 어떤 의미에서 공존하는 시간 단편들이 의식에 계기적으로 일어난다는 이론에 의해 해명될 수 없다. 왜냐하면 이런 종류의 '의식에 계기적으로 일어남'은 그 이론이 해명하고자 하는 변화들의 계기와 정확히 동일한 성격을 갖게 될 것이기 때문이다. 나는 또한 약간 분명한 생물학적인 논증, 즉 생명의 진화와 유기체들 특히 고등 동물들이 행동하는 방식은 실제로 어떤 이론에 근거해서도 이해될 수

없다는 논증을 제시했다. 그런 이론은 모두 시간을 마치 다른 (이방성의) 공간 좌표와 같은 어떤 것으로 해석하기 때문이다. 결국 우리는 공간 좌표들을 경험하지 못한다. 그리고 이에 대한 이유는 그것들이 단순히 존재하지 않기 때문이다. 우리가 그런 좌표들을 실체화한 것임을 알아야 한다. 그것들은 거의 전적으로 임의적인 구성물들이다. 그렇다면 우리는 왜 시간 좌표 — 확실히 우리의 관성 체계에 적절한 좌표 — 를 실제적일 뿐만 아니라 절대적인 것으로 경험해야 하는가? 다시 말해 절대적이란 우리가 할 수 있는 어떤 것도 변화시킬 수 없고 독립적인 것을 (우리의 운동 상태를 변화시키는 것만 제외하고) 의미한다.

시간과 변화의 실재성은 내가 보기에 실재론의 가장 중요한 부분인 것 같다. (나는 여전히 그렇게 간주하고 있으며, 슈뢰딩거와 괴델 같은 실재론에 대한 관념론적인 반대자들도 그렇게 간주해 왔다.)

쉴립(P. A. Schilpp)이 *The Library of Living Philosophers*, 아인슈타인 편을 출판했던 바로 그때, 나는 아인슈타인을 방문했다. 이 책 속에 지금은 매우 유명해진 괴델의 공헌이 실려 있다. 그것은 괴델이 아인슈타인의 두 상대성 이론에서 논증들을 끌어와 시간과 변화의 실재성을 반대하는 것이었다. 아인슈타인은 그 책에서 실재론을 강하게 지지하는 것을 분명히 보여주었다. 그는 우주 방정식들에 대한 괴델의 해들은 '물리적인 근거에서 배제되어야' 할지도 모른다고 주장했다.

이제 내가 할 수 있는 한 강하게 아인슈타인-파르메니데스에게 다음과 같은 나의 확신을 제시하고자 했다. 곧, 시간에 대한 관념론적인 견해를 반대하는 명료한 의견이 만들어질 수 있다는 확신이 그것이다. 또한 나는 관념론적인 견해가 결정론과 비결정론 모두와 양립할 수 있다 할지라도, '열린' 우주를 지지하는 명료한 의견이 만들어져야 함을 보여주고자 했다. 달리 말해 과거와 현재가 미래에 엄밀한 제한을 부과한다 할지라도, 미래는 결코 과거나 현재에 포함되지 않았다는 것이다. 우리는 쉽게 상식을 포기하게끔 하는 이론들에 흔들리지 않아야 한다고 나는 주장했다. 아인슈타인은 분명히 실재론을 포기하길 원하지 않았다. (왜냐하면 가장 강한 논증들이 상식을 토대로 하고 있었기 때문이다.) 비록 내가 다음과 같은 것을 받아들인 것처럼, 그도 기꺼이 받아들였을 것이라고 내가 생각할지라도 그렇다. 곧, 만일 실재론에 반대하는 매우 강력한 논증이 (즉, 괴델의 유형과 같은 논증이) 이루어진다면, 우리는 언젠가 실재론을 포기할 수밖에 없을지도 모른다."

우어, 존 스튜어트 밀과 같은 철학자들도 견지했으며, (적어도 1927년까지는) 슐리크도 견지했던 관점이다. 슐리크는 1930년에 여전히 그 문제에 관해 두 가지 생각을 갖고 있음을 다음의 인용문에서 보여주고 있다.

모든 사건이 보편 법칙들에 따른다는 이런 가정은 통상 보편적 인과율로 기술될 수 있기 때문에 [나의 논제를] 다음과 같이 말할 수 있다. 즉, 모든 과학은 보편적인 인과율을 전제하고 있다. … 이런 전제가 적어도 다음과 같은 한에서 만족될 수 있다는 믿음을 모든 경험은 지지하고 있다. 그 전제가 타인들과 자연과의 모든 관계에서 실제적인 삶의 모든 목적을 위해, 또한 심지어 과학 기술이 요구하는 최대한도의 정확함을 위해 필요한 한에서 그렇다. 하지만 어떤 예외도 없이 인과율이 절대적으로 그리고 모든 곳에서 타당한지를, 다시 말해 결정론이 정확한 것인지를 우리는 모른다. 그렇지만 우리가 아는 것은 이런 것이다. 단지 사유나 사변을 통해서 결정론과 비결정론 간의 논제를 결정할 수는 없다. 또한 **찬성과 반대** (여하튼 그 모두가 사이비 논증일) 논증들의 수로도 결정할 수 없다. 이런 기획은 터무니없는 인상을 낳을 수밖에 없다. 특히 사람들이 실험적인 솜씨와 논리적인 솜씨라는 강력한 무기를 갖고 생각한다면 그렇다. 그런데 이런 솜씨로 현대 물리학은 지금 심지어 원자들 속에서 일어나는 초미시적인 사건들에 대해서도 인과율이 타당한가, 타당하지 않은가 하는 문제를 조심스럽게 공략해 가고 있다.3)

포퍼의 『끝나지 않는 물음(*Unended Quest*)』, 1976, pp.129-130 또는 P. A. Schilpp, ed., *The Philosophy of Karl Popper*, 1974, Vol. I, p.102을 보라. 또한 이후의 26절을 보라. 편집자.]

3) M. Schlick, *Fragen der Ethik*, 1930, p.106. (내가 번역한 것이며, 고딕

내가 이 구절을 인용한 까닭은 수많은 측면에서 비판하고자 하는 견해를 대표하고 있기 때문이다. 곧 인과율은 결정론의 논제와 동일하다는 견해와 적어도 모든 실천적인 목적을 위해 인과율이 정확한 것임을 우리는 경험을 통해 안다는 견해가 그것이다. 왜냐하면 '모든 사건'에 대해 아마도 '절대적으로' 모든 사건에 대해서는 아니라 할지라도, '하나의 예외도 없이 모든 곳에' 대해 양자 이론이 의심을 제기하고 있기 때문이다. 또한 나는 그 문제를 오직 경험적인 논증들만으로 논의할 수 있는 반면에, 이런 논증들에 관한 사변적인 사고는 오직 '사이비 논증들'만을 사용할 뿐이기 때문에, '터무니없는 인상'을 낳을 수밖에 없다는 슐리크의 주장에 내재하고 있는 도전에 응하고 싶기도 하기 때문이다. 실제로 나는 경험적인 논증들에 대해 약간의 개선을 한다는 것이 전적으로 사변적인 사고를 넘어선다고 느끼지 않는다.

체는 슐리크가 한 것이다. 또한 *Naturwissenschsften* 8, 1920, 특히 p.467 의 슐리크의 논문을 참조.) 결정론 철학과 함께 우리 문제도 지금 '18세기의 구식인 것'으로 — 부수적으로는 최근의 슐리크의 지지자들에 의해서도 — 거부되고 있음을 발견하는 것은 약간 놀라운 일이다(*Mind*, 1954, p.331). 틀림없이 시간은 빨리 지나가며, 시간은 때맞춰 우리의 모든 문제를 해결할 것임은 의문의 여지가 없다. 그렇지만 기이하게도, 심지어 아인슈타인이나 슐리크의 시대와 문제를 기억하고 있는 구식의 사람인 우리도 다음과 같은 사실을 상기하는 노력을 기울여야 한다. 이런 사람들은 라플라스가 1819년의 *Essay*에 악마를 (그가 '지성'이라 부르고 있는) 보여주기 전임에도, 자신들의 두려움을 보여주고 있다는 사실이 그것이다.

1. 종교적, '과학적' 및 형이상학적 결정론

결정론에 대한 직관적인 생각은 세계가 동영상과 비슷하다고 말하는 것으로 요약할 수 있다. 즉, 지금 투사되고 있는 그림이나 정지된 사진이 **현재**라는 것이다. 이미 보았던 동영상의 부분들이 **과거**를 구성하고 있다. 그리고 아직 보여주지 않은 것들이 **미래**를 구성한다.

동영상에서는 미래가 과거와 공존하고 있으며, 미래는 과거와 정확히 동일한 의미에서 고정되어 있다. 비록 관객은 미래를 모른다 할지라도, 모든 미래 사건은 예외 없이 원리적으로 확실하게 정확히 과거처럼 알려질 수 있다. 왜냐하면 미래는 과거가 존재한다는 의미와 동일한 뜻으로 존재하기 때문이다. 실제로 동영상의 제작자, 달리 말해서 세계의 창조자는 미래를 알게 된다.

결정론이라는 생각은 종교적인 기원을 갖고 있다. 설령 비결정론을 — 적어도 몇몇 사건들은 미리 고정되지 않는다는 교설을 — 믿는 위대한 종교가 있을지라도 그렇다. (성 아우구스투스 이래로 적어도 기독교 신학은 거의 대부분 비결정론 교설을 가르쳤다. 루터와 캘빈이야말로 예외적인 위대한 인물이다.) 종교적인 결정론은 신적인 전능 — 미래를 결정하는 완전한 능력 — 과 미래가 신에게 알려지므로 미리 알 수 있고 미리 고정되어 있음을 함의하는 신적인 전지와 연관되어 있다.[4]

---

4) 그러나 신의 전지라는 교설은 난관에 봉착한다. 이런 몇몇 난관은 내적이거나 논리적이다. (전지는 과거를 변화시킬 능력을 포함하고 있는가? 아니면 그것은 단지 미래를 지배하는 능력만을 의미하는가?) 그것은 어느 정도 결정론의 (특히 만일 그것이 과거와 미래 사이의 근본적인 구분

종교적 결정론 외에 내가 이른바 '과학적'이라고 하는 결정론 형식의 교설도 있다.

역사적으로 볼 때 '과학적' 결정론이란 신의 관념을 자연이란 관념으로 대체한 결과라고 생각할 수 있다. 다시 말해 신의 법칙이란 관념을 자연 법칙이란 관념으로 대체한 것으로 볼 수 있다는 것이다. 자연 혹은 아마도 '자연의 법칙'은 전지할 뿐만 아니라 전능하다. 그것은 모든 것을 미리 고정시킨다. 이해할 수 없고 계시에 의해서만 알려질 수 있는 신과는 대조된다. 그리고 만약 우리가 자연의 법칙들을 안다면, 순전히 합리적인 방법으로 현재 자료로부터 미래를 예측할 수 있다. 세계의 모든 사건이 미리 결정된다는 것이 모든 결정론 교설이 갖고 있는 형식의 특징이다. 만일 적어도 하나의 (미래) 사건이 미리 결정되지 않는다면, 결정론은 폐기되어야 하며, **비결정론**이 참이다. 내가 소위 '과학적' 결정론이라고 말한 것으로, 만약 세계에서 적어도 하나의 미래 사건이 그 세계의 현재 상태나 과거 상태에 관한 자연 법칙들과 자료들로부터 계산을 통해서 원리적으로 예측될 수 없다면, '과학적' 결정론이 거부되어야 할 것임을 의미한다.

따라서 '과학적' 결정론이 근거로 하고 있는 기본적인 생각은 이렇다. 세계의 구조란 자연의 법칙들과 세계의 현재나 과거 상태를

을 도입한다면) 교설과 충돌한다. 그것은 또한 신의 전지 교설과도 어느 정도 충돌한다. (왜냐하면, 만약 모든 것이 신에게 알려진다면, 미래가 알려지기 때문이다. 그러므로 모든 것은 미리 고정되며 바꿀 수 없다. 심지어 신도 그렇게 할 수 없다.) 나는 여기서 신의 전지 교설을 포함하고 있는 윤리적 어려움을 논의하지 않을 것이다. 다시 말해 그 능력에 대한 지나친 칭찬을 가르치는 것은 악하지 않은지와 같은 윤리적인 문제를 여기서 논의하지 않겠다.

우리가 알기만 한다면 모든 미래 사건이 원리상 합리적으로 미리 계산될 수 있는 것과 같다. 그렇지만 만일 **모든 사건이 예측될 수 있어야 한다면, 그 사건은 미리 원했던 정도의 정확도로 예측될 수 있어야 한다.** 왜냐하면 아주 미세한 차이의 측정조차도 **여러 상이한** 사건들을 구분하는 것이라고 주장될 수 있기 때문이다.

역사적으로 말해서 '과학적' 결정론이란 생각은 일종의 종교적 결정론을 자연주의적이고 합리주의적인 용어로 번역한 것처럼 보일지라도, '과학적' 결정론을 다른 시각에서 볼 수 있음은 물론이다. 예를 들면, 우리가 세계에 대한 상식적인 관점을 약간 세련되게 비판한 데서 나온 것이라고 제시할 수 있다. 그런 상식적인 관점에 따르면, 우리는 모든 사건을 두 가지 유형으로 나눌 수 있다. 하나는 계절의 변화 혹은 태양과 항성들의 자전 운동과 연간 운동들이나 어떤 **시계**의 작동과 같은 예측할 수 있는 사건들이다. 다른 하나는 예측 불허의 날씨나 **구름들**의 행태와 같은 예측할 수 없는 사건들이다.5)

구름들과 **시계들**의 차이에 관한 이런 상식적인 관점을 약간 세련된 다음과 같은 물음을 제기함으로써 비판할 수 있다. 즉, 이런 두 유형의 사건들은 실제로 차이가 있는가, 아니면 단지 우리 지식의 만족스럽지 못한 상태가 그 사건들을 차이가 있는 것처럼 만드는 것인가, **구름들의 행태는 우리가 시계들에 관해 아는 만큼 구름**

---

5) [전술한 포퍼의 「구름과 시계에 관해서」를 보라. 포퍼가 이 주석을 강독하고 이 쪽을 재강독할 때, 그가 처음으로 『후속편』의 이 절에서 구름과 시계에 대한 인상을 언급했음을 잊어버렸기 때문에, 그래서 「구름과 시계에 관해서」를 쓸 때, 이 절을 사용하지 않았음을 주목했다. 따라서 두 표현 사이에 약간의 불일치가 있을 수 있다. 편집자.]

들에 대해 많이 알고 있는 경우에만 시계들의 행태처럼 예측할 수 있는 것인가 하는 질문으로 비판할 수 있다는 것이다.

이런 물음, 더 정확히 말해 이런 추측은 과학 지식의 발전이 행성들이나 '떠돌이별들' — 한때 악명 높은 변덕의 상징이었던 — 의 운동을 항성들 자체의 운동처럼 정확히 예측할 수 있게 되자마자 확신으로 바뀌었다. 바로 이런 성공, 예컨대 케플러 법칙들의 성공, 그리고 뉴턴의 천체 역학의 성공 때문에 근대에 '과학적' 결정론을 거의 보편적으로 받아들이게 되었다.

'과학적' 결정론을 믿게 된 영향력은 다음과 같은 사실로 측정될 수 있다. 칸트는 도덕적 이유들 때문에 결정론을 거부했음에도 불구하고, 과학에 의해 확립된 거부할 수 없는 사실 때문에 결정론을 받아들일 수밖에 없다고 느꼈다. 그러나 내가 보여주려고 했듯이 뉴턴 역학은 '과학적' 결정론을 수반하지 않는다. 만약 이런 점에서 내가 옳다면, 칸트가 뉴턴 역학을 받아들임으로써 '과학적' 결정론을 공개적으로 밝혔다고 믿었던 것은 잘못이었다. 그리고 그가 해소하지 못했던 이율배반도 단순히 제기되지 않았을 것이다.

'과학적' 결정론에 대한 비판적 논의야말로 우리의 주요한 과제가 될 것이다. 하지만 종교적 결정론과 '과학적' 결정론 이외에 세 번째 결정론적 교설 또한 간략하게나마 논의되어야 할 것이다. 그것은 **형이상학적 결정론**이라고 기술될 수 있다.6)

---

6) [*(1981년에 첨부됨) 나는 이 책과 또한 다른 책에서 '존재론'이라는 용어를 피했거나 그런 용어를 피하려고 애썼다. 특히 '존재론'에 관해 몇몇 철학자가 만들어낸 혼돈 때문에 그렇게 했다. 아마도 그런 용어를 피하기보다는 그 용어를 설명한 다음 그 용어를 사용하는 것이 더 좋았을 터이다. 그렇다고 하더라도, 용어에 대한 물음은 결코 중요하지 않다. 편집자.]

결정론의 형이상학적 교설이 단순히 주장하는 점은 이 세상의 모든 사건은 고정되어 있거나 변경할 수 없거나 미리 결정되어 있다는 것이다. 그것은 모든 사건이 모든 이에게 알려지거나 혹은 과학적 수단을 통해서 예측될 수 있다고 주장하지 않는다. 그렇지만 미래란 과거만큼 거의 변할 수 없는 것이라고 주장한다. 과거는 변화될 수 없다고 말할 때, 그 말이 어떤 의미인지를 누구도 다 안다. 이것은 형이상학적 결정론에 따라 미래란 변화될 수 없다는 말과 동일한 의미이다.

　형이상학적 결정론은 시험할 수 없음이 분명하다. 왜냐하면 세계가 우리를 늘 놀라게 했으며, 또한 미리 결정되어 있다거나 심지어 어떤 규칙에 대한 신호를 전혀 보여주고 있지 않았음에도, 미래는 여전히 미리 결정되어 있을 수 있기 때문이다. 운명의 책을 해독할 수 있는 이들에게는 사전에 알려질 수도 있기 때문이다. 물론 형이상학적 비결정론도 시험할 수 없다. 세계가 비록 완전히 규칙적인 결정론적 현상이라 할지라도, 결정되지 않은 어떤 종류의 사건도 존재하지 않음을 정립하지 못할 것이기 때문이다. 시험 가능성의 결여나 경험적 내용이 없음은 바로 논리적인 취약점(물론 의미 없음이 아닌)을 드러내고 있다. 어떤 교설은 논리적으로 너무 취약하기 때문에 시험될 수 없기 때문이다. 그리고 똑같은 이유로 그 교설은 다른 교설을 수반할 수 있다. 따라서 형이상학적 결정론은 그 취약함 때문에 종교적 결정론과 '과학적' 결정론을 모두 수반할 수 있다. 그리고 그것은 다양한 결정론적 이론들에 공통적인 것만을 포함하고 있는 것으로 기술될 수 있다. 형이상학적 결정론은 바로 이론의 취약함 때문에 반박될 수 없다. 그렇다고 해서 형이상학적 결정론을 지지하거나 반대하는 논증이 불가능함을 의미하는 것은 아니다. 그것을 지지하는 가장 강한 논증은 '과학적' 결정론을 지지하는 논증들이다. 만약 그 논증들이 무너진다면, 형이상학적 결정론을 지지할 것이 거의 남아 있지 않게 된다. 이런 까닭에 나는 먼저 그런 논증들을 검토해 볼 것이다. 논의가 끝나갈 무렵에서야 (26절에서) 형이상학적 결정론의 수용을 반대하는 좀 더 직접적인 논증 몇몇을 개진해 볼 것이다.

다음 절들에서는 먼저 '과학적' 결정론을 지지하는 상식적인 논증과 철학적 논증이 검토될 것이다. 그런 후에 나는 고전 물리학에 근거를 두고 있는 논증들로 방향을 돌릴 것이다.

2. 왜-물음들. 인과성과 '과학적' 결정론

앞 절에서 나는 예측할 수 있는 사건과 예측할 수 없는 사건에 대한 상식적인 구별이나 외견상의 명백한 구별, 혹은 **시계**와 **구름**의 상식적인 구별과 외견상의 명백한 구별을 제시했다. 그리고 '과학적' 결정론도 이런 차이에 대한 지적인 비판에서 일어난 것으로 간주될 수 있다고 주장했다. 상식이 결정론이란 관념에 접근하는 또 다른 하나의 방식은 인과성이란 인기가 있는 생각을 통해서 진행된다. 결정론을 지지하는 가장 단순하고 그럴듯한 논증들 중의 하나는 다음과 같다. 우리는 **언제나** 모든 사건에 대해 왜 그런 사건이 일어났는가라고 물을 수 있으며, 이런 모든 왜-물음에 대한 답변을 원리적으로 항상 얻을 수 있다. 그러므로 모든 사건은 야기되었으며, 그리고 이 말은 그 사건의 원인을 구성하는 사건들에 의해 미리 결정되어야 함을 의미하는 것 같다.

그러나 이런 고찰들이 '과학적' 결정론이란 관념으로 우리를 이 끌어갈 것임을 인정하지 않는다 하더라도 우리는 그런 고찰들이 참임을 인정할 수 있다. 실제로 상식적인 논증이 어디서 끝나고 지적인 세련됨이 어디서 시작하는지를 정확히 기술하는 것은 상당히 흥미로운 일이다.

우선 전형적인 왜-물음 몇몇을 고려한 다음 그에 대한 몇몇 전형적인 답변들은 상식적인 수준에서 완전히 만족스러운 것이라고 가정해 보자.

'왜 벌들은 꿀을 저장하는가?' 답변: '벌들은 겨울을 지낼 양식으로 꿀을 필요로 하기 때문이다.' (이것은 전혀 이론적인 진술이 아니다.) '왜 오늘 월식이 있는가?' 답변: '오늘 지구가 태양과 달 사이에 위치할 것이므로, 지구의 그림자가 달에 드리워질 것이기 때문이다.' (이것도 여전히 우리가 월식을 예측할 수 있도록 해주는 이론이 아니다.) '그는 왜 죽었는가?' 답변: '그는 지난 주 장례식에 갔었는데 거의 30분 동안 비를 맞고 서 있었다. 그래서 감기에 걸렸고 감기가 악화되어 폐렴이 되었다가 결국 73세에 죽게 된 것이다.' (많은 사람들, 심지어 74세인 사람들도 그 시련을 딛고 살아남았다.)

우리는 이 모든 답변을 완전히 받아들일 수 있다고 가정할 수 있으며, 또한 그 답변들은 요구된 일종의 정보를 정확히 전달하고 있다고 상정할 수 있다. 끝없이 왜-물음을 반복하는 아이들도 대체로 '더 좋은' 설명을 — 아이들은 문제가 된 종류의 사건들을 예측하게끔 해줄 설명이라는 의미에서 '더 좋은' 설명을 해달라고 요구하지 않는다. 대체로 그들이 받고자 하는 것은 단지 더 나아간 원인들 — 시간적으로 주어진 원인들에 앞서는 원인들이거나 아이들에게 더 이상의 이유를 말해 주는 원인들에 대한 진술이다. 그들은 더 충실한 조건들의 집합을 원하기 때문이 아니라, 연이은 사건들의 '인과적 연쇄'를 그들이 원하기 때문에 질문들을 반복한다.

우리가 항상 왜-물음들을 할 수 있으며 그에 대한 적절한 답변들을 언제나 얻을 수 있다는 사실 그 자체는 '과학적'이든 그렇지 않든 간에 결정론과는 전연 관계가 없다.

그렇지만 우리는 이제 한 걸음 더 나갈 수 있다. 그리고 우리의 왜-물음들에 대한 답변들— 즉 제시된 설명들— 은 실제로 초기 조건들(원인들)로 이루어져야 할 것을 요청할 수 있다. 왜냐하면 만일 보편적 법칙들이 주어진다면,[7] 이런 초기 조건들에서 설명될 사실들이 논리적으로 연역될 수 있기 때문이다. 이 점은 확실히 인과라는 인기 있는 이론에서 벗어나 좀 더 세련된 이론으로 향하고 있다. 이런 요청을 받아들이고 이에 덧붙여 모든 '사건'은 원리상 우리가 요청한 의미에서 인과적으로 설명될 수 있다는 취지의 '보편적 인과 법칙'을 가정해 보자. 다시 말해 우리로 하여금 문제가 된 '사건'을 연역할 수 있도록 해주는 '원인들'(초기 조건들)과 보편적 법칙들이 항상 존재한다고 가정해 보자. 이것은 강한 가정이다. 그러나 그것은 여전히 '과학적' 결정론과 전혀 일치하지 않으며 이에 대한 이유를 몇몇 들면 다음과 같다.

첫째로, '사건'(인과적으로 설명되어야 할)에 대한 상식적인 생각은 주로 질적이다. 그래서 우리가 **바라는 만큼의 정확도로** 사건을 예측할 수 있어야 한다는 요청은 보편적 인과에 대한 상식적인 생각을 넘어선다. 존이 몸에 열이 난 조건의 인과적 설명을 요구하

---

7) 『과학적 발견의 논리』, 12절 참조.

는 것은 상식일 수 있지만, 그것을 다음의 어느 하나로 요구하는 것은 상식을 넘어선 것이 된다. 왜 그의 체온이 화씨 102도이거나 103도라기보다, 102.4도와 102.5도 사이에 있느냐는 것에 관한 설명을 요청하거나 상응하는 정확도로 이루어진 어떤 예측을 요청하는 것이 그것이다.

둘째로, 첫 번째처럼 원인에 대한 상식적인 생각 또한 대체로 질적이다. 원인들 — 즉 초기 조건들 — 은 완벽한 정확도로 우리에게 주어지지 않는다는 인식. 그러므로 부정확한 초기 조건들에 어느 정도 만족해야 하며, 이런 사실은 그에 고유한 문제를 제기한다는 인식이 있다. 이런 모든 인식은 인과성에 대한 상식적인 생각이나 직관적인 생각을 넘어선다.

셋째로, 전술한 두 가지 문제들에서 일어나는 다음과 같은 문제들이 있다. '과학적' 결정론은 만일 우리에게 **충분히** 정확한 초기 조건이 주어진다면, 바라는 만큼의 정확도로 모든 사건을 예측할 능력을 요구하고 있다는 점이다. 그렇지만 여기서 '충분히'란 말은 무엇을 의미하는가? 우리는 다음과 같은 방식으로 '충분히'를 설명해야 함은 분명하다. 우리의 예측이 실패할 때마다 충분히 정확하지 않은 초기 조건이 우리에게 주어졌다고 탄원하는 권리를 인정하지 않는 방식이 그것이다.

달리 말해서, **우리 이론은 예측의 부정확함을 설명해야 한다는 점이다.** 그 이론은 우리가 예측에 대해 요구하는 정확도가 주어진다면, 요구된 정확도로 예측을 해줄 만큼 충분한 초기 조건들에서 정확도를 우리가 계산할 수 있게끔 해주어야 할 것이다. 나는 이런 요청을 '계산 가능성 원리'라고 부른다. 그것은 '과학적' 결정론의 정의로 통합되어야 할 것이다.

여기서 언급된 세 가지 논점들, 특히 세 번째 논점은 분명히 인과성에 대한 인기 있는 생각이나 상식적인 생각을 넘어서 있기 때문에, 인과성에 대한 인기 있는 직관적인 생각은 — 심지어 보편적 인과율이라는 강한 형식에서 — 어느 정도까지는 타당하다고 생각할 수 있다 할지라도, 그와 동시에 '과학적' 결정론의 교설은 부당하다고 생각할 수 있다.

따라서 우리는 그렇게 유명한 철학자들이 범한 실수를 알아야한다. 특히 모든 사건은 원인을 가지고 있다고 지적함으로써 결정론을 타당하게 논증할 수 있다고 믿었던 철학자들이 그런 실수를했다.

3. 계산 가능성 원리

계산 결과는 대체로 계산 자료의 최소한도의 정확함보다 더 정확하지 않을 것이다. 그에 따라 대체로 예측이 근거하고 있는 주어진 여하한 초기 조건들보다 어떤 예측은 훨씬 더 정확하지 않을 것이다.8) 그러므로 우리가 바라는 만큼 정확히 항상 예측을 할 수 있어야 한다고 요청한다면, 이런 요청은 대체로 만족시킬 수 없다. 우리가 바라는 만큼 적절한 초기 조건들의 정확함을 많이 증가시킬 수 없다면 그렇다. 초기 조건들은 예측 과제가 설정한 문제를

---

8) 이 규칙은 대부분의 경우에 적합하지만, 보편적으로는 타당하지 않다. 예컨대, 그것은 **별개 상태들**일 수만 있는, 즉 하모늄이나 타자기 같은 기제들에는 반드시 적용되지 않는다. 예를 들어, 어떤 건반 위의 오르간 연주자 손가락의 정확한 위치에 관한 우리의 정보는 예측된 결과와 전혀 관계가 없을 수 있다. 특히 말의 언어가 써지거나 인쇄되면. 본질적으로 이런 성격을 띤다. 그리고 디지털 컴퓨터도 이런 성격을 띤다.

해결하기 위해 **충분히 정확해야** 할 것이다.

'과학적' 결정론을 정의할 목적으로 만약 '**충분히 정확한**' 초기 조건들이 우리에게 주어진다면, 규정된 정확도로 예측을 할 수 있어야 한다는 취지의 요구는 매우 모호할 것임이 분명하다. 이런 요구는 우리의 정의를 사소한 것으로 만들어 버릴 것이다. 우리가 항상 성공적인 예측을 하지 못한다 할지라도, 우리는 항상 그것이 만족되었다고 주장할 수 있기 때문이다. 우리가 가진 초기 조건들이 '충분히 정확하지' 않다고 주장하는 것으로 언제나 우리의 모든 실패를 해명할 수 있다. 이 같은 상황을 해결하기 위해, 예측의 결과를 우리가 시험하기 전에, 우리의 초기 조건들이 충분히 정확한 것인지 아니면 정확하지 않은 것인지 알아야 할 것을 요청해야 한다. 달리 말하면, 이론과 더불어 (예측에 요구된 정확도를 진술해야 하는) 예측 과제에서 다음과 같은 점을 미리 결정할 수 있어야 한다. 이런 특정한 예측 과제를 우리가 수행할 수 있기 위해 초기 조건들이나 '자료들'이 얼마나 정확해야 하는지가 그것이다. 좀 더 자세히 말한다면, 우리가 희망했던 정확도로 어떤 사건도 예측하지 못함을 다음 두 가지로 미리 설명할 수 있어야 한다. 우리의 초기 조건들이 충분히 정확하지 않음을 지적하는 것이 그 하나이고, 현재 다루고 있는 특정한 예측 과제에 대해 그 조건들이 얼마나 정확한지를 진술하는 것이 다른 하나이다. 그러므로 '과학적' 결정론에 대한 만족스러운 어떤 정의도 다음의 원리(즉 계산 가능성 원리)에 근거를 두어야 할 것이다. 즉, **우리의 예측 과제에서 (물론 이론들과 더불어) 초기 조건들의 필요한 정확도를 계산할 수 있다**는 원리가 그것이다.[9]

몇몇 예측 과제는 '계산할' 수 — 즉, 이런 것들은 계산 가능성 원리를 만족시킨다 — 있는 반면에 다른 예측 과제들은 계산할 수 없다. 이론 내의 예측 과제들을 대체로 계산할 수 있을 때, 우리는 또한 그 이론에 대해서도 '계산할' 수 있다고 말할 수 있다.

어떤 목적 때문에 어느 정도 강한 계산 가능성 원리로 작업하는 것은 유용할 수 있다. **이것은 초기 조건들의 정확함을 언급하기보다는 초기 조건들이 계산될 수 있는 가능한 측정 결과들의 정확함을 언급함으로써** 성취된다. 따라서 이런 강한 의미에서 예측 과제는 계산할 수 없다. 왜냐하면 우리 예측이 근거로 둘 수 있는 가능한 측정들의 필요한 정확도를 우리는 그 과제에서 (이론에서) 결정할 수 없기 때문이다. 그러나 동일한 과제가 약한 의미에서 계산할 수 있다고 생각할 수 있다. 약한 의미에서는 그 예측 과제를 해결하기 위해 초기 조건들이 주어져야 할 정확도를 우리가 계산할 수 있도록 허용하기 때문이다.

이런 강한 계산 가능성이란 관념은 분명히 둘 중에서 좀 더 '실제적'이다. 약한 의미에서는 계산할 수 있지만 강한 의미에서 계산할 수 없는 이론은 결정론의 성질을 원리적으로 우리가 시험할 수 없는 하나일 것이다. 그것은 '과학적' 결정론을 지지하는 데 사용될 수 없다. 달리 말하면, '과학적' 결정론은 강한 의미에서 계산 가능성을 요구한다. 그럼에도 불구하고 앞으로 나는 항상 약한 의

---

9) 피에르 뒤앙(Pierre Duhem)은 이와 유사한 원리를 정식화했지만, 다른 맥락에서 (결정론의 논의가 아닌 데서) 이 원리를 정식화했다. 그리고 그는 다른 목적을 염두에 두고 이것을 정식화했다. 그는 다음과 같이 언급하고 있다. "만약 우리가 일정한 정도의 근사치 내에서 어떤 결과를 얻고자 한다면, 자료에 허용될 수 있는 그 … 오류를 우리가 결정할 수 있을 것이 필요하다." *The Aim and Structure of Physical Theory*, 1954, p.143과 chapter iii의 끝에서부터 세 번째 단락 참조.

미의 계산 가능성을 염두에 둘 것이다. 특히 내가 두 의미 사이의 차이를 언급하지 않는 경우라면 그렇게 하겠다. 그 이유는 만약 어떤 이론이 ('설명할 수 있다는') 약한 의미에서 계산할 수 없다면, 그것은 또한 강한 의미에서도 분명히 계산할 수 없기 때문이다. 달리 말해서, '설명할 수 있다는' 말의 약한 의미에서 계산 가능하지 않음은 '설명할 수 있다는' 말의 강한 의미에서 계산 가능하지 않음을 수반한다. (혹은 논리적으로 계산 가능하지 않음보다 더 강하다.)

'과학적' 결정론은 계산 가능성 원리를 수반하고 있기 때문에, 분명히 우리 자신의 세계에 적용되는 계산할 수 없는 예측 문제의 여하한 사례도 '과학적' 결정론을 즉각 무너뜨릴 것이다. 그러나 우리가 이런 종류의 의심할 수 없는 사례를 만들 수 없다 하더라도, **만약 계산 가능성 원리가 보편적으로 만족된다고 믿을 이유를 우리가 전혀 갖고 있지 않다면, '과학적' 결정론을 믿을 이유 또한 전혀 갖고 있지 않을 것**임은 분명하다.

다음 절에서 적어도 두 분야에서 결정론을 지지하는 유명한 철학적 몇몇 논증은 물론 설득력 있는 몇몇 상식적인 논증도 무너진다는 것을 보여주고자 나는 노력해 보겠다. 그것은 우리가 계산 가능성 원리가 그런 분야에서는 만족될 것이라고 믿을 하등의 이유도 갖고 있지 않기 때문이다.

우리의 논의는 다음과 같이 확립될 것이다. 우리가 어떤 분야에 관해 계속해서 점점 더 많이 배울 수 있으며, 또한 우리는 점점 더 많은 사건을 예측할 수 있으며, 그리고 우리가 계속 예측의 정확도를 증가시킬 수 있다는 것은 가능한 일이다. 그러나 이런 우리의 예측 능력이 계속적으로 증가한다고 해서 '과학적' 결정론이 그 분야에서 타당할 것이라 믿을 타당한 이유가 된다고 할 수 없다. 우리의 예측은 끊임없이 개선될 것이지만, 그러나 동시에 계산 가능성 원리가 만족된다고 제시할 수조차 없는 방법들을 통해서 성취될 것이다.

나중에 (17절에서) 고전 역학의 계산 가능성 문제가 제시될 것이다. 그리고 고전 역학은 약한 의미에서 계산할 수 있다고 믿을 하등의 이유도 없다는 것과 또한 강한 의미에서 계산할 수 없다고 믿을 충분한 이유를 보여줄 터이다.

4. 행동의 연구와 계산 가능성 원리

이제 결정론을 지지하는 단순하지만 매우 강한 논증을 검토해 보자.

비결정론자들은 가끔 인간과 약간 열등한 고등 동물들은 행성 체계들이나 기계적인 시계들과는 매우 다르게 행동한다고 주장했다. 그래서 결정론이 (기계 역학의 분야에서 타당할지라도) 생물학의 분야에서는 부당할 수 있다고 주장했다. 몇몇 결정론자들은 이런 견해들에 반대하면서 다음과 같은 논증을 폈다.

우리가 종종 동물들의 행동은 물론 인간의 행동도 매우 성공적으로 예측할 수 있음은 부인할 수 없다. 더구나 우리가 인간이나 동물에 관해 점점 더 많을 것을 배울 때, 이런 예측들도 점점 더 좋아지게 된다. 그리고 그것들은 행동에 대한 체계적인 연구를 통해서 훨씬 더 개선될 수 있다. 행동에 관해 점점 더 많이 배우는 이런 과정이 언젠가는 끝나야 할 것이라 믿을 여하한 이유도 없다. 따라서 유기체에 대한 우리의 연구 결과는 행성 체계들의 연구 결과와 동일할 것이라고 예상할 수 있다. 이는 고등 유기체가 **시계**의 범주에 속한다고 말하는 것으로 표현할 수 있다. (그 유기체들이 기계적인 시계들과 닮은 것인지, 아니면 어떤 전자적인 자기-규제의 기제와 닮은 것인지는 중요하지 않다.) **구름들** 또한 이런 범주에 속하는지 아닌지는 이런 논점에서 열려 있을 수 있다.

이 같은 논증들— 소위 말하는 행동 연구로부터의 논증— 은 충분할 정도로 상식적이며 매우 효과적이라고 나는 생각한다. 그렇지만 그것은 목표를 달성하지 못한다. 면밀한 연구를 통해서 동물과 인간의 행동에 대한 우리의 예측을 개선할 가능성에는 한계가 없음을 내가 기꺼이 허용한 것처럼, 허용한다 할지라도 우리는 그 목표를 성취하지 못한다.

이를 보여주기 위해, 우리가 필요로 하는 것은 계산 가능성 원리를 언급만 하면 된다. '과학적' 결정론은 우리가 지식을 증가시킴으로써 우리의 예측을 개선할 수 있다고 주장하는 것은 물론, **우리의 특정한 예측 과제에서 그 예측 과제를 수행하는 데 필요한 초기 정보의 정확도를 계산할 수 있어야 할 것**을 요구하고 있다.

그런데 행동 연구로부터의 논증은 우리 지식의 개선이 이 원리를 만족시키도록 우리를 도와주리라고 주장할 어떤 것도 포함하고 있지 않다. 나는 내 고양이가 다음에 할 것을 예측하는 데 상당한 성공을 거둘 수 있다. 즉, 고양이가 내 책상 위에 뛰어올라 내 원고지 위에 자리를 잡거나, 아니면 고양이가 창문틀로 뛰어오른 다음 정원으로 내려갈 것이라는 예측을 할 수 있다. 그리고 나는 계속해서 고양이의 행동에 관해 더 많이 배운다. 그렇지만 내가 배우고 있는 행동은 주로 (a) 중요한 (또는 '목적이 정해진') 행동들로 이루어져 있거나, (b) 습관의 속임수들 혹은 어떤 일들을 하는 방식들로 이루어져 있다. 이 후자를 연구하는 것은 약간 상세히 전자에 대한 폭넓은 도식을 채우는 데 도움을 줄 수 있다. 그럼에도 고양이가 내 원고지 위에 자리 잡을 것이라고 내가 예측할 때, 내가 예측할 수 없는 수많은 상세한 사항들이 있다. 예를 들어, **나는 몇 센티미터 잘못된 예측을 쉽게 할 수 있다.**

이런 상세한 사항들이 어떻게 그와 같은 묘사에 부연될 수 있는지를 나의 학습 상황에 제시하고 있는 것은 전혀 없다. 물론 우리는 항상 적절한 초기 조건들에 대한 더 좋은 지식은 우리가 좋아하는 만큼의 거리를 좁힐 것이라고 말할 수 있다. **그러나 이런 거리를 좁힐 예측 과제에 어떤 종류의 초기 조건들이 적절한가를 우리는 전혀 알고 있지 않다.** 계산 가능성 원리를 만족시키는 행동 이론을 우리는 전혀 갖고 있지 않을 뿐만 아니라, 심지어 지금까지도 그런 이론을 어디서 찾아야 할지 전혀 모르고 있다.

신경 체계에 대한 정확한 연구, 특히 뇌에 대한 연구가 우리 예측들의 틈을 메워줄 일을 많이 할 것이란 주장은 반대에 부딪칠 것이다. 이것은 내가 아는 모든 것 때문에 완전히 참일 수 있으며, 논증을 위해 여기서 나는 당연한 것이라고 받아들이겠다. 하지만 그것은 **행동 연구로부터의 논증을 포기하는 것**임을 의미한다. 그것은 동물들의 행동 연구를 통해 점점 더 많이 배운다는 상식적인 논증을 완전히 다른 논증으로 대체한 것이다. 즉, 그것은 신경생리학과 물리학이 결정론의 체계들이라는 논증으로 대체한 것일 뿐이다.

5. 임계 온도와 양자택일 원리

사실은 이런 문제들에 관해 아는 것이 거의 없다는 점이나. 즉,

내 고양이의 **정확한** 위치 예측과 같은 예측 과제에 신경생리학의 매우 많은 지식을 적용하는 방법을 우리가 전혀 모른다는 사실이다.

그러나 뇌 신경생리학에 관한 우리 지식을 적용하는 방법을 우리가 안다고 가정하자. 특히, 우리가 필요로 하는 것은 어떤 근육의 수축을 예측하도록 해줄 초기 조건들이라고 가정하자. 그리고 마지막 사례에서 어떤 신경절(또는 일단의 신경절)이 점화된 것인지 아닌지를 예측하도록 해줄 초기 조건들이라고 하자.

그렇다면 점화하는 신경 과정은 많은 측면에서 폭발과 비슷하다. 어떤 전기적인 잠재력(종판전위 잠재력(the end-plate potential))이 어떤 임계 높이로 올라갔을 때, 신경은 갑자기 점화된다. 이런 임계 높이에 도달되지 않는다면, 신경은 전혀 점화되지 않는다.[10] (이것이 바로 신경 전달의 양자택일 원리이다.) 비슷한 방식으로 어떤 임계 온도에 이르면, 화학적인 폭발도 일어난다. 그리고 이런 온도 이하에서는 아무런 일도 일어나지 않을 수 있다.[11]

그렇지만 계산 가능성 원리가 폭발의 임계 온도에 적용될 수 있느냐 하는 심각한 의문이 제기된다. 그리고 이것과 정확히 유사한 이유 때문에, 신경 전달에 그것이 적용될 수 있는가에 대해서도 마찬가지로 의문의 여지가 있다. 물론 그 온도가 느리지만 꾸준히 올라가는 임계 온도 이하라면, 우리는 안전하게 폭발 시간을 예측할

---

10) 예를 들어, J. C. Eccles, *The Neurophysiological Basis of Mind*, 1953을 보라. [또한 K. R. Popper and J. C. Eccles, 『자아와 그 두뇌(*The Self and Its Brain*)』, 1977, pp.541, 565를 보라. 편집자.]

11) 예를 들어, K. F. Bonhoeffer, "Modèles Physico-Chemiques de l'Excitation Nerveuse", *Journal de Chimie Physique* 51, pp.521-529를 보라.

수 있을 것이다. 하지만 계산 가능성은 우리가 좋아하는 만큼 매우 정확하게 폭발 시간을 예측할 수 있다는 논제를 수반한다. 그리고 이번에는 이 논제가 다른 것, 즉 우리가 온도를 측정할 수 있다는 것과 우리가 좋아하는 만큼 정확히 그 증가율을 측정할 수 있다는 것을 포함하고 있다. 그러나 온도는 어떤 질량-효과이다. 그것은 화학의 몰(mol) 양이거나 거시적인 양이다. 그것은 본질적으로 평균이다. 이와 같은 양들은 원리상 우리가 바라는 만큼 정확히 측정될 수 없다.

주어진 신경이 점화되는 전위의(potential) 정확한 값 또한 어떤 다른 질량-효과들에 의존한다고 믿을 충분한 이유가 있다. 예를 들면, 그것은 (이번에는 아마도 어떤 종류의 분자들의 충분한 농도로, 즉 충분히 큰 수로 있는지 또는 없는지에 의존하는) 피로-효과(fatigue-effect)에 의존한다. 우리가 형이상학적인 결정론을 가정한다 할지라도, 현재 이론들에 다음과 같은 것을 지적하는 것은 아무 것도 없다. 즉, 우리는 언젠가는 예측 과제의 설명서로부터 초기 조건들에 필요한 정확도를 계산할 수 있을 것이다.

이런 고찰들을 요약하면 다음처럼 말할 수 있다. 뇌는 (뇌가 기본적인 양자 과정들을 증폭시켰든 아니든 간에) 십중팔구 온도나 어떤 화학물질의 농도와 같은 질량-효과들에 매우 민감하다. (이 점은 우리 근육의 운동이 질량-효과이며 그 운동들은 부분적으로 신경-자극들의 '집중 사격들'과 같은 다른 질량-효과들에 의존하고 있음을 고찰해 볼 때, 놀라운 일이 결코 아니다.) 하지만 우리는 다음처럼 말할 어떤 실마리, 다시 말해 그 점을 지적해 줄 어떤 것도 가지고 있지 않다. 계산 가능성 원리가 질량-효과들에 적용될 수 있다거나, 만약 적용 가능하다면, 그 원리가 어떻게 적용될 수 있는지가 바로 그것이다.

우리는 상식적인 '행동으로부터의 논증'에서 얼마나 멀리 나간 것인지를 알고 있으며, 사실상 행동에 관해서 점점 더 많이 배우는 일상적인 경험 속에 계산 가능성을 제시해 주는 어떤 것도 전혀 없음을 알고 있다.

매우 일반적으로 말하면 우리의 지식 및 그 지식과 더불어 우리의 예측 능력은 어떤 분야에서 꾸준히 증가한다 할지라도, 이런 사실 자체로 다음과 같은 견해를 지지하는 논증으로 사용될 수 없다는 점이다. 곧, '과학적' 결정론과 유사한 어떤 것이 이 분야에서도 유효하다는 그런 견해를 지지하는 논증으로 사용될 수 없다. 왜냐하면 계산 가능성 원리를 만족시키는 매우 특별한 종류의 지식에 접근하지 않더라도, 우리 지식은 꾸준히 증가할 수 있기 때문이다.

6. 구름과 시계

내가 질량-효과들을 언급했기 때문에, 이곳이 아마도 앞의 1절에서 진술한 시계와 구름으로부터의 결정론적인 논증을 비판할 좋은 자리일 것이다. 나는 지금 예측할 수 있는 사건들(행성들의 운동이나 시계들의 운동)과 예측할 수 없는 사건들(날씨나 구름들의 운동) 간의 상식적인 구별이 부당하다는 논증을 말하고 있다. 그리고 이 구별은 우리가 시계에 관해 가졌던 지식만큼 구름에 관한 많은 지식 — 상세한 초기 조건에 관해서는 물론 구름의 법칙들에 관한 지식 — 을 얻을 때 사라질 것이다.

행성들의 사례가 보여주듯이, 이런 논증을 위해서 말해야 할 점이 있다. 사실상 구름에 대해 상세히 개선된 지식은 구름들을 시계

범주의 사건들에 동화시키는 데 많은 도움이 될 수 있다. 그러나 질량-효과들이 포함되어 있기 때문에, 이런 동화가 완전히 성공할 수 없다.

더구나 우리는 또한 그 문제를 반대로 볼 수 있다. 즉, 만약 우리가 점점 더 세밀하게 시계들의 작동을 예측하고자 한다면, 우리는 예컨대 시계 속의 열의 흐름을 (즉, 진자의 길이가 어떻게 영향을 받고 있는가 알기 위해서) 조사해야만 할 것이다.

정확히 똑 닮은 두 시계는 동일한 시간을 보여줄 것이며 그런 일을 계속할 것이라고 사람들은 종종 말한다. 이런 일이 있을 수 있지만, 그러나 그것은 전혀 흥미를 끌지 못한다. 왜냐하면 정확히 똑 닮은 두 시계를 우리는 가져보지 못했기 때문이다. 더구나 두 개의 괘종시계나 손목시계는 연속적으로 공장에서 생산되었으며, 다른 방식으로 완전히 닮아 보인다고 해서 두 시계가 일반적으로 동일한 시간을 보여주는 일을 지속하지 못할 것이다. 이 점 때문에 두 시계가 조절 기제의 도움으로 조정될 수 있도록 만들어졌다. 조정이 이루어진 후에야, 그것들은 동일한 시간을 매우 잘 유지할 수 있다. 그렇지만 그것들은 일반적으로 더 이상 닮은 것으로는 보이지 않을 것이다. 역학적으로 중요한 부분 — 조절 기제 — 은 이제 분명히 관찰할 수 있는 차이를 드러낼 수 있다. 이 차이는 두 시계가 다른 측면에서 — 시간을 유지하는 데 — 서로 더 닮게 만들기 위해 도입되어야 했다. 이것은 겉모습의 닮음은 매우 기만적일 수 있음을 보여주고 있다.

만일 어떤 시계가 늦다면, 훌륭한 시계 제조자는 그 원인 — 아마도 작업 중에 들어간 먼지 입자 — 을 발견할 수 있다. 비록 그 사례가 보편적 인과율을 따르고 있다 하더라도, 계산 가능성 원리를 만족시키지 않기 때문에 그 사례는 흥미롭다. 어떤 시계 제조자도 먼지를 발견한 것으로부터 하루에 5분이 늦어지기보다 3분 늦어짐의 원인일 것이라고 예측할 수 없다. 그는 또한 이런 특정한 먼지 입자를 제거하면, 그 시계가 더 이상 조절하지 않고도 시간이 맞을 것임을 예측할 수 없다.

7. 심리학으로부터의 결정론 논증

우리가 살펴본 대로 행동으로부터의 논증과 생리학으로부터의 논증은 부당하다. 그 이유는 예컨대 행동의 초기 조건들을 측정하는 데 있어서의 어려움 때문이라기보다는 행동의 초기 조건들에 대한 측정의 정확도를 개선한다고 해서 행동 예측의 정확함을 무한정 개선할 수는 없기 때문이다.

그러나 행동으로부터의 논증은 더 오래된 논증인 **심리학으로부터의** 논증 형태에 불과하다.

몇몇 위대한 철학자가 이 논증을 사용한 까닭은 자유의지란 관념을 반박하고 그리고 이로 인해서 간접적으로 결정론이란 관념을 지지하기 위해서였다. 이 논증은 오래된 것이었다. 아마도 르네상스 이래로 홉스, 스피노자, 흄 및 프리스틀리는 이 논증을 매우 분명하게 진술했다.12) 홉스는 다음과 같이 언급하고 있기 때문이다.

---

12) Hobbes, *Quaestiones de libertate et necessitate, contra Doctorem Bramhallum*, 1656; Spinoza, *Ethics*, part I, prop. 32, corollary 2; part II, prop. 49, scholium(특히 네 번째 반대에 대한 답변을 보라); Hume, *Treatise*, 1739, book ii, section i에서 iii; "On Liberty and Necessity" (*Essays Moral, Political, and Liberty*, 1742); J. Priestley, *The Doctrine of Philosophical Necessity*, 1777.

"의지는 또한 그것이 갖고 있지 않은 다른 것들 때문에 필연적으로 야기되었다." 따라서 "자발적 행동들 모두가 필연적인 원인을 갖게끔 되었다는 결론이 따라 나온다."

흄은 자신이 말한 것처럼 자발적 행동들에 이른 '**동기들로부터의 추론**'이란 생각을 도입했다. "동기들과 자발적 행동들 간의 연관은 자연의 어떤 부분처럼 규칙적이고 한결같다"고 그는 썼다. 뿐만 아니라, 그는 '성격으로부터 행동의 추론'이란 관념도 도입했다.

칸트는 전술한 모든 생각을 받아들였다. 그래서 그는 "우리가 월식이나 일식을 계산하듯이, 심리학적 정보가 충분하다면, 미리 확실하게 여하한 인간의 미래 행동도 계산할 수 있게끔 해줄 것"이라고 주장했다.13) 이런 진술은 '과학적' 결정론에 대한 그의 강력한 믿음을 보여주고 있다. 문제는 도대체 그런 결정론이 흄이 생각했던 것과 같은 동기들과 행동들 간의 규칙적인 결합에 관한 심리학적인 관찰들을 통해서 지지될 수 있는가 하는 점이다.

지금 나는 심리학적인 원인들의 ─ 소망들, 희망들, 동기들 및 의도들이나 어떤 상황이 어떤 행동을 요청한다는 느낌의 ─ 존재를 부인하고 싶지 않다. 그와 정반대로 심리학적이거나 물리학적인 인과 설명들은 결국 실패할 수밖에 없다는 중요한 사례들이 많이 있다고 나는 믿고 있다.14) 적어도 만족할 만한 심리학적 설명과 비슷한 무엇이 (어쩌면 '상황 논리'에 의한 설명이15)) 주어진다 할지라

---

13) *Critique of Practical Reason*, 4th to 6th eds., p.172; 또는 WW, ed. Cassirer, vol. 5, p.108. 이 구절은 아래 16절에서 더 자세히 인용되었다.

14) 나의 논문 「언어와 심-신 문제(Language and the Body-Mind Problem)」의 마지막 단락 참조. *Proceedings of the XIth International Congress of Philosophy*, vol. vii, p.101 이하. [『추측과 논박』, 1963, 12장에 다시 실렸다. 편집자.]

도 그렇다.

예를 들면, 어떤 학습 과정에서 — 걷기, 말하기, 쓰기, 스키 타기, 피아노 연주를 배우는 과정에서 — 아마 특징적인 신경회로의 창출과 같은 것이 포함된 신경생리학적인 변화들이 있다고 믿을 충분한 이유가 있다. 또한 우리가 배운 것을 실행할 때 — 걸을 때와 말할 때 — 특징적인 신경생리학의 반응들이 일어난다고 믿을 충분한 이유도 있다. 그렇지만 다음과 같은 관점을 지지할 어떤 것도 없다. 만약 스키 타는 사람이 새로운 운동들의 연속을 발명하거나, 작가가 새로운 단어들의 연속을 고안하거나, 작곡자가 새로운 화음들의 연속을 창안한다면, 신경생리학의 과정들이 동일한 연속의 운동들이나, 단어들이나, 화음들이 (무의식적으로) 다른 것들로부터 인계된 과정들과 다를 것이란 관점을 지지할 이유는 전혀 없다. 물론 새로운 어떤 것의 발명은 종종 신경생리학의 어떤 것과 상관관계를 가질 수 있는 흥분의 감정과 결합된다. 그러나 여타의 경우에서 혁신을 이룩한 사람은 자신의 혁신을 전혀 의식하지 못할 수 있다. 또한 그는 다른 사람으로부터 배운 것과 자신이 스스로 창안한 것을 구별할 수도 없다.

이런 연유로 어떤 성취는 새로움의 성질을 갖고 있다는 사실은 해석과 평가의 문제임을 깨닫는 것이 중요하다. 극단적인 예를 들면, 어떤 사람은 너무나 자주 들은 진부한 인용구를 창조적이고 독창적인 용도의 상황에 적용할 수 있다.

그렇다면 적절함, 반어법 및 독창성은 개인의 발화들을 묘사할 수 있고 또한 **신경생리학**의 용어들로 해명할 수 있다고 기대하지

---

15) 나의 『역사법칙주의의 빈곤』, 1957, 31절과 『열린사회와 그 적들』, 1945, 14장을 보라.

않아야 할 성질의 사례들이다. 하지만 매우 다양한 종류의 **신경생리학적인** 적절한 설명들이 있을 수 있다. 가정 분위기의 영향, 또한 무의식적인 표준을 마련하도록 한 사례들과 관계들이 그에 해당한다. 읽기, 쓰기 및 여타의 교육적 영향들이 이런 것들을 설명하는 데 사용될 수 있다. 새로운 수학 증명의 창안이 여기에 속하며, 또한 새로운 논증들의 고안은 물론이고 아마도 어떤 논증의 뒤를 잇는 시도의 발명도 여기에 속한다.

따라서 신경생리학자가 수학자의 뇌를 연구함으로써 수학자가 고안할 새로운 증명의 단계들을 예측할 수 있다고 믿을 이유가 전혀 없는 반면에 그것을 믿지 않을 이유는 많이 있다. 하지만 증명이 우리 앞에 있다면, 그 설명들 몇몇에 대한 심리학적 설명들이 몇몇 있을 수 있음을 발견할 수 있다. 하나의 설명은 동일한 수학자가 좀 더 이전에 행한 증명을 닮은 설명일 수 있으며, 다른 설명은 그 수학자의 스승이 발명한 방법을 독창적으로 적용한 것일 수 있다. 심지어 좀 더 통찰력 있는 분석은 그 원인 몇몇을 밝힐 수 있다. 즉, 특수한 상황에서 그 수학자로 하여금 옛 스승을 생각하게끔 해준 원인과 그 스승이 그에게 해주었던 일종의 충고가 그 원인일 수 있다.

이 모든 경우에 부분적으로나 혹은 전체적으로 예측들이 성공한 것으로 검증될 수 있는 심리학적인 가설들의 측면에서 우리의 인과적 설명이 있을 수 있다. 그러므로 우리는 다음과 같은 것들을 성공적으로 예측할 수 있었다. 즉, 적당히 어려운 문제에 직면했던 오일러(Euler)가 그 난점을 해결할 수 있을 것이란 예측이나, 모차르트가 의뢰받은 미사곡이나 오페라를 작곡할 것이며, 또한 그의 능력과 양심을 고려해 보았을 때, 그는 대충 짜 맞춘 것이 아닌 위대한 작품을 쓸 수 있을 것이란 예측이 그것이다. 그래서 우리는 더 나아가야 할 이유가 있으며, 예측들 — 새로운 발명에 관계하고 있는 예측들 — 의 토대가 될 시험할 수 있는 심리학적 가설들은 물론이고 잘 시험된 가설들도 정식화해야 한다.

심리학적인 '원인들'에 대한 이런 고찰들은 '자유의지'란 교설의 직관적인 정식화에서 근본적인 어려움을 드러내고 있다. 이 점을 나도 인정한다. 우리가 만족할 만한 방식으로 '인과적으로 설명할' 수 없다는 의미에서, 여태껏 '원인이 없는' 어떤 결정과 어떤 행동이나 새로운 발명을 거의 발견하지 못할 것이다. 설령 그 배경, 바람들, 두려움들 및 관련된 사람의 태도들에 관해서는 물론이고 논증들이나 음악적 취향이나 문예적 취향의 영향을 받아 이루어진 결정에 관해 우리가 많이 알고 있다 할지라도 그렇다. 따라서 '자유의지'란 교설이 이런 의미에서 '원인이 없는 결정'을 주장하는 것이라 한다면, 자유의지에 대한 홉스, 스피노자, 흄 및 그들의 후계자들이 행한 비판은 건전한 것이라고 인정받을 수 있다.16)

그러나 이런 고찰들은 어떤 것도 '과학적' 결정론과 같은 어떤 것을 지지하는 논증들로 사용될 수 없다. 왜냐하면 '과학적' 결정론은 원인들의 존재보다 훨씬 더 많은 것을 주장하고 있기 때문이다. 그것은 (내가 칸트를 인용한 구절에서 지적했듯이) 이런 원인들이야말로 만족할 만큼의 정확도로 우리가 어떤 사건을 예측할

---

16) 나는 여기서 다음을 가정하고 있다. 즉, 예컨대 두 이론은 상호 연역될 수 있다거나 어쩌면 모순일 수 있다와 같은 논리적인 고찰은 '원인'으로 간주될 수 있다는 가정이다. 앞에서 언급한 나의 「언어와 심-신 문제」, 특히 6.1절부터 6.4절을 보라. [또한 『자아와 그 두뇌』, pp.36-50에서 세계 1, 2와 상호작용하는 세계 3에 대한 논의를 보라. 편집자.]

수 있게끔 한다고 주장한다. 그러므로 과학적 결정론은 계산 가능성 원리, 즉 예측 과제로부터 정확도를 계산할 가능성을 포함하고 있다. 다시 말해서, 예측 문제가 해결되기 위해서는 그 '원인들' — 즉 초기 조건들 — 이 정확히 알려져야 한다는 것이다.

그러나 이런 원리가 학습이나 동기 심리학의 분야에서 만족될 수 있다고 믿을 하등의 이유가 없다. 그 원리가 행동의 분야에서나 신경생리학의 분야에서 만족되는 그 이상으로 만족될 수 있다고 믿을 어떤 이유도 없다. 이와 정반대로 그 원리가 심리학의 분야에서는 결코 만족될 수 없을 것이라고 추측하는 데 대한 충분한 이유가 있는 것 같다.

예컨대, 칸트의 주장은 어떤 오해에 토대를 두고 있음이 분명하다. 그것은 만약 우리가 어떤 분야에서 무한정으로 '원인들'에 대한 지식을 개선할 수 있다면, 우리는 또한 바라는 만큼 정확히 이런 분야에서 예측들을 할 수 있다는 잘못된 믿음에 토대를 두고 있다. 그렇지만 이것은 일반적으로 참이 아님은 물론이고 심지어 그럴듯하지도 않음이 분명하다.

심리학의 방법들을 통해 바라는 만큼의 정확도로 인간의 행동을 예측한다는 생각은 사실상 모든 심리학적 사유와 전혀 맞지 않기 때문에 그 행동이 무엇을 수반하는지 깨닫기 어려울 것이다. 예를 들면, 그 행동은 어떤 사람이 다음과 같은 경우에 바라는 만큼의 정확도로 얼마나 빨리 계단을 걸어 올라갈 것이라 예측하는 것을 수반할 것이다. 만약 그가 승진했다고 알리는 편지를 거기서 발견하리라 예상할 경우나, 혹은 그가 파면되었음을 고하는 편지를 예상하는 경우가 그에 해당한다. 이것은 모든 종류의 물리적 초기 조건들(계단들의 높이, 신발과 계단 사이의 마찰력)과 신경생리학적인 초기 조건들(그 사람의 일반적인 건강 상태, 그의 심장 상태, 그의 폐의 상태 등)이 예를 들어 경제적인 초기 조건들(그 사람의 저축, 대체 고용의 기회, 그에게 의존하는 사람의 수) 및 심리학적 초기 조건들(그의 자신감이나 불안감 등)과의 결합을 포함할 것이다. 이런 것들이 알려진다 할지라도, 아무도 이런 것들을 어떻게 평가할 것인지 말할 수 없다. 또한 그런 것들이 어떻게 평가되어야 하는지, 특히 심리학적인 조건들이 다음과 같은 방식으로 어떻게 사용될 수 있는지 말할 수 없다. 심리적인 조건들과 비교하고 결합시켜야 할 물리적 힘들의 방식으로 그 조건들을 다룰 수 있는 방식이 그것이다.

오랜 세월 연구를 한 (몇몇 분석들은 10년 이상 지속되지 않았다) 정신분석학자는 환자의 무의식에 묻힌 모든 종류의 '원인들' — 동기들과 기타 등등 — 을 밝힐 수 있다. 그 분석가는 수많은 사례를 통해서 자신의 환자의 행동을 성공적으로 예측할 수 있다고 가정해 보자. 설사 그런 경우라 하더라도 환자의 동기에 관한 모든 지식을 갖고 있는 그 분석가는 끊임없이 변하는 심리적인 조건들 하에서 그의 환자가 계단을 걸어 올라가는 데 걸린 시간을 정확히 예측할 수 있다고 믿을 사람은 거의 없다. 아마도 그 분석가는 만일 충분한 자료가 그에게 주어진다면, 이런 예측도 할 수 있을 것이라 말할지 모른다. **그러나 그는 이런 목적을 위해 어떤 자료가 충분한 것인지를 진술하거나 설명할 수 없을 것이다.** 왜냐하면 그 분석가가 그와 같은 자료에 요구된 정확도를 계산할 수 있도록 해줄 이론의 흔적조차 없기 때문이다.

어떤 사람(혹은 어떤 고양이)에 대한 심리학적인 지식 때문에 우리는 그가 살인을 하지 않을 것이라거나 도둑질하지 않을 것이라는 (그 고양이가 물거나 할퀴지 않을 것이라는) 예측을 할 수 있다. 하지만 '과학적' 결정론을 정립하기 위해선 더 많은 것이 요구될 것이다.

우리가 '과학적' 결정론이 함의한 것이 무엇인시를 깨달았다면, 그리고 특히 계산 가능성 원리가 함축하고 있는 것을 깨달았다면, 심리학적 지식 또한 신경생리학의 지식으로 보완되어야 함을 우리는 안다. 이것은 행동 지식이 신경생리학의 지식으로 (행동으로부터의 논증을 논의할 때 우리가 보았듯이) 보완되어야 하는 방식과 동일한 방식이다. 이것은 당연히 심리학으로부터의 논증이 무너짐을 의미한다.

심리학으로부터의 논증은 애초에 행동으로부터의 논증보다 더 취약했음은 두말할 필요조차 없다. 행동주의자의 측정들이 그에게 도움을 주지 못한다는 이유로, 우리가 보았듯이 동기들의 강도를 우리가 측정할 수 없기 때문이 아니다. 오히려 조금만 반성해 보면 알 수 있듯이 '동기'나 '성격'과 같은 어떤 개념의 사용은 법칙-같은 연관관계들을 발견하거나 심지어 그런 관계들을 우리가 발견할 수 없을 때 그런 것들을 발명하는 것은 어느 정도 서투른 시도에 불과하기 때문이다. '그의 행동 동기가 무엇인가?'와 같은 질문이나 또는 '왜 그는 그것을 행했는가?'와 같은 왜-질문은 완전히 합리적일 수 있다. 그래서 '그가 질투 때문에 (또는 열정 때문이거나 복수하려고) 그것을 행했다'와 같은 대답이 있을 수 있음을 나는 부인하지 않는다. 그렇지만 그 답변들이 상당히 세련된 것이라 할지라도, 이런 종류의 모든 답변은 대충 분류하려는 시도들에 불과하거나 기껏해야 그 행동을 합리적으로 이해할 수 있게끔 해주는 가설적인 상황 도식을 구성하는 것일 뿐이다.[17] 그것들은 **먼저 있**

었던 사건을 철저히 이해하려는 시도들이다. 이것은 우리가 예측들과 마주치게 함으로써 시험될 수 있는 어떤 도식을 작동시키는 매우 드문 사례에서도 그렇다.

8. 결정론자의 세계 그림

행동으로부터의 논증들은 물론 심리학으로부터의 논증들도 경험을 토대로 하고 있지 않다. 왜냐하면 이런 분야들에서 정확한 예측을 많이 했다고 말하는 사람이 거의 없을 것이기 때문이다. 내가 보기에 오히려 그런 논증들은 **물리적 세계**가 결정되어 있다는 확신을 미리 갖고 있는 데서 나온 것 같다. 결정론적인 물리 세계에서는 비결정론적 행동을 위한 여지가 없음이 분명하다. 모든 행동은 물리적 세계 내의 사건들로 이루어져 있기 때문이다. 다른 한편 결정되지 않은 의식 상태들을 위한 여지가 있을 것으로 보인다. 그렇지만 이런 의식 상태들이 존재한다는 가정은 상당히 불만족스럽고 실제로는 불필요하다. 그 상태들은 행동과 어떤 종류의 인과적인 연관도 맺을 수 없다. 우리는 그런 것들에 관해 모르거나 그렇지 않다면 적어도 그것들에 관해 말할 수 없을 것이다. 왜냐하면 우리가 말을 한다면, 미결정 사건들이 소리라는 물리 세계에 어떤 인과적인 영향을 미칠 것이기 때문이다. 이것은 물리적 세계가 결정되어 있다는 교설과 모순이 되는 가정이다.

이런 방식으로 물리 세계의 결정론적인 관점이 바로 행동 세계와 심리학 세계에 대한 결정론적인 관점을 부과했다. 그리고 실제

---

17) 전술한 주석 14와 15의 언급들을 보라.

로 홉스와 그의 후계자들의 물리적 세계에 대한 관점은 결정론적이었다. 이것은 그들이 제시했던 (또는 흄과 슐리크가 제안했던 행동으로부터의 논증) 심리학으로부터의 논증은 이런 확신의 결과였음을 증명해 주는 것은 아니다. 그렇지만 그것은 이런 확신의 결과였음을 시사해 주고 있다.

물리적 세계가 결정되어 있다는 홉스의 믿음이 뉴턴 이론에 선행했음을 주목하는 것은 흥미로운 일이다. 따라서 뉴턴의 훌륭한 성공은 결정론의 교설에 대한 가장 인상적인 확인으로 쉽게 해석될 수 있다. 그것은 뉴턴이 옛 결정론자의 프로그램을 실재하는 것으로 바꾸어놓았던 것 같았다.

이것은 예컨대 우리가 칸트에서 발견한 결정론에 대한 강한 의존을 설명해 주고 있다.

또한 행동으로부터의 논증과 심리학으로부터의 논증이 물리 세계의 결정론적인 관점에서 생긴 것이란 주장은 다음과 같은 이유를 설명해 줄 것이다. 이 주장은 이런 논증들을 제안한 사람들 누구도 여태껏 왜 계산 가능성 문제를 곰곰 생각하지 않았는지를 설명해 주고 있다. 왜냐하면 물리적 세계에 대한 홉스적인 시계 장치에서 계산 가능성이 직관적으로 명백한 것처럼 보였고, 그래서 또한 그것은 뉴턴적인 그림에서도 (적어도 우리가 심-신 문제의 상세에 너무 깊이 들어가지 않는다면) 마찬가지인 것처럼 보였기 때문이다.18) 만약 물리 세계가 결정론적이고 그리고 만일 계산 가능성이 물리학의 분야에서 만족된다면, 행동 분야나 심리학의 분야에서의 계산 가능성에 관해서도 전혀 염려할 필요가 없을 것이다.

---

18) 데카르트의 세계에 대한 시계 장치 그림에서, 물질에 간섭하는 미결정된 마음들의 여지를 마련하려는 시도들은 설득력이 없다.

나는 지금 우리 논의가 전통적인 철학적인 논증들은 물론이고 결정론에 대해 인기 있는 논증이나 상식적인 논증이 부당함을 보여준 것이라 믿는다. 그러나 그 논의는 또한 고전 물리학에서 나온 가장 강력한 논증을 우리가 예상할 수 있음을 시사해 주고 있다. 하지만 나는 물리학으로 방향을 돌리기 전에, 일반적인 방식으로 결정론이 일견 받아들일 수 있는 것으로 생각된 몇몇 이유를 설명해 보겠다. 또한 증명의 부담이 결정론자에게 있어야 하는 이유도 설명해 보겠다.

9. 증명의 부담

적어도 잠정적으로 비결정론을 받아들이게 된 중요한 이유는 증명의 부담이 결정론자에게 있다는 점이다. 나에게 알려진 결정론을 지지하는 오직 합리적으로 강한 논증들만이 '과학적' 결정론을 지지하는 논증들에 해당한다. 그리고 '과학적' 결정론을 옹호하는 상식적인 논증은 모두 계산 가능성 문제에 부딪쳤을 때 무너진다는 사실의 관점에서 보면, 모든 것을 감안할 때 상식은 비결정론을 지지하는 것으로 보인다.

내 생각에 증명의 부담이 결정론자에게 있다고 볼 이유가 여럿 있는 것 같다. 나는 단지 네 가지 이유를 언급해 보겠다.

첫째로, 세련되지 못한 상식은 시계와 구름, 다시 말해 더 잘 예측할 수 있는 사건들과 예측을 잘 할 수 없는 사건들이 있다는 견해를 지지한다. 그리고 예정론과 예측 가능성은 정도의 문제일 뿐이라는 견해를 지지한다.

둘째로, 유기체들이 더 단순한 몇몇 체계들보다 미리 결정되지 않으며 예측할 수 없다는 견해에 대한 외견상 분명한 사례들이 있다. 그리고 고등 유기체들은 하등 유기체들보다 미리 결정되지 않으며 예측할 수 없다는 견해에 대해서도 마찬가지 사례가 있다.

수달들(혹은 인간들)은 자신들의 물리적 환경 속에서 특징적이고 확실한 변화들을 산출한다. 물리적 환경은 그 화답으로 수달들(혹은 인간들) 속에 특징적이고 확실한 변화들을 산출할 수 있다. 그러나 결정론이 참임을 정립하기 위해서는 훨씬 더 많은 것을 보여주어야 할 것이다. 수달이 항상 존재하지 않았다고 가정했기 때문에, 결정론자는 (수달의 현존 외에) 물리적 조건들이 예측할 수 있는 방식으로 수달을 산출할 수 있음을 보여주어야 할 것이다. 하지만 수달이 산출한 물리적 조건들에 관해 우리가 확실하게 많이 알고 있다 할지라도, 수달을 산출할 수 있는 여하한 물리적 조건들에 관해서는 전혀 아는 게 없음이 확실하다. 우리 지식에는 이런 비대칭성이 있다. 그리고 우리 지식의 틈을 채울 수 있는 증명의 부담은 결정론자에게 있다. 지금까지 결정론자가 가지고 있는 것은 기껏해야 프로그램뿐이다.

세 번째 이유이자 내가 가장 중요하다고 생각하는 이유는 '자유의지' 문제와 밀접히 관련되어 있다. 만약 결정론이 참이라면, 음악에 대해 아무것도 모르는 물리학자나 신경생리학자는 원리상 모차르트의 뇌를 연구하여 모차르트가 쓸 악보 위의 점들을 예측할 수 있어야 할 터이다. 이것을 넘어 물리학자나 신경생리학자는 모차르트의 행동을 예상하여 그의 교향곡을 작곡할 수 있어야 한다. 심지어 모차르트가 의식적으로 그 곡을 생각할 수 있기 전이라도 물리학자나 신경생리학자는 교향곡을 쓸 수 있어야 한다. 이와 유사한 결론들은 수학자의 발견들에는 물론이고 우리 지식에 첨가된 다른 것들에도 유효할 것이다. 칸트와 같은 사람이 암묵적으로 이런 결론들을 옹호하는 데 관여했다는 사실에도 불구하고, 내가 보기에 이런 결론들은 직관적으로 불합리한 것 같다. 불합리하든 그렇지 않든 간에, 이런 결론들은 우리에게 알려진 여하한 것도 훨씬 넘어선다. 그래서 다시 증명의 부담은 결정론자에게 있다.

네 번째로, 미리 결정되지 않거나 예측할 수 없는 **사건이 적어도 하나** 있다고 주장하는 비결정론은 분명히 '과학적' 결정론보다는 더 약한 주장이다. 원리적으로 모든 사건을 예측할 수 있다고 주장하는 것은 '과학적' 결정론이다. 과학 안에서 약한 이론들보다 강한 이론들을 내가 더 좋아한다 할지라도, 내가 그렇게 하는 까닭은 그 이론들이 더 잘 논의될 수 있기 때문에, 즉 비판할 수 있기 때문이다. 어떤 경우든 강한 이론을 제안하는 사람은 증명의 부담을 받아들인다. 그는 자신의 이론을 지지하는 논증들 — 주로 그 이론의 설명력을 드러내 주고 있는 — 을 산출할 수 있어야 한다. 내가 이른바 '과학적' 판본이라고 부르는 결정론은 과학에 속하지 않는다. 그리고 그 같은 결정론은 어떤 설명력도 갖고 있지 않다.

II 장

'과학적' 결정론

10. 고전 물리학의 외견상 결정론. 라플라스의 악마

양자 물리학자들은 종종 소위 '고전 물리학'(이것은 뉴턴 이론들, 맥스웰의 이론들 및 심지어 아인슈타인의 이론들도 포괄하고 있다)이라는 것은 결정론을 함의하는 반면에, 양자 물리학은 비결정론을 함축하고 있다고 말한다. 물론 나는 이런 논평이 참임을 인정하지 않은 채로, 고전 물리학과 양자 물리학 사이에 차이가 있음을 기꺼이 받아들인다. 양자 물리학은 확률 이론인 반면에 고전 물리학은 다른 성격을 갖고 있기 때문이다.[1] 나는 고전 물리학을 '**외견상** 결정론(prima facie deterministic)'으로 기술하자고 제안한다. 이런 이름이 가리키고 있는 것은, 내가 그 이름이 어떤 종류의 결정론을

---

[1] 이런 두 범주 어디에도 속하지 않는 이론들, 특히 모든 질적인 이론들과 분류하는 이론들이 존재한다.

수반하는가 그렇지 않은가 하는 논제에 대한 선입견을 갖고 싶지 않다는 점이다.

내가 이른바 고전 물리학의 '**외견상** 결정론의 성격'이라고 하는 것은 소위 말하는 '라플라스 악마'로 알맞게 기술될 수 있다.

라플라스는 세계가 뉴턴적인 역학에 따라 서로 간에 작용하는 작은 물체들(小體, corpuscles)로 이루어져 있다고 믿었다. 또한 시간의 어떤 순간 세계 체계의 초기 상태에 대한 완전하고 정확한 지식은 다른 순간에서의 세계 상태를 연역해 내는 데 충분해야 한다고 믿었다. (만약 완전한 초기 조건들, 즉 그 체계의 모든 입자의 위치, 질량, 운동 속도와 방향이 주어진다면, 뉴턴적인 체계의 '상태'도 주어진다.2)) 이런 종류의 지식은 초인간적임이 분명하다. 이것이 바로 라플라스가 악마 — 초인간의 지성이라는 허구를 도입한 이유이다. 이런 지성은 시간의 어떤 한 순간에서의 세계 체계의 초기 조건들에 대한 완전한 집합을 알아낼 수 있기 때문이다. 라플라스를 따른다면, 이런 초기 조건들과 자연 법칙들, 즉 역학 방정식들의 도움으로 악마가 세계 체계의 모든 미래 상태를 연역할 수 있을 것이다. 이것이 보여주었던 점은 이렇다. 만약 자연 법칙들이 알려진다면, 세계의 미래는 과거의 어떤 순간 속에 암시되어 있으므로 결정론의 참이 정립되었을 것이다.3)

라플라스의 이런 논증에서 결정적인 논점은 다음과 같다. **그 논증은 결정론의 교설을 종교의 진리이기보다는 과학의 진리이게끔**

---

2) 장 이론들에 관해서는, (내가 말하는 의미에서) 체계의 '초기 조건들'은 경계 조건들을 포함하고 있다고 이해되어야 한다.

3) [P. S. Laplace, *Essai philosophique sur les probabilités*, 1819, 서문을 보라. 또한 포퍼, 『자아와 그 두뇌』, p.22를 보라. 편집자.]

해준다. 라플라스의 악마는 전지한 신이 아니라 단지 초-과학자이기 때문이다. 라플라스는 인간 과학자들이 할 수 없거나 적어도 개략적으로 할 수 있는 어떤 일도 할 수 있다고 가정하지 않았다. 그는 단지 초인적인 완전함으로 자신의 과제를 수행할 수 있다고 생각했을 뿐이다.

따라서 라플라스는, 인간 과학자들은 우주 내의 모든 물리적 물체의 초기 조건들을 알아낼 수 없다는 점을 기꺼이 받아들였을 것이다. 그렇지만 만일 행성들의 수가 적다면, 태양계의 모든 초기 조건들을 과학자들이 측정할 수 있을 것이라고 그는 지적했을 것이다. 그는 또한 과학자들이 절대적으로 정확한 초기 조건들을 얻을 수 없음을 기꺼이 받아들였을 것이다. 그렇지만 초기 조건들에 대한 측정의 정확도를 그들은 개선할 수 있으며, 이 개선을 하는 데 아무런 절대적 제약도 없다고 그는 지적했을 것이다. 다시 말해, 만약 체계가 두 개 이상의 물체를 포함하고 있다면, 뉴턴 이론은 현재 수학의 지식 상태에 따라 오직 개략적인 방법을 통해서만 그 체계의 미래 상태를 우리가 계산할 수 있게끔 해준다는 점을 그는 받아들였을 것이다. 그러나 그는 다음과 같은 점을 지적했을 것이다. 비록 우리가 일반적인 심-신 문제 — 즉, 이체(二體) 이상에 대한 뉴턴의 중력 상호작용을 계산하는 문제 — 를 해결하지 못한다 할지라도, 우리는 언젠가 그 문제에 대한 해결책을 발견할 수 있으며, 이런 지식을 가진 악마에게 투자하는 것은 확실히 정당하게 될 것임을 지적했을 터이다. 그리고 비록 일반적인 문제가 엄밀하게 해소될 수 없다 할지라도, 우리는 특수한 개개 사례의 모든 경우에 (그 문제가 너무 복잡하지 않다면) 정확한 해결책을 우리가 명시하기로 선택한 정확한 정도의 근사로 대체할 수 있다고 지적했을 것이다.

이런 의미에서 라플라스의 악마는 단지 이상화된 인간 과학자일 뿐이다. 실제로 그는 이상화된 라플라스이다. 라플라스는 우리 태양계의 안정성이라는 거대한 문제를 해결했다고 믿었다. 그는 또한 그 체계가 닫혀 있다는 전제 하에서, 즉 새로운 어떤 물체도 그 체계에 들어올 수 없다거나 외부에서 간섭할 수 없다는 가정 하에서, **미래의 모든 기간에서도** 행성들은 태양으로부터의 현재 평균 거리를 계속 유지할 것임을 그가 증명했다고 믿었다. (그가 오해했음을 12절과 14절에서 보게 될 것이다.)

라플라스의 악마는 인간 과학자처럼 초기 조건들과 **이론들**, 즉 자연 법칙들의 체계들을 갖고 일을 한다고 상정되어 있다. 적절한 물리 체계들을 위한 악마의 목적에 충실하게 답변해 주는 이론들에 '**외견상** 결정론'이란 표지를 붙일 수 있다.

이 표지는 뉴턴의 이론들, 맥스웰의 이론들 및 아인슈타인의 이론들의 어떤 특징들을 묘사하기 위해서 여기서 도입되었다. 그런데 이런 이론들은 열역학이나 통계 역학이나 양자 이론 그리고 또한 어쩌면 유전자 이론과 같은 여타 이론들과 대비시키기 위한 것이다. 나는 다음과 같은 정의를 제안한다.

물리적 이론은 다음과 같은 경우에만 오직 **외견상** 결정론이다. 그 이론의 관점에서 기술된 닫힌 물리적 체계의 초기 상태에 대해 **수학적으로** 정확한 기술에서 다음에 말하는 기술을 연역하게끔 해 주는 경우에만 외견상 결정론에 해당한다. 즉, **명기된 유한한 정확도**로 어떤 주어진 미래 시간 순간의 체계 상태에 대한 기술을 연역해 주는 경우에만 그에 해당한다는 것이다.

이 정의는 수학적으로 정확한 예측을 요구하지 않는다. 설령 초기 조건들이 수학적으로 틀림없이 정확하다고 가정되어 있을지라도 그렇다. 만약 뉴턴 역학이 정의에 따라 배제됨을 우리가 확실히 하고 싶다면 더 많은 것을 요구할 수 없다. 왜냐하면 이체(二體) 이상의 문제를 해결하는 데 오직 근사적인 방법들만이 알려져 있기 때문이다.

심지어 유사한 이유들 때문에 '문제의 물리적 체계가 너무 복잡하지 않다면'이란 말을 덧붙임으로써 우리 정의를 약화시켜야 한다고 주장될 수 있다. 왜냐하면 문제의 체계가 매우 많은 물체들을 포함하고 있을 때, 그리고 특히 만일 물체의 질량과 거리 모두가 동일한 크기의 체제라면, 근사치에 의해 다체 문제를 해결하는 만족스러운 방법들이 존재하는지가 알려져 있지 않기 때문이다. 물론 요점은 수학적으로 정확한 초기 조건들을 갖고 있음에도 수적인 계산 방법들은 그 자체의 부정확함을 도입하고 있다는 점이다. 다시 말해 복잡한 어떤 체계의 경우에 우리는 연속적인 근접 단계들을 통해서도 어떤 수준 이하로 그 부정확함을 감소시킬 수 없다는 점이다.4) 따라서 만족할 만큼의 정확도로 예측을 구하는 것은 불가능할 수 있다.

이런 논점이 중요하다 할지라도, 나는 여기서 그 논점을 계속하지 않겠다. 그와 반대로 나는 뉴턴의 이론과 맥스웰의 이론은 내가 원래 말한 정의의 의미에서 ― 나와 같은 결정론을 반대하는 자들의 양보로서 ― **외견상** 결정론이라고 **가정**하겠다.

이런 정의를 채택했기 때문에, 우리 앞에 놓인 물음은 이렇다.

---

4) 또한 J. von. Neumann and H. H. Goldstine, "Numerical Inverting of Matrices of High Order", *Bulletin American Mathematics Society*, 53, 1947, pp.1022-1099를 보라.

외견상 결정론의 물리 이론이 **참**이라고 가정했을 때, 이런 가정으로부터 '과학적' 결정론이 참이라고 우리가 추론할 자격이 있는가? 달리 말해서 어떤 이론의 **외견상** 결정론의 성격으로부터 세계의 결정론적인 성격을 우리가 추론할 권리가 있는가?

이런 추론이 부당할 것이라고 내가 믿고 있는 다양한 이유들을 나중에 제시하겠다. 그렇지만 나의 다음 과제는 '과학적' 결정론이란 관념을 좀 더 분명하게 설명하는 것이다.

11. '과학적' 결정론이란 관념: 내부로부터의 예측 가능성

우리가 보았듯이 세계의 계기적인 상태를 보여주고 있는 동영상의 비유를 통해서 결정론의 일반적인 생각을 설명할 수 있다. 이런 동영상에서 과거에 보여주었던 것처럼 미래에서도 고정된 것이거나 결정된 것으로 보일 것이다. 그리고 미래가 고정되어 있기 때문에, 원리적으로 미래가 알려질 터인데, 그저 추측된 것이 아니라 확실하게 미리 알려질 것이다.

이런 비유를 염두에 두고 있기 때문에, 우리는 다음과 같이 말할 수 있다. 즉, 가능한 선견지명이란 모호한 관념을 **예측이라는 합리적인 과학적 절차들에 따른 예측 가능성**이란 좀 더 정확한 관념으로 대체한 시도에서 나온 것이라고 할 수 있다는 것이다. 다시 말해, 과학적 결정론은 참인 보편적 이론들과 함께 현재의 초기 조건들이나 과거의 초기 조건들에서 미래가 합리적으로 연역될 수 있다고 주장한다.

'과학적' 결정론은 선견지명의 단순한 가능성이나 심지어 그런 선견지명의 현존보다 더 많을 것을 주장하고 있으며, 또한 그 자체로 좀 더 쉽게 비판에 붙여지게 됨을 깨닫는 것도 중요하다. 논리적으로 모든 사건이 (예컨대 미리 그것을 꿈꾸는) 누군가에 의해 알려질 수 있다는 것이 가능함은 분명하다. 심지어 많은 사건들이 우연한 형태로 일어나는 세계와 보편 법칙들과 같은 어떤 것에 예속되지 않는 세계에서도 그렇다. 그런 세계에서 '과학적' 결정론은 거짓이 될 것이다. 왜냐하면 합리적인 과학적 예측을 위한 토대로 사용될 정도의 충분히 강한 참인 이론들은 없을 터이기 때문이다. 우리는 이것을 다음과 같은 말로 표현할 수 있다. '과학적' 결정론은 세계에 대한 동영상의 성격보다 더 많은 것을 주장한다. 또한 동영상에서 보여준 사건들은 결코 우연적이지 않지만 항상 규칙들에 종속된다. 그러므로 그 동영상에 있는 각각의 그림이나 장면은 다음에 나올 어떤 것들도 **합리적인 방법을 통해서** 계산하게끔 해준다고 주장한다. 우리가 계기적인 장면들과 연관되어 있는 규칙들이나 법칙들의 도움을 받아서 계산한다는 것이다. 만약 과학적 결정론이 이런 많은 것을 함축하지 않는다면, 결정론의 교설은 '과학적'인 유형이 되지 못할 것이다.

지금까지 말한 내용은 아마도 일반적인 결정론의 관념과 내가 '과학적'이라고 표지를 붙인 결정론의 판본 사이의 관계를 명확히 할 수 있다. 결정적인 요점은 후자는 뉴턴 이론과 같은 **인간 과학의 성공**에 호소하고 있다는 것이다. '과학적' 결정론은 경험 과학이 성공한 결과로서 나오거나 적어도 경험 과학에 의해 지지된 것으로 나타난다. 그것은 **인간의 경험**에 토대를 두고 있는 것 같다.

이 점이 바로 라플라스가 전지한 신에 호소하지 않고 단지 능력이 부여된 악마에 호소한 이유임은 의문의 여지가 없다. 그가 의도했던 점은 **원리적으로** 악마가 인간 과학자의 능력을 뛰어넘지 않아야 하는 것이었다. 라플라스는 자신의 악마가 직관을 통해서 세계의 어떤 미래 상태도 알 것이라 예상하지 않았다. 이것은 인간의 합리적인 능력을 이상화한 것이 아니라, 원리상 그 능력을 넘어선 것이다. 하지만 라플라스는 자신의 악마가 초기 조건들을 정확히 알 것이라고 예상했다. 왜냐하면 그는 이런 방향에서 가능한 인간 지식의 개선에 대한 어떤 제한도 없다고 믿었음은 의문의 여지가 없기 때문이다. 마찬가지로 그는 어느 정도 복잡한 체계에서 **모든** 미립자의 조건을 악마가 안다고 예상했다. 다시 이런 측면에서 인간 지식에 어떤 제한도 없다고 믿었기 때문임은 의심의 여지가 없다. 비록 그가 어떤 인간 존재도 (유한한 크기의 어떤 컴퓨터도) 실제로 여태껏 수없이 많은 미립자들을 포함하고 있는 기체와 같은 어떤 체계에서 모든 미립자의 좌표들을 알 수 없다고 깨달았을지라도 그렇다. 아마도 우리는 다음과 같이 말하는 것으로 그의 의도를 가장 잘 표현할 수 있다. 악마의 능력은 단지 정도에서 인간 과학자의 능력보다 뛰어날 것이며, 또한 그 능력은 인간 과학자의 능력에 **일정한 한계**가 없는 분야에서만 무제한일 것이다.

이런 생각은 라플라스도 틀림없이 동의했을 중요한 필요조건의 도움으로 좀 더 정확히 말해질 수 있다. 여기서 악마와 관련하여 언명된 이 두 조건은 나중에 약간 더 추상적인 형식으로 '과학적' 결정론의 마지막 정의와 통합될 것이다.

첫 번째 조건은 다음과 같다.

(1) 인간 과학자처럼 악마도 **수학적으로 완벽한 정확도로 초기 조건들**을 확인할 수 있다고 가정되지 않아야 한다. 악마도 인간 과학자처럼 유한한 정확도에 만족해야 할 것이다. 그렇지만 측정의 부정확한 영역을 악마가 좋아하는 만큼 작게, 즉 누군가 명시할 수

있는 유한한 영역보다 더 작게 만들 수 있다고 가정될 수 있다.

얼핏 보면 이 조건은 외견상 결정론적 이론에 대한 정의를 단지 약간 수정한 것과 일치하는 듯이 보인다. 왜냐하면 수학적으로 정확한 초기 조건들이 우리에게 주어진다면, 바라는 만큼의 정확도로나 구체적으로 명기된 정확도로 우리가 어떤 예측을 계산할 수 있게끔 해주는 이론을 우리가 외견상 결정론이라 불렀기 때문이다. '과학적' 결정론은 조금 더 많은 것을 필요로 한다. 만약 **유한한 부정확함의 정도로** (언제든 부정확함이 계산 가능성 원리에 따라 예측 과제를 토대로 우리가 미리 명기할 수 있는 정도를 초과하지 않는 것이라면) 초기 조건들이 우리에게 주어진다면, 우리나 악마가 만족할 만큼의 정확도로나 명기된 정확도로 어떤 예측도 계산할 수 있어야 한다는 점이 필요하다.

두 번째 조건은 다음과 같다.

(2) 인간 과학자처럼 악마도 물리적 세계에 속하며 그 세계의 미래를 예측할 것이라고 전제되어야 한다. 적어도 물리적 과정들이 (a) 악마가 정보를 얻을 수 있는 과정들로, (b) 예측을 설명하는 과정들로, (c) 예측을 정식화하는 과정들로, 해석될 수 있는 세계 속에 존재한다고 전제되어야 한다. 달리 말해서 악마를 악마가 예측할 물리 체계 외부의 육체에서 분리된 정신으로서가 아니라, 오히려 실제로 어떤 정신의 물리적 육화로 상상해야 한다. 악마의 본질적 활동들은 어떤 방식으로 그 체계와 상호작용해야 한다는 것이다. 우리는 이런 조건을 외부에서의 예측이기보다는 악마가 **내부로부터 그 체계를 예측할** 수 있어야 한다고 요약해 말할 수 있다.

이 두 번째 요건은 다시 원리상 모든 인간 능력을 능가하는 능력이 악마에게 부여되지 않아야 한다는 조건에서 도출할 수 있다. 이것은 나의 **임시 변통적인** 요구가 아니다. 물리학자들은 적어도 30년 동안 이것을 결정론 교설의 일부라고 암묵적으로 가정해 왔다. 이것은 하이젠베르크의 어떤 논증들이 상기되었을 때 분명하게 된다. 그 논증들 때문에 내가 그것들을 받아들이지 않고 여기서 언급할 수 있다.5) 다음 사실의 관점에서 결정론이 하지 못할 논증을 나는 넌지시 말하고 있다. 측정된 체계 상태에 측정 과정이 간섭하기 때문에, 초기 조건들에 대한 우리 지식의 가능한 정확도에 일정한 한계가 있다. 그래서 그 조건들로부터 계산될 수 있는 예측들에도 한계가 있다는 사실이다. 이 논증은 악마가 분리된 정신일 수 있다는 관념을 거부하게끔 한다. 원리적으로 여하한 인간 존재에게는 물론이고 어떤 물리적 도구에도 한계가 적용될 곳에서는 악마가 무제한한 능력을 부여받지 않을 것임을 전제하는 것이다. 달리 말해서 결정론에 반대하는 하이젠베르크의 논증은 다음과 같은 암묵적인 가정을 토대로 하고 있다. 즉, 결정론은 내부로부터 바라는 만큼의 정확도로 예측 가능성을 수반하고 있다는 가정이 그것이다.

---

5) 나는 하이젠베르크의 이런 생각들에 동의하지 않는다. 나는 여기서 상당히 직설적으로 이 점을 말해야 한다고 생각한다. 왜냐하면 여기서 제시된 것을 요건 (2)로 내가 처음으로 정식화했던 「양자 물리학과 고전 물리학에서의 결정론」이라는 내 논문에서, 나는 때때로 마치 양자 미결정론은 측정된 대상들에 측정 과정의 간섭에 기인한다는 생각을 내가 받아들인 것처럼 말했기 때문이다. 이렇게 말하는 방식은 그 논문을 쓸 때, 나의 목표가 양자 물리학을 비판하는 것이 아니라 오히려 양자 물리학에 고유하다고 믿었던 어떤 특징들은 또한 고전 물리학에도 적용된다고 하는 사실에서 기인한 것이었다. [포퍼, 「'관찰자' 없는 양자역학(Quantum Mechanics without 'the Observer'」을 보라. 이 논문은 『후속편』, III권, 『양자 이론과 물리학의 분열(*Quantum Theory and the Schism in Physics*)』의 서문으로 다시 출판되었다. 편집자.]

12. '과학적' 결정론의 정의

이제 우리는 다음과 같이 '과학적' 결정론을 정의할 수 있다.

'과학적' 결정론의 교설은 **만약 예측 과제가 주어진다면, (계산 가능성 원리에 따라) 요구된 정확도가 항상 계산될 수 있는 초기 조건들과 함께 이론들로부터 예측을 연역함으로써 주어진 미래 시간 어떤 순간의 물리적으로 닫힌 체계에 대한 상태는 그 체계 내부에서도 명시된 정확도로 예측될 수 있다는 교설**이다.

이것은 가장 약한 정의이지만, 아직은 '과학적' 결정론에 포함된 생각들을 정식화하는 데 충분할 정도로 강하다.

우리 정의가 요구하는 것은 여하한 사건의 예측 가능성인데, 이것은 (앞 절에 지적했듯이) 명시된 어떤 정확도로 주어진 미래 시간의 어떤 물리적 체계 상태에 대한 예측 가능성을 요구하고 있다. 더구나 그것은 앞 절에 설명된 요청 (1)과 (2) 그리고 또한 계산 가능성 원리를 통합하고 있다. 이 모든 것은 '과학적' 결정론이란 생각의 필수적인 요소이다.

다른 한편, **더 강한** 정의들은 다음과 같이 주어질 수 있다. '과학적' 결정론이란 생각의 가능한 요소들, 즉 누군가 직관적으로 본질적인 부분들이라고 느낄 수 있는 요소들과 우리 정의에서 생략된 요소들이 존재한다. 특히 내가 유념하고 있는 생각은 **주어진 종류의 어떤 사건이 그 체계 속에서 언제나 일어나는지 일어나지 않는지**를 우리는 어떤 체계에 대해서도 예측할 수 있다는 것이다. 달리 말해서, 방금 주어진 정의에 덧붙일 수 있는 것은 주어진 어떤 상태에 대해서도 **문제의 체계가 항상 이런 상태로 있을 것인지 그렇지 않을 것인지**를 예측할 수 있다는 조건이다.

이 조건이 우리 정의에 덧붙여진다면, 우리가 이른바 **'과학적'** **결정론**의 강한 판본을 얻게 될 것이다. 과연 일식(혹은, 말하자면 2주 안에 월식이 뒤따를 일식)이 일어날 것인지의 물음은 더 강한 판본이야말로 '과학적' 결정론에 본질적인 것으로 생각하는 사람들이 갖고 있는 사례이다. 우리 논의에서 더 중요한 다른 사례는 라플라스가 검토했던 우리 태양계가 안정적인지 아닌지의 물음이다. 이를 좀 더 구체적인 형식으로 말하면, 태양과 어떤 행성 사이의 평균 거리가 예컨대 현 평균 거리의 두 배인지 아니면 반인지의 물음이다.

라플라스에게 악마라는 생각을 제시했던 것은 부분적으로 이 문제를 해결했다는 그의 믿음 때문이었다. 따라서 더 강한 판본은 라플라스가 생각했던 것과 매우 근사한 것이라고 말해질 수 있다.

13. '과학적' 결정론은 외견상 결정론적 이론에서 따라 나오는가?

얼핏 보면, '과학적' 결정론의 정의가 더 강한 판본이라 할지라도 **외견상** 결정론적 이론의 판본과 매우 유사한 것처럼 보일 수 있다. 그리고 '과학적' 결정론이 참임은 뉴턴 역학 같은 **외견상** 여하한 결정론적인 이론의 참에서 직접 따라 나오는 것으로 보일 수 있다. 이런 인상이 칸트와 라플라스뿐만 아니라 뉴턴 역학이 참임을 확고히 믿었던 그렇게 수많은 사상가들도 '과학적' 결정론과 같은 어떤 교설을 받아들일 수밖에 없다고 생각했던 이유를 설명하고 있음은 의심의 여지가 없다. 아인슈타인 또한 그 추론의 타당성을 믿었다.6) 그래서 양자 이론에 대한 공식적인 해석('코펜하겐 해석')

의 지지자들, 즉 아인슈타인의 반대자들도 역시 그것을 믿었다. 그러나 그 추론은 부당하다.

첫째로. 내가 이른바 어떤 이론의 외견상 결정론적 성격이라 한 것과 '과학적' 결정론 사이에는 상당한 차이가 있음을 깨달아야 한다. 외견상 결정론적 이론을 주장할 때, 우리는 항상 어떤 이론에 대해서 그것은 어떤 속성을 갖고 있다고 한다. '과학적' 결정론을 주장할 때, 세계에 대해서 그것은 어떤 속성을 갖고 있다고 한다. 물론 어떤 이론이 참이라면, 그것은 세계의 어떤 속성들을 기술하고 있다. 그렇지만 이것은 참인 이론의 모든 속성에 대응하는 세계의 속성이 있을 것임을 의미하지 않는다.

먼저 어떤 이론의 외견상 결정론적 성격에서 '과학적' 결정론이 따라 나온다는 인상에 의존하는 것은 위험할 수 있다. 이런 말을 하기 위해서는 다음과 같은 점을 상기해야 한다. 우리가 뉴턴 역학이 참이라 가정했을지라도, 만일 모든 물리적 사건이 역학적이라고 그가 보여주지 못했기 때문이라면, 그가 아직 '과학적' 결정론을 수반하는 이론을 얻지 못했음은 분명할 것이다. 오직 뉴턴 역학으로부터 전기, 자기 및 광학의 만족스러운 이론의 성공적인 연역을 한 이후에만, 뉴턴 역학이 '과학적' 결정론을 위한 논증으로 사용될 수 있는가 없는가 하는 물음이 제기될 수 있다. 또는 달리 말해서, '과학적' 결정론은 적어도 가능하다면 모든 종류의 물리적 사건의 예측을 허용할 것이라는 의미에서 **완전하거나 포괄적**이었던 물리학의 체계에서만 따라 나올 수 있다.7)

---

6) [그러나, 아인슈타인은 그 생각을 포기했음을 주장하는 전술한 I장, 주석 2를 보라. 편집자.]

7) 모든 물리학을 뉴턴 역학에 환원하는 프로그램이 성공할 것 같은 프로그

'과학적' 결정론이 외견상 결정론적 이론의 참에서 따라 나온다는 인상에 의존하고 있는 것을 반대하는 두 번째 경고는 다음 사실로부터 도출될 수 있다. 세계는 순전히 역학적인 체계라는(전기 등이 없는) 것과 뉴턴 역학이 참이라고 우리가 가정한다 힐지라도 '과학적' 결정론의 더 강한 판본 역시 어쨌든 거짓이라는 사실이다. 이것을 하다마르의 결론을 통해 다음 절에서 보여주겠다. 그 후에 나는 더 많은 것을 보여주려고 노력하겠다. 즉, 심지어 더 약한 '과학적' 결정론의 판본도 어떤 이론들 — 예컨대 아인슈타인의 이론 — 과 양립할 수 없을 뿐만 아니라, 논리적인 근거에서 약한 과학적 결정론도 거부되어야 함을 보여줄 것이다.

14. 하다마르의 결론

　1898년에 발표된 매우 흥미로운 논문에서[8] 하다마르는 단순한 역학 문제를 논의했다. 불변 속도로 무한 곡면의 (특별한 종류의, 즉 다양한 음의 곡률을 갖고 있는 어떤 단절도 없다고 전제된 곡면의) 측지선들 — 즉 직선들 — 을 따라 움직이는 질점의 운동에 대한 문제가 그것이다. 하다마르는 초기 위치가 (운동의 출발점이) 확실히 정확하게 주어진다고 가정하고 있다. 또한 그는 운동의 초기 방향도 각도 α 내에서 변함을 허용하고 있다. 그런 다음 그는

램이었다고 믿을 이유가 가장 많이 존재했던 과학의 역사 시대에 칸트와 라플라스가 나왔다는 점은 상기되어야 한다.

8) J. Hadamard, "Les surfaces à courbures opposées", etc., *Journal des Mathématiques pures et appliquées*, 5th series, vol. 4, 1898, pp.27-73; 또한 Pierre Duhem, *The Aim and Structure of Physical Theory*, p.139 이하를 보라.

몇 가지 종류의 경로들 특히 (i) **궤도들이나 닫힌 경로들**과 (ii) **무한대까지 가는 궤적들**이 있음을 보여주고 있다. (i)은 궤도들을 따라 움직이고 있는 점이 항상 출발점에서 일정한 거리 내에 남아 있을 것이라는 점근적(漸近的)으로 닫혀 있을 뿐인 곡선을 포함하고 있으며, (ii)는 충분할 정도로 오랜 시간 후에는 궤적들 위에서 움직이는 점은 출발점으로부터 주어진 어떤 일정한 거리도 초과하는 궤적들을 말하고 있다. 우리는 두 개의 다른 궤도들(닫힌 경로들)을 고려하고 있는데, 이것들은 작은 각도 α를 둘러싸고 있는 두 개의 다른 초기 방향의 출발점에서 흘러나오고 있다.9) 우리가 바라는 만큼 작은 각도 α를 만든다 할지라도, 그럼에도 불구하고 각도 α 내의, 즉 우리가 선택할 수 있는 두 개의 다른 **궤도들** 사이의 출발점에서 흘러나오는 **무한대까지 가는** 궤도들이 있을 것임을 하다마르는 보여주고 있다.

그렇지만 이것은 그 경로의 초기 방향에 대한 측정이 아무리 정확하다 할지라도 (절대적인 수학적 정확도가 부족하다면) 다음과 같은 것을 결정할 수 없음을 의미한다. 즉, 질점이 어떤 궤도를 따라 움직이는지, 아니면 결국 무한대까지 가는 궤적을 따라 질점이 움직이는지를 우리가 결정할 수 없다는 것이다. 심지어 초기 **위치**가 확실히 정확하게 주어져 있다는 비실재적인 가정을 한다 할지라도 결정할 수 없다. 달리 말하면, 출발점에서 질점의 거리가 일정한 값을 초과하는 방식으로 그 질점이 움직이는지, 아니면 그 질점의 거리를 꾸준히 증가시키기 시작하여 결국 무한대의 방향으로

---

9) 하다마르는 여기서 우리가 걱정할 필요가 없는 측지선들의 세 번째 범주 — 경계선의 경우들— 를 구분한다.

나아가는 그런 방식으로 움직이는지를 우리가 결정할 수 없음을 의미한다.

따라서 앞 절에서 논의된 '과학적' 결정론의 강한 판본은 하다마르의 결론에 의해 거부된다. 왜냐하면 히디마르가 지적했듯이,[10] 초기 조건들의 어떤 일정한 정확도도 라플라스가 말한 의미에서 (많은 물체들의) 행성 체계가 안정적일 것인지 아닌지를 예측하도록 해주지 못할 것이기 때문이다. 이것은 궤도들을 결정하는 수학적으로 정확한 초기 상태들과 무한대까지 가는 측지선들을 결정하는 다른 상태들이 우리가 보았던 대로 물리적인 어떤 측정에 의해서도 분리될 수 없다는 사실에서 연유한다. 이와 더불어 하다마르는 (위에서 언급했던) 라플라스의 결론을 거부한다. 다시 말해 '과학적' 결정론에 대한 라플라스 생각의 주요한 영감의 하나일 수 있다는 결론을 거부한다.

그러나 내가 알 수 있는 한, 하다마르는 앞서 내가 정의했던 '과학적' 결정론의 더 약한 판본을 거부하지 않는다. 우리는 여전히 **주어진 어떤 시간 순간에 대한** 질점 상태의 예측을 얻을 수 있다. 만약 우리가 (a) 출발과 예측 과제에서 언급되었던 순간 사이의 기간에 의존하는 정확도와 (b) 예측에 명기된 정확도로 질점의 초기

---

10) *Loc. cit.*, p.71(section 59). 하다마르는 그곳에서 자신의 결과들은 태양계의 안정성 문제는 어떤 의미도 갖지 않을 것임을 제시하고 있다고 말한다. 나는 동의하지 않는다. 어떤 이론을 토대로 예측문제는 계산될 수 없다는 것과 초기 조건들의 어떤 측정이 아무리 정확하다 할지라도, 전혀 의미 없는 문제가 되는 것이 아님을 보여주기보다는, 오히려 그것은 그 문제가 풀 수 없는 것임을 확립한다. 해결할 수 없는 문제는 의미 없는 문제가 아니며, 그리고 그 문제를 풀 수 없다는 발견은 해결책의 발견과 거의 똑같이 많은 것을 해명할 수 있다.

방향을 측정한다면 그렇다. 우리가 예측할 **수 없는** 것은 시간의 **모든 순간들에 대한** 체계의 행태이다.[11]

---

11) 이 정식에서 '모든 것에 대해'와 '어떤 주어진 것에 대해' 사이의 차이는 (괴델이 발견했던) 다음 사실과 어떤 유사함을 보여주고 있다. 즉, 비록 우리가 어떤 주어진 산술 진술로부터 그 진술이 결정할 수 있는 정식화된 이론을 구성할 수 있다 할지라도, 모든 산술 진술이 결정할 수 있다는 정식화된 이론을 우리는 구성할 수 없다는 사실이다. 이런 유사점을 염두에 두면, 우리가 말할 수 있는 것은 이렇다. 하다마르적인 물음은 (어떤 일정한 정확도로 초기 조건들이 주어지는 다체(多體)의 체계는 어떤 구체화된 상태에 있는지를 묻는 물음은) **물리적으로 결정할 수 없는** 물음이라는 점이다.

III 장

비결정론을 위한 사례

15. 왜 나는 비결정론자인가: 그물망으로서의 이론들

나는 개인적으로 비결정론 교설이 참이며 결정론은 전혀 근거가 없는 것이라고 믿고 있다.

내가 확신하게 된 이유들 중에서 중요한 것은 (앞의 7절에 언급했던) 직관적인 논증이다. 이 논증은 모차르트의 교향곡 G단조와 같은 새로운 작품의 창조는 모차르트의 물리적 환경과 신체 — 특히 두뇌 — 를 연구했던 물리학자나 신경생리학자에 의해 상세히 예측될 수 없다고 말한다. 이와 반대인 견해는 직관적으로 불합리한 것 같다. 어쨌든 반대 견해를 지지하는 논증을 펴는 것이 매우 어려울 것임은 분명해 보인다. 그리고 이를 지지하는 사이비 종교적인 선입견이나 과학의 전지(全知)가 오직 원리적일 뿐이라면, 신적인 전지에 어느 정도 근접한다는 선입견 외에는 현재 어떤 것도 없음이 분명한 것 같다.

이 논점은 '자유의지'의 전통적인 문제와 밀접한 관계가 있음을 솔직히 인정하지만, 나는 그 문제를 논의하지 않을 것이다. 여기서 나에게 흥미를 주는 문제는 오히려 모차르트에 관한 사례에서 일어나는 문제이다. 즉, 만약 우리가 충분히 알기만 한다면, 그런 세계는 과학의 합리적 방법들을 통해서 원리적으로 새로운 교향곡의 창조와 같은 독특한 사건들도 일일이 상세하게 예측할 수 있는가 하는 문제이다. 이것이 바로 내가 이런 분야에 흥미를 느낀 유일한 문제이다. 나는 이 문제를 아주 명료하게 해야 하는데, '자유'와 '의지'란 단어의 의미 분석과 모차르트나 다른 어떤 사람이 모차르트가 했던 방식과는 다른 방식으로 할 수 있는지의 물음도 지루하게 느꼈기 때문이다. 나는 사실들의 세계에 관심을 두고 있다. 슐리크(비트겐슈타인의 영향을 받아 이런 분야에서 의미 분석을 도입했던) 이래, 흄조차도 단어들의 의미 분석에 관련되어 있었다는 점이 널리 받아들여져 왔다 하더라도, 나는 이것을 오해라고 생각한다.[1] 나는 흄 또한 세계의 구조에 흥미를 느꼈음을 의심하지 않는다. 그리고 세계에 대한 이해에 장애가 되는 오해들이라고 그가 생각했던 곳에서 언어적 오해들을 말끔히 정리했다는 것도 또한 나는 의심하지 않는다.

따라서 나의 흥미를 끈 것은 독특한 성취를 이룬 것으로 주장된 과학적 예측 가능성이며, 또한 전혀 믿을 수 없는 것임을 내가 발견하게 된 것도 그런 예측 가능성이다. 그것은 증명의 부담은 결정론자가 진다는 9절에 열거했던 몇몇 물음 중의 하나이다.

---

1) 특히 Schlick의 *Fragen der Ethik*, 1930, chapter vii, section 1, p.105 이하를 보라.

그러나 종종 내게 제멋대로인 것처럼 보이는 반복된 주장을 위한 논증들과 여태껏 좋은 논증들이라고 제시된 적이 없는 논증들을 제공할 책임이 결정론자에게 있다는 것으로는 충분치 않다. 또한 결정론에 반대하는 부분적으로 논리적이면서 부분적으로 형이상학적인 강한 철학적 논증들이 있다. 이 논증들은 수년 전에 '과학적' 결정론은 약한 것이라고 나를 설득시켰던 것들이다.2)

나는 과학적 이론들이 인간의 발명품들 — 세계를 포착하기 위해 우리가 고안한 그물망들 — 이라고 생각한다. 이런 것들은 시인들의 발명은 물론 심지어 기술자들의 발명과도 다른 것임은 틀림없다. 이론들이 단지 도구들에 불과한 것은 아니다. 우리가 목표로 하는 것은 진리이다. 달리 말해, 우리는 참이 아닌 이론들을 제거할 바람으로 이론들을 시험한다. 이런 방식으로 우리는 이론들을 — 심지어 도구들도 — 개선하는 성공을 거둘 수 있다. 즉, 우리가 물고기를 더 잘 잡도록 해주는 그물들을 만들 때, 실재 세계를 더 잘 포착하도록 해주는 그물망들을 만들 수 있다는 것이다. 그렇지만 그것들은 결코 이런 목적을 위한 완벽한 도구가 되지 못한다. 그리고 그것들이 모든 측면에서 실재 세계의 완전한 재현이라고 착각하지 않아야 한다. 설령 그것들이 상당히 성공한 것이라 해도, 또한 실재에 근접하는 것을 탁월하게 해낸 것처럼 보인다 해도 오해하지 말아야 한다.3)

---

2) 우연히도 내가 처음 발표한 논문("Über die Stellung des Lehrers zu Schule und Schüler", *Schulreform* 4, 1925, pp.204-208)은 여기 뒤따르고 있는 것에서 전개된 것과 근본적으로 동일한 논증을 하는 노력을 기울이고 있었다.

3) J. von Neumann and H. H. Goldstine, *op. cit*,, p.1024 참조. "이것은 … 수학적인 공식은 반드시 실재의 어떤 국면(혹은 양상)에 대한 (다소 분

우리가 먼저 이론들이 우리 자신의 작품이며, 우리가 틀릴 수 있다는 것과 그리고 이론들은 우리의 오류를 반영하고 있다는 것을 분명하게 생각한다면, 우리 이론들의 일반적 특징들, 예컨대 이론의 단순성이나 외견상 결정론적 성격이 실재 세계의 특징들과 대응하는지를 의심하게 될 것이다.

내가 말하는 의미는 다음과 같다. 만약 우리가 '모든 개는 꼬리를 갖고 있다'와 같은 진술을 시험했고 그 진술이 우리의 시험들을 견디어냈다면, 아마 모든 개(또는 고양이)는 꼬리를 갖고 있다거나 적어도 거의 모든 개가 꼬리를 갖고 있을 것이다. 그러나 그런 사실로부터 그런 보편화된 주어-술어 문장이 세계를 기술하는 데 상당히 성공했음을 알게 되었다고 결론을 내리는 것은 실수일 터이다. 심지어 그것이 참이라는 사실에서 세계가 주어-술어 구조를 가졌다고 결론을 내리는 것도 실수일 것이다. 혹은 그것은 어떤 속성들을 갖고 있는 실체들로 이루어져 있다고 결론을 내리는 것도 실수일 것이다. 마찬가지로, 단순 진술들이나 수학적인 진술들이나 영어 진술들의 성공이나 참조차도 세계가 본래 단순하거나 수학적이거나 영국적이라는 추론을 우리가 이끌어내지 않아야 한다.4) 실제로 이런저런 철학자들이 모든 이런 추론을 이끌어냈지만, 그러나 이 같은 추론들은 전혀 권유할 만한 것이 아님을 반성을 통해서 알게 되었다. 세계란 우리가 알다시피 상당히 복잡하다. 그리고 세계가 이런저런 의미에서 단순한 구조적 양상들을 갖고 있다 할지라

명한) 이론을 표현하고 있을 뿐이라는 방법론적인 관찰과 밀접히 관련되어 있다."

4) 내 논문 "What is Dialectic?", *Mind* 49, N.S., p.414, 특히 p.420 참조. 이것은 『추측과 논박』, pp.312-335, 특히 p.330에 다시 실렸다.

도, 몇몇 우리 이론— 우리 자신이 만든 이론들— 의 단순성은 세계가 본래 단순한 것임을 수반하지 않는다.

결정론이 처한 상황도 이와 비슷하다. 관성의 법칙, 중력의 법칙 등으로 이루어진 뉴턴의 이론은 참이거나 매우 근사적으로 참일 수 있다. 다시 말해 그 이론이 주장하는 것처럼 세계가 지금 존재할 수 있다. 하지만 이 이론에는 결정론에 대한 어떤 진술도 없다. 그 이론 어디에도 세계가 결정되어 있다고 주장하고 있지 않다. 오히려 내가 이른바 **'외견상** 결정론'이라고 한 그런 성격을 갖고 있는 것은 **이론 그 자체**이다.

어떤 이론의 **외견상** 결정론적 성격은 그 이론의 단순성과 밀접한 관련이 있다. **외견상** 결정론적 이론들은 비교적 쉽게 시험될 수 있으며, 그 시험들은 점점 더 정확하고 치밀하게 만들어질 수 있다. 내용, 시험 가능성 및 단순성에 대한 나의 고찰로부터 이런 종류의 이론들은 다른 것들보다 더 선호되어야 한다는 것이 따라 나온다. 우리가 다른 것들보다 그런 이론들을 우선 먼저 구성하려는 것도 바로 이런 이유 때문이며, 우리 앞에 놓인 문제들이 허용하는 곳은 어디에서나 (만약 그 이론들이 시험들을 견디어낸다면) 그런 이론들을 고수하려고 하는 것도 바로 이런 이유 때문이다.5) 동시에 그 이론들의 성공으로부터 세계가 본래 단순하다고 추론하는 것보다 세계란 본래 결정론적인 성격을 띤다고 추론하는 것이 더 정당화될 수 있을 것 같지는 않다.

과학의 방법은 우리가 세계를 단순한 이론들로 기술하려는 시도에 의존하고 있다. 복잡한 이론들은 설령 참이 된다 할지라도 시험

---

5) 『과학적 발견의 논리』, 36절 말미 참조.

될 수 없을지 모른다. 과학은 체계적인 지나친 단순화 기예—유리하게 우리가 생략할 수 있는 것을 식별하는 기예—라고 기술될 수 있다.

이런 결론과 계산 가능성의 문제 사이의 연관관계를 알아보는 것이 중요하다. 세 달 후의 태양계의 상태를 계산하는 것과 같은 예측 과제를 생각해 보자. 그것도 행성들의 마지막 위치와 최종 운동량에 대한 약정된 정확도로 계산하는 과제를 생각해 보자. 만일 계산 가능성이란 의미에서 초기 조건들에 대해 허용할 수 있는 부정확도를 계산하고 싶다면, 우리는 뉴턴 역학뿐만 아니라 행성 체계의 모형이 필요하다. 달리 말해서, 우리는 행성들의 목록, 행성들의 질량, 위치 및 속도를 필요로 한다. 즉, 우리는 지금 그 체계 상태에 대한 개략적인 기술이 필요하다. 그러나 이런 기술을 할 때, 우리는 언제나 이론을 이용해야 한다.

첫째로, 그 체계의 상태에 속하는 것(위치, 질량, 속도)과 그 체계에 속하지 않는 것(예컨대, 행성들의 직경, 온도, 열용량, 화학적이며 자기적인 속성들)을 결정하는 것이 바로 이론이기 때문이다.

둘째로, 그 이론은 어느 정도의 크기를 가진 '행성들'을 무시할 수 있는지를(예를 들면, 운석들) 우리에게 말해 주기 때문이다. 달리 말하면, 마치 '각각의 모든 예측 과제는' 생각해 볼 수 있는 세계에 대한 각각의 모든 상태를 의미하는 것처럼 생각하거나 세계 속의 사건이라고 생각하는 것은 모두 순진하다. 각각의 모든 예측 과제 그리고 특히 계산할 수 있다고 상상하는 각각의 모든 예측은 단순화한 **모형**과 함께 작동된다. 그것은 단순화한 이론에 비추어 세계를 알아본 결과이다. 그리고 이런 탐조등이 밝혀주지 않은 것은 무엇이든 애매한 것으로 남아 있게 되어 무시된다.[6]

우리 이론들의 보편성 또한 유사한 문제들을 제기한다. 세계는 독특한 것이라고 우리가 믿을 이유가 충분하다. 다시 말해, 세계는 독특하면서 상당히 복잡한 — 어쩌면 무한히 복잡한 — 상호작용 과정들의 결합이라는 것이다. 하지만 우리는 이런 독특한 세계를 **보편적인** 이론들의 도움을 받아 기술하려고 노력한다. 이런 이론들은 세계의 보편적인 특징인 규칙성을 기술하고 있는가? 혹은 보편성이란 단순성과 같은 그저 우리 이론들 — 아마도 우리의 이론적인 언어 — 의 특징에 불과할 뿐이고, 그 세계의 특징은 아닌 것인가?

여기서 말하는 사례는 단순성의 사례와 약간 다른 것이라고 나는 믿고 있다. 만약 우리가 '모든 개는 꼬리를 갖고 있다'고 말한다면, 우리는 실제로 모든 개에 관한 무엇인가를 주장하고 있다. 이 점은 분명한데, 왜냐하면 만일 (꼬리가 없는 맨 섬 고양이(Manx cats)와 유사한) 꼬리가 없는 종의 개를 발견한다면, 우리는 그 진술을 철회해야 하기 때문이다. 따라서 보편성이란 우리 이론들이 주장하는 어떤 것이며 우리가 시험에 부칠 어떤 것이다. 다른 한편 단순성이란 우리 이론들이 주장한 것이 아니다. 만약 우리 이론들

---

6) [*(1981년에 첨부됨) 나는 몇몇 곳(『열린사회와 그 적들』, vol. ii, pp. 260-262, 361; 『객관적 지식』, 부록 I; 『추측과 논박』, p.127 이하)에서 과학의 '탐조등 이론'에 관해서 말했다. 좀 더 최근에, 나는 또한 『추측과 논박』, p.213 이하에서 정식화된 문제들과 연관해서 '인간 언어의 탐조등 이론'에 관해 말했다. 그 비유의 요점은 탐조등은 세계에 어떤 영향도 미치지 않는 혹은 어떤 방식으로든 그 세계에 간섭하고 있는 (심지어 선택된 견해에서도) 세계의 어떤 양상을 **밝힐 수 있다**는 것이다. 달리 말해, 어떤 진술이 참이라는 객관성은 절대적일 수 있다. 비록 그 진술이 기술하고 있는 사실이 인간의 기술적인 언어의 도움을 받는 것을 제외한 실제로부터 추상화될 (또는 가려낼) 수 없다 할지라도 그렇다.

이 단순성을 주장한 것이라면, 우리는 단순성의 시험 방법을 모를 수 있다.[7]

동시에 단순성이란 세계를 **설명하는**, 즉 다시 우리 이론들에 의해 세계를 기술하는 시도에 불과한 것이다. 그런데 그 단순성은 보편성의 수준들을 가진 사다리뿐만 아니라 근사치 수준들을 가진 사다리도 타고 우리가 올라가도록 해준다. 우리가 더 높은 수준의 보편성을 가진 이론들의 도움을 받아 그것들을 설명하는 것으로 대체한 이론들은 새로운 수준에서 보면 단지 근사치들인 것으로 보인다.

근사치의 이런 과정이 언젠가는 끝날 것이라고 생각할 수 있다. 우리가 언젠가 세계에 대해 참인 완전한 이론에 도달할 수 있다는 이유 때문이다. (비록 현재 이런 날이 — 칸트나 라플라스 시대에 보였던 것보다 훨씬 더 — 멀게 보일지라도 그렇다.) 그렇지만 우리가 설령 세계에 대한 참인 이론을 발견한다 할지라도, 어쩌면 우리는 — 크세노파네스가 깨달았던 것처럼[8] — 우리가 그런 이론을 발견했는지 모를 수 있다. 거의 2세기 동안 뉴턴 이론이 세계에 대한 참인 **유일한** 이론이라고 주장되었다. 그리고 설령 이 2세기 동안 대부분의 물리학자들에게 뉴턴 이론이 보였던 만큼의 만족스러움을 보여준 이론을 우리가 발견한다 할지라도, 언젠가 그 이론에 대한 심각한 어떤 반대가 발견되지 않을 수도 있다고 확신해서는 안 된다.

---

7) 또한 『과학적 발견의 논리』, 15절과 부록 vii 참조.

8) Diels-Krantz, 21[11], Fragment 34(6th ed., 1951, p.137)을 보라. [또한 포퍼의 「소크라테스 이전으로 돌아가라(Back to the Presocratics)」, 『추측과 논박』, pp.136-165, 특히 pp.152-153을 보라. 편집자.]

그러므로 우리는 영원히 근사치를 개선하는 데 만족해야 할 가능성을 잊지 않아야 한다. 보편적 이론들을 통해서 세계를 기술하는 시도가 무한 계열의 근사치들에 이른다는 것은 **세계가 독특하다는 것의 결론**일 수 있다. 이것은 자연수의 비율로 무리수를 기술하는 시도와 다를 바 없다.9) 보편적 이론들을 통해서 세계를 기술하는 시도는 우리 스스로 만든 보편 법칙들에 의해 독특함을, 즉 비합리적인 것을 합리화하려는 시도일 수 있다.10) (그것은 비례의 연속 계열을 통한 근사의 방법과는 다르다. 근사치의 각 단계는 세계의 **부분적인 양상**을 기술하는 것으로 보이며, 그런 양상이 없다면 우리는 그 다음을 이해할 수 없다는 점에서 다르다.) 우리의 지나친 단순화 방법이야말로 근사치를 통해서 우리가 메우려고 하는 틈새를 창출할 수 있다. 그렇지만 달성하려는 근사치의 정도를 위한 — 그물망의 거칢과 세밀함에 대한 — 절대적인 척도가 없고, 단지 더 나쁜 근사치나 더 좋은 근사치의 비교만 있기 때문에, 가장 성공한 노력조차도 결정론에 대해서는 너무 거친 망으로 이루어진

---

9) 홀데인(J. B. S. Holdane)은 본질적으로 우리의 법칙들(또는 원리상 수학적으로 정식화될 수 있는 다른 법칙들)은 근사적일 뿐만 아니라 엄밀히 말해 참이라는 전제에서 출발하여, 우리의 세계는 독특하지 않고 반복된다는 결론에 도달한다. — 예컨대, "그러므로 현실의 삶에서 만난 모든 두 사람은 … 수도 없이 만날 것이다"란 결론에 이른다. ("Consequences of Materialism", *The Inequality of Man*, 1932, Pelican Books, 1937, p.168과 p.169을 보라.) 이런 사변들은 홀데인 자신의 관점에서 보면 "이상하다."(p.170) 그리고 그 사변들의 이상할 정도로 형이상학적인 성격은 세계의 독특함에 대한 이론과 모든 이론의 근사적인 성격에 의존한 것일 수 있다. 이런 성격에 의존하는 것은 정반대의 것을 지지하고, 그렇게 환상적이지 않은 형이상학을 지지하기 위해서라고 나는 생각한다.

10) 세계는 비합리적이며, 세계를 합리화하는 것이 과학의 과제라는 견해를 『열린사회와 그 적들』, 24장, 주석 19와 비교하라.

그물만을 만들 수 있을 뿐이다. 우리는 그물들로 세계를 철저하게 조사하려고 노력한다. 그러나 그물의 망들은 항상 작은 물고기 몇 몇을 도망가게끔 한다. 그리고 거기에는 항상 비결정론을 위한 충분한 믹이가 있을 것이다.

이것은 우리에게 가장 많은 영향을 주는 곳이 어디인지를 가장 명료하게 보여줄 수 있다. 과학적 방법들의 도움을 받아 인간의 개성들에 대한 과학적 기술이나 분류에 가까운 어딘가에 접근할 수 있다는 어떤 신호도 없다. 그런 개성들은 우리가 하는 모든 분류와 측정에도 불구하고 독특한 것으로 남아 있다.

16. 칸트 견해와의 비교

앞 절에 개진된 대부분의 고찰들은 논리적인 성격이나 방법론적인 성격을 띠고 있다. 하지만 세계의 독특함이란 견해는 형이상학적인 것으로 기술될 수 있다. 그것은 칸트의 **본체**의 세계나 **물자체**의 세계라는 관념들과 밀접하게 대응하고 있기 때문이다.

칸트는 대부분의 동년배들 — 천문학자들과 물리학자들이 포함되어 있었던 — 처럼 뉴턴 이론의 참을 믿었을 뿐만 아니라, 심지어 그 이론은 **선험적으로** 타당했다고 믿었다.[11] 뉴턴 이론이 그저 홀

---

11) 특히 (『순수이성비판』 재판이 나오기 전해에 발표된) 칸트의 *Metaphy-sical Foundations of Natural Science*, 1786을 보라. 물론 칸트가 뉴턴주의자였음은 잘 알려진 일이다. 그러나 그가 '순수 자연과학'을 말할 때, 그가 말하는 의미가 뉴턴 역학이라는 점은 — 설령 그의 철학을 이해하는 데 뉴턴주의가 결정적으로 중요할지라도 — 그렇게 잘 알려진 것이 아니다. 그가 **선험적으로** 타당하다고 믿었던 것은 뉴턴 역학이라는 것이다. (나의 논문 「과학에서의 철학적 문제들과 그 뿌리들의 본성에 관하

륭한 근사치에 불과했을 가능성이란 생각은 그에게 일어나지 않았으며, 그런 생각이 일어날 수도 없었다고 나는 생각한다. 이 점이 바로 현상의 세계나 '**자연**'의 세계— 우리 지성이 선험적인 자연의 (뉴턴의) 법칙들을 부여한 세계— 와 물자체의 세계, 곧 본체의 실재 세계를 그가 구분했던 이유이다. 그는 시공간의 세계인 자연은 인과 법칙들, 즉 자연 속의 모든 것은 필연적으로 결정했던 법칙들을 따를 수밖에 없었다고 믿었다. 시공간에서 우리 행동들은 완전히 미리 결정되어 있었다. 다시 말해 그것들은 일식이나 월식처럼 미리 계산될 수 있었다. 우리는 오직 **본체**로서만, 즉 물자체로서만 자유로울 수 있었다.

만약 칸트의 본체 세계를 본체들의 독특함이라는 측면 하에서 고찰된 사물들이나 과정들의 세계로 대체하고, 칸트의 현상들의 세계를 보편성이란 측면 하에서 고찰된 사물 세계로 대체한다면, 우리는 앞 절에 전개된 견해와 비슷하게 된다. 단 다음과 같은 점들을 제외하고 그렇다. 내가 보여주었듯이 인과성은 결정론과 구분되어야 한다는 것과 우리 세계의 독특함은— 칸트의 본체 세계와 달리— 공간 속에 심지어 더 중요한 시간 안에 있다는 것이다. 왜냐하면 결정된 **과거**와 열린 **미래**를 구분하는 것이야말로 매우 중요한 것임을 내가 발견했기 때문이다.

따라서 내가 칸트에게 동의하는 것은 다음과 같은 점들이다. 뉴

여(The Nature of Philosophical Problems and Their Roots in Science)」, *The British Journal for the Philosophy of Science* 3, 1952, 특히 p.153 이하, 그리고 「임마누엘 칸트 — 계몽의 철학자(Immanuel Kant — Philosopher of the Enlightenment)」, *The Listener*, 1954. 2. 18를 보라.) [『추측과 논박』, 2장, 7장 그리고 8장을 보라. 편집자.]

턴 이론과 같은 것은 우리 자신이 만든 것이며 — 그가 언급하듯이 우리 지성이 자연에 부여한 것이며, 그리고 이런 방식으로 우리 지성은 자연을 합리화하며, 또한 우리가 결정론으로 간주하지 않아야 하는 실재 — 뉴턴 이론이나 어떤 다른 이론이 기술했던 것보다 더 심오한 — 가 존재한다는 것을 그가 넌지시 주장할 때이다. 그렇지만 칸트의 다음과 같은 믿음에 나는 동의하지 않는다. 뉴턴 이론은 참이어야 한다는 것과 우리가 자연에 부과한 이론은 바로 이런 이유 때문에 **선험적으로** 타당해야 하거나 외견상 결정론적 성격을 띠고 있어야 한다는 것이 그것이다. 나는 또한 비결정론적인 실재 그 자체는 알려질 수 없다는 그의 견해에 동의하지 않는다. 우리가 살고 있는 독특한 세계가 결코 완전하게 알려질 수 없다 하더라도, 우리의 과학 지식은 그 세계를 점점 더 잘 알려는 시도 — 그리고 놀라울 정도로 성공한 시도이기 때문이다. 이런 의미의 지식에서, 우리의 모든 지식은 다른 어떤 세계가 아니라, 오직 이런 하나의 독특한 세계와 관련되어 있다.

칸트의 해결책에서의 근본적인 난점 — 자유로운 물자체로서 우리는 시공간 속에 있지 않은 반면에 우리 행동들은 시공간 속에 있으므로 결정되어 있다는 것 — 은 나의 해결책에서는 분명히 일어나지 않는다. 따라서 지금 여기서 우리는 도덕적인 결정들을 내리고 있다고 말할 수 있게 된다. (칸트도 이런 말을 할 수 있기를 무척이나 원했을 것이라고 나는 생각한다.)

칸트는 자신의 결정론을 다음 구절로 표현하고 있다.[12]

"그래서 우리는 — 월식이나 일식에서 했듯이 — 어떤 인간의 미

---

12) *Critique of Practical Reason*, 4th to 6th eds., p.172. WW, ed. Cassirer, vol. 5, p.108. 또한 전술한 7절 주석 13을 보라.

래 행동을 미리 확실하게 계산할 수 있다는 견해가 진리임을 인정할 수 있다. 만약 우리가 그 사람의 적절한 모든 외부 환경들은 물론 그의 가장 친숙한 행동 원천들 모두에 대해 알고 있는 만큼 사고방식들에 대한 깊은 통찰을 갖고 있다면 그렇다. 그러나 그와 동시에 인간은 자유롭다고 주장할 수 있다."

이 구절은 결정론에 대한 칸트의 강력한 믿음을 증언하고 있다. 이 믿음은 과학(**선천적인**(*a priori*) **과학**)은 우리로 하여금 결정론을 받아들이게끔 한다는 그의 잘못된 믿음보다 훨씬 더 강하다. 왜냐하면 그 자신이 강조하듯이 그가 여기서 예측 가능성에 관해 말하고 있는 것은 분명히 완전한 결정론이기 때문이다. 물론 그의 방식은 예측 과제에 요구되고 있는 만큼의 깊은 통찰을 우리가 결코 갖고 있지 않다는 논평을 통해서 구제될 수 있다. 그러나 그런 논평을 공허하게 만족시킴으로써, 그의 방식을 구제한다 할지라도, 그 논평은 그가 말하고자 했던 것을 구제하지는 못할 것이다. 더구나 그것은 계산 가능성을 포기하는 것이 되고, 그와 더불어 '과학적' 결정론에 이르게 할 것이다.

17. 고전 물리학은 계산할 수 있는가?

15절에 전개된 철학적 논증들과 앞 절에서 칸트의 논증들과 비교되었던 논증들은 조금 더 전문적인 성격의 몇몇 결과들을 제시하고 있다. 그 논증들은 심지어 하다마르의 결정적인 결과들과는 독립적으로 고전 물리학은 계산할 수 없음을 보여주는 어떤 방식을 제시하고 있다.

이런 결과들의 의미는 엄밀하게 제한된다. 그것들은 어떤 뉴턴주의자가 소중히 여겼던 세계의 결정론적 그림이나 역학적 그림에 영향을 미칠 필요가 없다. 그것들은 전적으로 타당할지도 모르지만 어떤 뉴턴주의자를 놀라게 하거나, 그에게 충격을 주지 못한다. 하지만 그것들은 '과학적' 결정론에는 영향을 미친다. 즉, 결정론은 인간의 과학, 곧 인간의 경험에 의해 지지된다는 견해에 영향을 미친다는 것이다. 왜냐하면 이런 결정론의 형식은 틀림없이 계산 가능성과 연계되어 있기 때문이다.

계산할 수 있는 예측 과제를 갖기 위해서는 체계의 **모형**이 (15절에서 내가 지적한 대로) 우리에게 주어져야 한다. 즉, **그 체계 상태와 매우 비슷한 기술**이 주어져야 한다. 만약 단일체(單一體) 문제나 이체(二體) 문제 또는 예컨대 삼체(三體) 문제를 해결하기 위해, 우리가 다음과 같은 정확한 초기 조건들을 필요로 하지 않아야 한다면 이 점은 분명하다. 즉, 세 물체 중 어느 둘 사이의 강력한 상호작용을 하는 삼체 문제를 동일한 정확도로 우리가 해결하기 위해 필요로 하는 만큼의 정확한 초기 조건들을 필요로 하지 않는다. 삼체 문제에서 첫 번째 근사치에 관해 세 물체 중 두 물체의 상호작용은 무시될 수 있기 때문이다(그 두 개의 거리가 너무 멀고 질량은 작기 때문에). 그러나 만일 계산 가능성에 의해 요구된 근사치의 정도를 계산할 수 있기 전에, 그 체계와 매우 비슷한 초기 상태가 우리에게 주어져야 한다면, 계산 가능성의 전체 문제가 몇몇 경우에서는 해결될 수 있다 하더라도 비결정일 수 있다. 왜냐하면 다음과 같은 물음이 제기되기 때문이다. 계산 가능성에 의해 요구된 근사치를 우리가 계산하려면 그 모형은 얼마나 좋아야 하는가? 모형의 좋음은 그것의 근사 정도나 정확도이기 때문에, 무한 퇴행이 우리를 위협하게 되며, 그 위협은 복잡한 체계들에서는 매우 심각할 것이다. 그렇지만 매우 비슷한 모형을 지금 쓸 수 있을 경우 오직 그 경우에만 체계의 복잡성 또한 평가될 수 있다. 이런 고찰은 다시 우리가 무한 퇴행의 위협을 받는다는 것을 지적하고 있다.

너무 복잡하지 않은 수많은 경우에서 다음 방법에 따라 진행하는 것이 가능할 것임은 의문의 여지가 없다. 먼저 좋은지 나쁜지를 우리가 알 필요가 없는 좋을 수 있거나 나쁠 수도 있는 모형을 구한다. 그런 다음, 계산 가능성 원리에 따라 우리의 예측 과제를 완성하는 데 필요한 초기 조건들에 대해 요구된 정확도를 계산하려고 노력한다. 그리고 만약 먼저 주어진 모형이 충분히 좋지 못했기 때문에 우리가 실패한다면, 우리는 더 좋은 모형을 얻고자 애쓴다.

이런 방법은 종종 성공할 수 있다. 그리고 만약 성공한다면, 계산 가능성이 만족되었다고 확실하게 말할 것이다. 그렇지만 심지어 더 좋은 모형을 갖고 있었음에도, 우리가 다시 실패한다면 어떻게 하는가? 우리는 개선된 모형에 대한 요구나, 아니면 '좋음'에 대한 요구, 곧 우리가 그 모형에 대해 요구할 수 있는 정확도에 대해 허용할 수 있는 요구들의 수를 미리 제한해야 한다는 것은 분명하다. 그러나 이들 중 어느 하나를 계산하는 과제는 단지 고차의 계산 가능성 문제로 이끌 수 있다. 이와 더불어 우리는 무한 퇴행이란 도상에 있게 될 것이다. 왜냐하면 고차의 문제가 저차의 문제보다 해결하기 더 쉽다고 믿거나, 저차의 문제를 해결하기 위해 필요로 하는 모형보다 더 좋지 못한 모형을 필요로 한다고 믿을 이유가 전혀 없기 때문이다. 또한 근사의 방법들은 항상 결과를 무한히 개선할 수 있다고 믿을 이유도 전혀 없다.

이런 고찰들은 결정적인 것으로 제시된 것이 아니라, 오히려 '과학적' 결정론과 연관해서 복잡성의 문제는 그 상황에 결정적으로 영향을 미칠 수 있음을 지적하는 것으로 제시되었다. 그리고 실재 세계의 복잡성이야말로 결정론이 과학적 경험에 근거하고 있다는 논증이나, 과학적으로 성공한 우리 이론들에 근거하고 있다고 주장하는 모든 논증을 무너뜨리는 것 같다.

이런 매우 일반적인 고찰들과는 별도로, (전술한 3절에서 구분했던) 약한 의미와 강한 의미 모두에서 계산 가능성에 관한 좀 더 구체적인 고찰들이 있다.

첫째로, 약한 계산 가능성에 관해서는 설령 정확한 초기 조건들이 우리에게 주어진다 할지라도, 특별한 경우들에서만 이체 이상의 물체들로 이루어져 있는 뉴턴적인 체계의 미래를 예측할 수 있을 뿐이란 사실이 존재한다. 또한 만약 그 체계가 어떤 근사 모형들이 적용될 수 있는 그런 매우 특수한 구조들에 속하지 않는다면, 삼체 이상에 대해서는 이런 과제를 해결할 어떤 희망도 없는 것 같다는 사실도 존재한다. 예를 들어, 대략 똑같은 거리에 있는, 개략적으로 동일한 물체들 8개로 혹은 80개로 또는 800개로 이루어져 있는 어떤 체계를 다루는 방법을 우리는 모른다. 현재 우리는 이런 종류의 복잡한 체계에 대한 예측을 계산할 어떤 방법도 갖고 있지 않은 이상, 더 강력한 이유로(a fortiori) 미리 결정된 정확도로 예측 과제를 해결하기 위해서 어떤 주어진 초기 조건들의 집합이 얼마나 정확해야 하는지를 알아낼 어떤 방법도 우리는 갖고 있지 않다.

뉴턴적인 역학에 대한 일반적인 n-체 문제를 해결할 진지한 전망이 전혀 없는 한, '계산 가능성'의 약한 의미에서도 뉴턴적인 역학이 계산할 수 있다고 믿을 여하한 이유도 없다.

더구나, 우리가 강한 의미에서 계산 가능성에 관한 상황을 조사하게 된다면, 뉴턴적인 역학은 계산할 수 없다고 믿어야 할 충분한 이유를 발견할 수 있을지도 모른다.

빈 공간에서 멀리 떨어진 수많은 작은 (예컨대 몇 톤 정도의 질량들과 몇 십 톤 정도의 질량들 사이의) 물체들로 이루어져 있는 (대략적으로) 고립된 뉴턴적인 중력 체계를 생각해 보자. 그리고 이런 종류의 체계를 예측하기 위해 요구된 초기 조건들 그리고 특히 그 체계에 속하는 다양한 물체들의 질량들을 측정을 통해서 얼마나 정확히 결정할 수 있는가를 생각해 보자. 우리는 진자나 용수철저울과 결합된 시험 물체를 이용할 수 없다. 왜냐하면 그 체계를 격렬하게 혼란시키지 않고 또한 예측할 수 없는 방식으로 이런 종류의 체계에 우리가 간섭할 수 없기 때문이다. (그런 혼란은 예측할 수 없다. 왜냐하면 우리가 그 체계에 관해 아는 것이 별로 없기 때문이다. 우리의 간섭 때문에 균형을 잃게 되어 그 체계의 성원들 몇몇이 우리가 그것들에 대한 측정을 할 수 있기 전에 그 체계에서 빠져나갈 수 있다.) 따라서 외부에서 시각적으로 그 체계를 관찰함으로써 항성 체계와 같은 종류의 체계에 대한 초기 조건들을 우리가 발견할 수 있다고 가정해야 한다. 우리는 그 체계 자체가 가시광선의 광원을 제공하거나 그 체계가 외부로부터의 가시광선을 통해서 비추어진다고 가정할 수 있다. 또한 가시광선을 이용함으로써 우리가 그 체계에 소란을 일으키지 않는다고 가정할 수 있다. (이 가정은 그 체계의 물체들이 거시적인 물체들이기 때문에 합리적이다. 그런데 이런 물체들은 충분히 무겁기 때문에 가시광선으로 ― 원자들이나 아-원자들에 관한 통상적인 하이젠베르크의 견해와 대조적으로 ― 측정을 한다고 해서 눈에 띄는 혼란을 일으키지 않는다.) 심지어 우리가 두 위치와 하나의 시간 구간을 측정함으로써 속도들을 측정하기보다는 오히려 광학적으로 (도플러 효과의 도움을 받아서) 속도들을 측정할 수 있다고 가정할 수 있다. (예를 들면, 거리가 떨어진 동일 평면의 세 행성으로부터 우리는 세 가지 방향의 속도들을 광학적으로 관찰할 수 있다. 그런데 이 행성들 사이엔 연락하는 통신이 확립되어 있다.) 질량들이나 적어도 질량-비들을 계산하기 위해, 우리는 역-제곱 법칙을 사용해야 하고 또한 시간의 동일한 순간들에 대한 거리들과 가속도들을 측정해야 한다.13)

이제, 우리가 가속도들을 광학적으로 어떻게 측정할 수 있는지 생각해 보자. 유일한 방식은 속도들을 측정하고 그것들이 어떻게 변하는지 알아보는 것이다. 그러나 순간 속도들을 측정하는 데도 문제가 있다. 즉, 우리가 속도들을 더 정확히 결정하고자 할수록, 그 속도들이 속하고 있는 순간의 결정은 점점 더 부정확할 것이다. 그렇지만 (우리의 반대자들을 용인할 양으로) 우리가 이런 어려움을 무시할 각오가 되어 있다 하더라도, 우리가 가속도를 측정한다면, 그 문제는 다시 더 엄밀한 형식으로 나타난다. 왜냐하면 가속도를 측정하기 위해 일정한 너무 짧지 않은 시간 구간에 의해 분리된 시간의 두 순간 속도 내에서 측정해야 하기 때문이다. 그렇지 않다면 눈에 띌 만한 차이를 관찰할 수 없으므로 그 결과 가속도를

---

13) C. G. Pendse, *Phil. Mag.*, 7th series, 24, p.1012 이하, 1937; 27, p.51 이하, 1939; H and 29, p.477 이하, 1940을 보라. 펜제는 가속도를 통해 질량비들의 결정 이론을 조사한다. 펜제의 작업에 관한 논평으로서, 날리카(V. V. Narlikar)는, *Phil. Mag.*, 27, p.33 이하에서 다음과 같이 옳게 지적하고 있다. 즉, 힘의 역제곱 법칙이 있을 때 질량비들이 가속도들로부터 (이전에 펜제가 언급하지 않았던 논점이며 이 논문들의 마지막에서야 의견을 같이한) 얻어질 수 있다. 이 저자들 누구도 일정한 시간의 순간들에 지속하지 않는 뉴턴적인 가속도들을 측정하는 내재적인 어려움을 고찰하지 않고 있다.

측정하는 데 실패할 것이기 때문이다. 그러나 우리가 너무 짧지 않은 구간을 취한다면, 우리는 가속도를 어떤 정확한 순간에도 귀속시킬 수 없다. 그뿐만 아니라 우리는 단지 평균 가속도들을 얻을 수 있을 뿐이다.

이것에 대한 수학은 다음과 같이 단순화될 수 있다. 어떤 광원에서 나오는 빛에 대하여 우리는 아래 (1)의 일반적 공식을 갖고 있다.

(1)
$$\triangle v \Delta t = 1$$

우리는 (1)을 다음 (2)라고 써질 수 있는 도플러 효과에[14] 적용한다면,

(2)
$$\upsilon = \lambda_0 \ (v_0 \ - \ v_1)$$

그러면, v_0를 결정할 수 있으므로 우리가 바라는 만큼 정확히 λ_0를 결정할 수 있다는 것을 발견한다. 그런데 이것들은 원리상 우리가 바라는 만큼 멀리서 관찰할 수 있는 지속적인 광원에서 나온 빛을

---

14) [역주] 1842년 오스트리아 물리학자인 도플러(Christian Doppler)가 제안한 물리 현상으로 전자기파를 방출하는 물체는 관찰자에 따라 파장이 달라진다는 것이다. 다시 말해, 관측자가 측정하는 전자기파의 파장이 실험실의 파장과 달라지는 현상이다. 전자기파를 방출하는 파원이 관측자에게 다가올 때는 측정되는 전자기파의 파장이 짧아지며, 멀어질 경우에는 그 파장이 길어진다. 파장이 짧아지는 현상을 청색이동이라 하며, 길어지는 현상을 적색이동이라고 부른다. 이 효과를 응용한 것이 차량의 속도 측정기이다.

나타내고 있다. 따라서 우리는 v_0와 λ_0를 정확히 알려지는 것으로 생각할 수 있다. 그렇지만 변화 $v_0 - v_1$는 v_1보다 더 정확히 측정될 수 없다. 따라서 (1)과 (2)가 결합함으로써 다음 (3)을 얻는다.

(3) $$\Delta v \Delta t = \lambda_0$$

우리가 가시광선으로 작업을 한다고 가정했기 때문에 (이 가정은 어느 정도 약화시킬 수 있지만 그러나 λ_0에는 하한이 있다. 왜냐하면 너무 센 빛은 매우 막대한 투과력을 갖고 있기 때문이다.) λ_0에는 하한이 존재할 것이다. 따라서 (3)에서 우리가 바라는 만큼 작은 Δv과 Δt 양쪽을 독립적으로 만들 수 없다는 것을 우리는 알게 된다. 그러나 (3)은 불변 속도들에서만 타당할 뿐이다. 왜냐하면 변하는 속도들에 대해서는 v와 관련된 상황이 (3)이 표현한 상황보다 훨씬 더 나쁘기 때문이다. 우리가 가속도를 측정하는 데 관심을 두고 있는 이상 v가 변한다고 가정해야 하는 것처럼, 만약 v가 변한다면, 각각 Δv의 크기를 증가시키는 경향이 있는 두 개의 다른 광원이 존재하기 때문이다. 첫째 것은 작은 Δt의 선택, 즉 (3)과 (1)에 따라 Δv를 증가시키는 작은 측정 기간의 선택(또는 우리가 변화를 기록하는 사진 건판의 노출의 선택)이다. 둘째 것은 큰 Δt의 선택인데, 이것은 측정 기간 동안 v와 v_1가 변한 결과로 v_1가 '지워지게' 되므로 Δv가 크게 되는 것이다. 따라서 (기껏해야) Δt의 최적 값이 존재할 것이다. 다시 말해, Δt가 충분히 크고(공식 (3)의 관점에서 보면) 그러나 너무 크지 않기 때문에 Δt를 증가시키는 가속도를 허용하지 않는 것과 같은 Δt의 최적 값이 존재한다는 것이다. 그런 Δt의 최적 값에 대응하고 있는 가장 작은 Δv의 값이 —

우리가 감소시킬 수 없는 값이 존재할 것이다.

그런데 만약 두 번째 측정(시간 t_2에 이루어진 v_2)을 토대로 하여 아래 (4)와 같은 가속도 a를 우리가 결정하고자 한다면,

$$(4) \qquad\qquad a \approx \frac{v_2 - v_1}{t_2 - t_1}$$

그러면 우리는 즉각 다음과 같은 것을 알게 된다. 만일 구간 $t_2 - t_1$이 Δt보다 상당히 더 크지 않다면, 우리는 $a = 0/0$와 같은 완전히 비결정적인 값을 얻을 것이다. 따라서 원리적으로 여하한 시간 Δt 구간에 대해서 정확히 a를 결정하는 것은 불가능하게 된다. 오히려 우리는 훨씬 오랜 기간인 $t_2 - t_1$에 대해서는 a의 평균값을 얻을 수 있을 뿐이다. 여기서는 t_1와 t_2 각각 단지 제한된 정확도 Δt로 결정되며, 심지어 a의 평균값도 부정확하게 결정될 뿐이다. 그 까닭은 v_2와 v_1의 부정확함을 감소시킬 수 없기 때문($v_2 - v_1$ 또한 Δv보다 훨씬 커야 하기 때문)이다.

이런 고찰을 통해서 보면 가시광선의 도움으로 뉴턴 체계에서 우리가 바라는 만큼 정확히 어떤 순간의 모든 다양한 가속도를 측정할 수 없음이 (우리가 바라는 만큼 정확히 결정될 수 없음이) 분명하다. 결과적으로 우리가 바라는 만큼 정확히 물체들의 질량비들을 결정할 수 없다. 그러므로 거시적인 모든 고전 체계에서도 우리가 바라는 만큼 정확히 초기 조건들을 우리에게 줄 수 있는 측정들이 가능해 보이지 않는다. 그리고 이 점은 즉각 고전 물리학의 모든 예측 과제가 초기 조건들의 측정들을 토대로 수행될 수 없다는 결론으로 이끈다.

더구나 **더 강력한 이유로** 이것은 '계산할 수 있음'의 강한 의미에서는 고전 물리학이 계산될 수 없다는 것을 말하고 있다.

여기서 기술된 고전 물리학의 상황과 하이젠베르크에 따라 양자 이론에 유효한 비결정 원리 사이의 유사함이 너무 명백하기 때문에 더 이상의 논평을 할 필요가 없다. (하이젠베르크의 비결정 공식들은 물론 공식 (1)과 동일하다. 왜냐하면 그것들은 단지 (1)의 양변에 h과 ℏ을 곱한 것으로부터 나온 것이기 때문이다.) 그 유사성은 하이젠베르크처럼 도구주의 분석을 적용한 결과이다. 그러나 하이젠베르크와 달리 나는 도구주의자가 아니기 때문에, 나는 존재론적 결론들을 도출하기 위해 이런 고찰들을 사용하지 않는다. 오히려 나는 단지 뉴턴적인 역학이 결정론적 양자 이론과 다르다는 견해에 내재하고 있는 난관들을 지적하고자 할 뿐이다.

18. 과거와 미래

모든 과학 지식의 — 우리가 점점 더 촘촘한 그물망을 만들려고 노력하는 — 근사적인 성격은 '과학적' 결정론을 반대하고 비결정론을 지지하는 철학적으로 매우 근본적인 논증처럼 보인다. **과거와 미래의 비대칭으로부터의 논증**은 두 번째이지만 훨씬 중요하다.

우리는 과거를 변화시킬 수 없다. 비록 과거 다음의 일을 (그리고 관념론이나 주관주의나 실증주의의 관점에서 본다 해도 동일한 일을) 행하는 시도들이 이루어졌다 할지라도 그렇다. 현존하는 역사적인 기록들을 왜곡함으로써 과거에 대한 우리 지식을 변화시킨다. 과거는 단지 일어났던 것에 불과하므로, **과거가 일어났던 것을 통해 완전히 결정된다**는 것은 분명히 참이다. 결정론의 교설은 —

이 교설에 따르면 미래 또한 일어났던 것에 의해 완전히 결정된다 — 우리 경험의 구조에서 근본적인 비대칭을 제멋대로 파괴하며,15)

15) 내가 분명히 수반한다고 단언한 비대칭은 '시간의 화살'이다. 그러나 그것은 시간이 방향을 ('화살'을) 갖고 있다는 주장 이상을 수반한다. 왜냐하면, 이런 화살은 과거에 발견되었으며 미래에도 발견될 것이기 때문이다. 그 화살의 존재는 내가 염두에 두고 있는 과거와 미래의 근본적인 차이를 확립하기에는 충분하지 않다. **시간의 화살**에 관한 내 의견은 이렇다. 열역학 제2법칙을 화살 방향의 원인이게끔 하는 것은 실수라는 것이다. 중심으로부터 파동이 퍼져 나가는 것과 같은 비열역학적인 과정조차도 사실상 비가역적이다. 애초에 정지해 있는 거대한 수면에 돌이 떨어졌던 동영상을 찍는다고 가정해 보자. 어떤 물리학자도 영상 슬라이드의 끝을 그 슬라이드의 처음과 혼동하지 않을 것이다. 왜냐하면 중심에 접근하는 간섭을 받지 않는 물의 영역에 잇달아 수축하는 원형 파동의 창출은 기적일 (인과적으로 고려될) 것이기 때문이다. 만약 이것을 다음과 같이 말하는 것으로 이의를 제기한다면, 나는 이런 배열이야말로 기적일 것이라고 답변할 것이다. 단언된 기적적인 현상은 거대한 원 속에 배열되고, 그리고 한결같이 (정합적으로) 작용하는 다중의 진동들에 의해 야기될 수 있다는 것이다. 만일 중심으로부터, 예컨대 빛 신호들에 의해 나아가거나 조정되지 않는다면 그렇다. 따라서 전도된 동영상의 물리적이며 인과적인 가능성을 확립하기 위해, 우리는 **파동이 수축되지는 않지만, 펼쳐지는 어떤 과정이 선행된다고** 가정해야 한다. 다시 말해, 만약 동영상이 다시 전도된다면, 이번에는 기적이 되므로 무한퇴행을 낳는 어떤 과정을 가정해야 할 것이다. 달리 말하면, 모든 원인들은 (비록 모든 힘은 아닐지라도) 중심들로부터 (호이겐스의 원리를 상기시키는) 펼쳐진다. 그리고 고려된 경우에 시간의 화살은 방정식에서 연유한 것이 아니라, 초기 조건들의 성격 때문이다. 또한 A. Einstein, *Physikalische Zeitschrift* 10, 1909, p.821과 나의 글 "The Arrow of Time", *Nature* 177, 1956, p.538; "Irreversibility and Mechanics", *Nature* 178, 1956, p.381 이하; 또한 "Irreversible Processes in Physical Theory", *Nature* 179, 1957, p.1296 이하를 보라. [또한 포퍼의 "Irreversibility: or Entropy since 1905", *British Journal for the Philosophy of Science* 8, 1957, pp.151-155; "Erratum", *Ibid.* 8, 1957, p.258; "Irreversible Processes in Physical Theory", *Nature* 181, 1958, pp.402-403; "Time's

그 교설은 상식과 두드러진 갈등을 야기한다. 모든 우리의 삶들, 곧 우리의 활동들은 미래에 영향을 미치는 시도들로 이루어져 있다. 분명히 미래에 일어날 것은 대체로 과거나 현재에 의해 결정된 것이라 우리는 믿고 있다. 왜냐하면 현재 우리의 모든 합리적 행동은 미래에 영향을 미치거나 미래를 결정하려는 시도들이기 때문이다. (이것은 심지어 과거를 왜곡시키는 시도에도 적용된다.) 그러나 이와 꼭 마찬가지로 분명히 우리는 미래를 아직 완전히 고정되지 않은 것으로 간주한다. 사실상 닫힌 과거와 대조적으로 미래가 아직도 영향을 미칠 정도로 열려 있다. 그 미래는 아직 완전히 결정되어 있지 않다.

나는 결코 이런 종류의 문제에서 상식과 상식적 태도가 궁극적인 결정권자라고 주장하지 않는다. 만일 상식과 충돌하는 견해를 받아들일 만한 충분한 이유가 있다면, 논증에 토대를 둔, 특히 시험할 수 있는 과학 이론들에 토대를 둔 충분한 이유가 있다면, 나는 물론 그런 태도를 채택하겠다. 하지만 이것은 여기서 다룰 경우가 아니다. 왜냐하면 미래의 '열림'에 대한 상식적인 견해를 지지하는 **외견상** 결정론적 이론 — 특수 상대성 이론 — 에서 나오는 훨씬 충분한 이유들이 있기 때문이다.

Arrow and Entropy", *Nature* 207, 1965, pp.233-234; "Time's Arrow and Feeding on Negentropy", *Nature* 213, 1967, p.320; "Structural Information and the Arrow of Time", *Nature* 214, 1967, p.322; "Autobiography of Karl Popper", P. A. Schilpp, ed., *Philosophy of Karl Popper*, Vol. I, pp.124-129와 Vol. II, pp.1140-1144; 그리고 『끝나지 않는 물음』, pp.156-162를 보라. 편집자.]

19. 특수 상대성에 대한 평결

만약 과거와 미래의 — 과거의 닫힘과 미래의 열림의 — 비대칭을 주장한 내가 옳다면, 이 비대칭은 물리 이론의 구조 속에 표현되어야 한다.

이런 요건은 아인슈타인의 특수 상대성 이론을 통해서 충족된다.16) 이 이론에는 모든 관찰자에 대한 — 또는 내가 좋아하는 말로 모든 국지적 관성 체계에 대한 — (가능한 동시대의 전 영역에 의해 분리된) 절대적인 과거와 절대적인 미래가 있다. 그 체계의 (절대적) 과거는 모든 시공간 점으로 이루어진 영역으로서 그 영역에서 나온 물리적 영향들은 (예를 들면, 빛 신호들은) 그 체계에 효력을 끼칠 수 있다. 그 체계의 (절대적) 미래는 모든 점으로 이루어진 영역으로서 체계는 이 영역에다 물리적 영향을 발휘한다. 민코프스키의 기하학적 표현에서 이 과거와 미래는 두 개의 원뿔을 (정확히 말하면, 사차원 이중 원뿔의 두 부분을) 형성하고 있다. 그 표현의 정점 A는 '여기-지금'이다.

---

16) 불행히도, 그 견해는 아인슈타인의 일반 상대성 이론과 관련하여 보면 다르다. 여기서 특수 이론의 비대칭은 국부적인 것이 된다. 그렇지만 아인슈타인은 이 사실을 간접적으로 제거되어야 할 흠이 있는 것(만일 더 좋은 방법이 이용될 수 없다면, 심지어 **임시변통적**인 것)으로 인정하고 있다. *Albert Einstein, Philosopher-Scientist*, ed., P. A. Schilpp, 1949, 특히 p.687, 즉, 아인슈타인의 쿠르트 괴델에 대한 답변을 보라. 또한 다음 주석을 보라. [또한 『끝나지 않는 물음』, pp.129-132와 주석 201과 203을 보라. 편집자.]

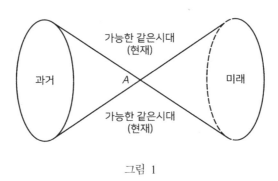

그림 1

원뿔을 가로질러 자르면 아래 그림 2처럼 보인다.

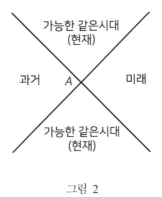

그림 2

(나는 도해적인 표현에서의 관례대로 왼쪽에서 오른쪽으로 시간을 가리키도록 위 도해를 배열했다. 비록 상대성의 도해에서는 시간축이 위쪽 방향을 가리키는 것이 더 통상적일지라도 그렇게 했다.)

나는 이런 유명한 도해를 상세히 논의하지 않겠다. 그렇지만 그

도해가 미래와 과거는 비대칭이란 요건을 만족시킴을 지적해야 한다. 물리적 용어로 이 비대칭은 다음 사실에 의해 정립된다. '과거'의 여하한 어떤 곳으로부터 '미래'의 어떤 곳에도 물리적 인과 연쇄가 (예를 들면, 빛 신호가) 도달될 수 있다. 그러나 이런 효력은 미래의 여하한 곳으로부터 과거의 어떤 곳에도 발휘될 수 없다.[17]

---

17) 이 논점에 관하여, 괴델이 보여주었듯이 일반 이론은 특수 이론과 다르다(앞의 주석 참조). 괴델이 언급했던 해결책은 분명히 일반 이론에 근거하고 있는 생각들과 일치하지 않으며, 아인슈타인이 제안했던 대로(*op. cit.*, p.688 참조) 그 해결책들은 배제되어야 한다. 그러나 임시변통의 해결책은 만족스럽지 않을 것이다. 그 배제가 방정식들 자체의 변형으로부터 얻어지지 않는 한, 그런 배제를 달성하기 위해 뒤따라 나오는 **세계선(world-lines)의 부단한 연계 원리**'에 의존할 수 있다. 그것은 내가 보기에 국소적인 시간이란 생각 속에 암시된 것 같은 원리이다. 물론 그것은 특수 상대성이 일반 이론 내에서 국부적으로 적용되어야 한다는 원리이다. 나의 원리는 운영상의 말로 다음과 같이 정식화될 수 있다. **어떤 '관찰자'도 (국소적 물질 체계도) 어떤 순간에 기록을 (인과적인 흔적을) 시작할 수 있으며, 또한 만족할 만한 일정 기간 동안 그 기록을 보전하기 위한 계획을 짤 수 있다.** ('할 수 있다'는 말은 다음을 의미한다. 즉, 자연 법칙과 일관적인 것으로 간주될 여하한 세계선의 이론적인 가능성은 전술한 원리에서 기술된 사용들의 불가능성을 수반하지 않아야 한다.) 만약 이런 원리가 채택된다면, 세계선이 시간적으로 닫힌 어떤 '관찰자'(어떤 물질 체계)는 모순에 봉착한다. 왜냐하면, 쉽게 보여주듯이, 닫힌 세계선의 (일관성을 위해, 무한히 그리고 절대적으로 반복해야 할) 존재는 모든 개별 기록(인과적인 흔적)의 주기적인 붕괴를 수반할 것이기 때문이다. 다른 방식으로 그 흔적(또는 궤적)은 완전히 반복되지는 않지만, 닫힌 여정을 매번 재개하는 것으로 그 자체를 부단히 풍요롭게 할 것이기 때문이다. '물질과 그 운동이 세계 속에 배열되는 방식'(*op. cit.*, p.562 참조)을 마련하는 내 원리의 채택은 (내 원리가 특징짓는 데 도움을 주는) 물질의 시간 구조에 의존한다. 그 반대로는 의존하지 않는다. 동일한 결과가 **'비결정론의 원리'**를 채택함으로써 ─ 여전히 임시변통이지만 덜 임시변통적인 ─ 얻어질 수도 있다. 이것은 또한 닫힌 세계선들을 허용하는 모든 우주론적인 해결책을 자동적으로 배제할 것이다.

그렇지만 이런 결과로서 **우리가** 미래를 완전히 예측할 수 없다는 의미에서 미래는 '우리에게' 열려 있는 반면에 과거는 '닫혀' 있다. 다시 말해 내가 정립하고자 했던 것도 그런 종류의 비대칭이다.

아래 도해로 이 점을 알아보기 위해, 우리가 정점 A에 있고, 그 A가 시공간 점 B에 이를 때, 우리 체계 속의 어떤 사태에 관해 완전한 예측을 하고 싶다고 가정해 보자.

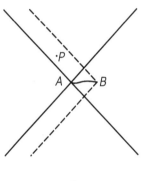

그림 3

우리가 이런 일을 할 수 없음은 주지의 사실이다.[18] 위 그림 3이 보여주듯이, B의 과거에는 속하지만, A의 과거에는 들어가지 않는 P와 같은 점들이 존재한다. 이것은 P로부터 효력이 B에 도달할 수 있으나, A의 우리는 P의 조건들에 관해 어떤 것도 알 수 없음을 의미한다. 왜냐하면 P로부터의 어떤 효력도 A의 우리에게 도달할 수 없기 때문이다. 즉, P가 A의 과거-원뿔 외부에 있으나, A의 과거-

---

18) Hermann Weyl, *Philosophy of Mathematics and Natural Science*, Princeton, 1949, pp.210, 102 참조.

원뿔은 우리가 지식을 가질 수 있는 영역에만 존재한다는 것이다.

나는 지금 과거와 미래가 비대칭이란 결과에서 앞서 기술된 완전한 의미로 보면 특수 상대성은 더 이상 외견상 결정론이 아님을 보여주고 싶다. 특수 상대성에서는 라플라스의 악마가 더 이상 존재하지 않는다는 점을 나는 보여주겠다.

다시 위 그림 3의 상황을 생각해 보자. A는 우리의 현재이며, B는 어떤 예측이 이루어질 시공간점이다. 인간 과학자는 그 예측을 할 수 없다. 하지만 우리는 라플라스의 악마가 있다고 가정한다. 그런데 이 악마는 어떤 시간의 순간에 충분히 큰 (하지만 한정된) 공간 영역에 대한, 즉 특수 상대성의 의미에서 '동시적'이라고 말해질 수 있는 어떤 영역에 대한 모든 초기 조건을 얻을 수 있다. 아래 그림 4에서 이 영역은 선분 C로 표현된다.

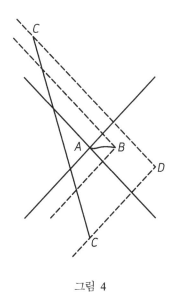

그림 4

B에서 사태를 예측하는 목적을 위해 선분 C는 적어도 B의 과거를 지적하고 있는 점선까지는 도달할 수 있어야 함은 분명하다. 그렇지만 그 C는 점선을 넘어선다고 우리는 가정할 수 있다. 따라서 C는 악마가 완전한 정보를 받아들였던 영역을 나타내고 있다. 그런데 이런 영역이 주어진다면, 그 이론은 우리가 시공간 위치 D를 우리가 발견할 수 있도록 해준다. 그 이론의 관점에서 보면, D는 악마가 정보를 받을 때 자리 잡을 수 있는 **가장 빠른** 시공간 위치이다. 그리고 B가 D의 과거에 속하도록 D가 자리 잡게 될 것이다. 이것은 악마가 B에서 사태를 계산할 때 — 특수 상대성에 의해 — 예측하기보다는 과거를 추론하고 있었음을 의미한다. 달리 말하면, **만일 우리가 라플라스 악마를 특수 상대성에 도입하고자 한다면, 우리는 악마의 정보 영역으로부터 악마의 시공간 위치 D에 대한 하한**(*lower bound*)**을 계산할 수 있음을 발견한다. 나아가 악마는 단지 자신의 과거 속에 있는 사건만 계산했을 뿐임을 우리는 발견한다.**

만약 선분 C를 양 끝 방향으로 무한히 길게 만든다면 — 제한된 우리 악마를 무제한의 악마로 바꾼다면 — 우리는 그 악마가 사실상 **어떤 사건도** 계산할 수 있음을 발견한다. 그러나 이렇게 되는 까닭은 그 이론에 의해 **어떤 사건도** 악마의 과거에 속하도록 무한한 미래에 악마가 자리 잡고 있기 때문이다.

따라서 특수 상대성의 악마는 더 이상 라플라스의 악마가 아니다. 왜냐하면 라플라스와는 정반대로 이 악마는 예측을 할 수 없고, 오직 과거 추론(retrodict)만 할 수 있을 뿐이기 때문이다.

요약하면, 특수 상대성은 자동적으로 우리가 — 또는 악마가 — 유한한 정보를 가질 수 있는 모든 사건을 우리의 과거에 속하는 —

자신의 과거에 속하는— 어떤 사건으로 바꾼다. 그래서 특수 상대성에 따르면 과거는 원리적으로 알려질 수 있는 영역이라고들 말한다. 그리고 미래는 현재가 영향을 미친다 할지라도 항상 '열려 있는' 영역이라고 말해질 수 있다. 미래는 알려지지 않을 뿐만 아니라 원리적으로도 완전히 알 수 없다. 왜냐하면 미래가 악마에게도 완전하게 알려지게 된다면, 미래는 악마의 과거 한 부분이 될 것이기 때문이다. 그러므로 특수 상대성은 외견상 결정론적 성격에도 불구하고 다음 두 가지 이유 때문에 '과학적' 결정론을 지지하는 데 사용될 수 없다. (1) '과학적' 결정론이 요구했던 예측들은 특수 상대성 자체로 보면 과거 추론들(retrodictions)로 해석되어야 하기 때문이다. (2) 과거 추론들이기 때문에, 특수 상대성의 관점에서 보면 그것들은 예측된 체계 속의 미래에서 계산된 것으로 나타난다. 따라서 과거 추론들은 그 체계 내부에서 계산된다고 말해질 수 없다. 그것들은 **내부에서의 예측 가능성** 원리를 만족시키지 못하기 때문이다.

이런 방식으로 특수 상대성 이론의 현존은 **외견상** 결정론에서 '과학적' 결정론의 도출을 허용할 것이라는 통상적인 가정을 부인한다.

20. 역사적인 예측과 지식의 성장

그러므로 나에게 어떤 예언도 기대하지 마라. 만약 사람들이 내일 무엇을 발견할 것인지 내가 안다면, 나는 우선권을 확보하기 위해 오래전에 그것을 발표했을 것이다.

앙리 푸앵카레

결정론을 비판하는 것과는 별도로, 나는 지금까지 비결정론을 지지하는 두 가지 긍정적인 논증을 논의해 왔다. 하나는 과학 지식의 근사적인 성격으로부터의 논증이며, 다른 하나는 과거와 미래의 비대칭으로부터의 논증이다.

이제 나는 세 번째 논증에 이르렀는데, 아마 이것은 전술한 두 가지 중 어느 하나보다도 덜 근본적이지만 그러나 여전히 중요하다. 특히 그 논증은 '과학적' 결정론에 대한 형식적 반박을 구성하는 데 도움이 될 것이기 때문에 그렇다(23절에서 보게 되듯이). 나는 먼저 인간적 용어로 그 논증을 진술해 보겠다. 놀랍게도 그것은 순수 물리적 용어로 완전히 다시 진술될 — 그리고 사실상 더 정확히 진술될 — 것이다.

그 논증의 핵심은 우리 스스로 과학적 방법들을 통해서 예측할 수 없는 우리 자신에 관한 어떤 것들이 존재한다는 고찰이다. 특히, **우리 지식의 성장 과정에서 우리가 얻게 될 결과들을 우리는 과학적으로 예측할 수 없다.** 어떤 상황들 하에서 우리가 어린아이들의 지식 성장을 예측할 수 있는 것과 똑같이, 우리보다 더 현명한 다른 존재들은 **우리의** 지식 성장을 예측할 수 있을지 모른다. 그러나 그 존재들 역시 **내일이 되어야 알 것을 오늘 예측하거나 기대할 수 없을 것이다.**

이런 정식화는 우리가 내일이 되어야 알게 될 것을 오늘 예측한다는 생각에 포함된 실제적인 모순이 있을 수 있음을 지적하고 있다. 그리고 그런 모순이 존재한다. 그렇지만 이런 모순은 우리의 정식화에서 기인한 것이 아니며, 그리고 그 모순이 실제로 완전한 자기예측을 방해하는지를 확인하기가 쉽지 않다. 그것이 그렇다는 것은 다음 두 절에서 보여줄 것이다.

여기서 나는 **어떤 과학자든 자신의 모든 예측의 모든 결과를 예측할 수 없다**는 진술의 몇몇 결론을 지적하고 싶다.

이런 결론들 중 하나는 그 과학자가 자신의 미래 상태들 중 몇몇을 예측할 수 없을 것이라는 점이다. 그리고 나아가 그는 자신의 이웃에 대한 모든 상태, 즉 그가 뚜렷이 영향을 미치는 환경의 일부에 대한 모든 상태를 예측할 수 없을 것이다. 왜냐하면 만약 그 과학자가 내일 알게 될 것을 모른다면, 그가 자신의 환경에 따라 내일 어떻게 행할 것인지를 모를 수 있기 때문이다. 따라서 과학자 이웃의 상태는 직접 **내부로부터** 완전히 예측될 수 없을 것이다. 만일 그 행동들이 뚜렷이 그를 또한 그의 이웃도 방해하지 않는다면, 비록 그 이웃의 상태는 그의 행동들을 예측할 수 있는 관찰자들에 의해 **외부로부터** 예측될 수 있다 할지라도 그렇다.

어떤 물리적 체계도 내부로부터는 완전히 예측될 수 없다는 (그리고 태양계와 같은 체계의 예측 가능성은 11절의 용어로 외부로부터의 예측 가능성으로 기술되어야 한다는) 점이 따라 나온다.

그 논증은 **역사법칙주의 교설** — 사회과학들의 과제란 인간의 역사 과정을 예측해야 한다는 교설 — **을 반박하는 데** 사용될 수 있다. 왜냐하면 우리는 다음과 같이 논의할 수 있기 때문이다.

(1) 예측 변수가 얼마나 복잡하든 간에 완전한 자기예측이 불가능하다는 것을 보여줄 수 있다면, 이것은 또한 상호작용하는 예측 변수들의 어떤 사회에도 적합해야 한다. 그 결과 상호작용하는 예측 변수들의 어떤 사회도 지식에 대한 그 사회의 미래 상태들을 예측할 수 없다.

(2) 인간의 역사 과정은 인간 지식의 성장을 통해서 강한 영향을 받는다. (이런 전제가 참임은 심지어 마르크스처럼 과학적 생각들

을 포함하여 우리의 생각들이 단지 이런저런 종류의 물질적인 발전의 부산물들임을 알아본 사람들에 의해서도 받아들여져야 한다.)

(3) 그러므로 우리는 인간 역사의 미래 과정을 예측할 수 없다. 여하튼 우리는 우리 지식의 성장에 의해 영향을 강하게 받는 인간 역사 양상들의 부산물들을 예측할 수 없다.

물론 이런 논증은 모든 사회적 예측 가능성을 부인하지 않는다. 그와 정반대로, 그것은 사회적인 이론들을—예를 들면, (그러나 '역사 이론들'이 아닌) 경제 이론들을 시험할 가능성과 완전하게 양립할 수 있다. 그런 이론들로부터 어떤 조건들 하에서 어떤 발전들이 일어날 것이라고 주장하는 예측들을 도출하고 또한 이런 예측들을 확인한다는 것이다.[19)

21. 이론적 지식의 성장 예측

과학 지식의 성장에 대한 예측이 포함할 수 있는 점을 좀 더 면밀히 검토해 보자. 그것은 미래 어떤 시기에 다음 중 어느 하나를 지금 예측할 능력을 포함할 수 있다. (a) 현재 받아들여지지는 않고

---

19) 이런 모든 문제를 약간 상세히 내 책 『역사법칙주의의 빈곤』, 1957에서, 그리고 1944-45년에 처음 출간된 *Economica*에서, 또한 지금은 『추측과 논박』, 18장에 다시 실리게 된 내 논문 「예측과 예언 그리고 사회적 이론에 대한 그것들의 의미(Prediction and Prophecy and their Significance for Social Theory)」에서 논의했다. 『역사법칙주의의 빈곤』에서 나는 역사법칙주의란 빈곤한 방법임을 보여주고자 했을 뿐이다. 나는 그것을 반박하려고 하지 않았다. 여기 본문에 주어진 반박은 앞에서 인용된 비결정론에 관한 내 논문들에 암시되어 있다. 그 반박은 『역사법칙주의의 빈곤』, 프랑스판(Paris, 1956) 서문과 영어판(1957) 서문에 분명하게 진술되어 있다.

또한 아마도 현재 알려지지 않은 잘 시험된 어떤 이론들을 (물론 시험적으로) 받아들일 것을 지금 예측하는 능력이나, (b) 초기 조건들과 함께 (아직 모를 수 있는) 지금 받아들여진 이론들이나 나중에 받아들여진 이론들로부터 미지의 어떤 설명들이나 예측들을 지금 도출할 것이라고 예측하는 능력이 그것이다.

이 절에서 나는 이론적인 지식의 성장에 대한 예측, 즉 문제 (a)를 다룰 것이다. 여기서 중요한 물음은 이렇다. 우리는 **새로운 시험들을 토대로 미리 받아들여지지 않은 이론의 수용**을 예측할 수 있는지이다. 다음의 예비 물음은 덜 중요하다. **아직 알려지지 않은 어떤 이론의 내용**— 누군가에게 떠오르거나 누군가에 의해 제기될 새로운 생각— 을 우리가 예측할 수 있는지이다.

이것이 덜 중요하다고 내가 말하는 이유는 이렇다. 이론이 새롭게 받아들여진다는 의미에서 어떤 이론이 새로울 때, 그 이론이 보이는 만큼 전혀 새롭지 않은 것으로 밝혀지는 일이 종종 있기 때문이다. 심지어 그 이론이 오래전에 제기되었고 그것을 지지하는 어떤 증거도 없거나, 아직 그 이론을 필요로 하는 어떤 문제도 없거나, 그 이론이 해결할 수 있는 어떤 문제도 없기 때문에 잊힐 수도 있다. 이 점은 새로운 생각들의 성장과 반대로 **만일 우리가 주로 '수용된' 지식의 성장에 관심을 두고 있다면**, 중요한 것은 새로운 문제들이나 새로운 증거를 토대로 어떤 이론의 시험적인 수용임을 보여주고 있다.

이제 먼저 우리의 새로운 이론적인 생각들의 성장에 대한 예비 물음을 검토해 보자. 심리학자들이나 괜찮다면 신경생리학자들은 어떤 환경적인 자극 하에 어린이가 (혹은 동물이) 형성할 수 있고 어떤 시험들을 한 후에 받아들일 수 있는 이론들이나 예상들을, 예컨대 화상을 입은 어린이는 (또는 고양이는) 불을 두려워한다고 예측할 수 있다. 만약 우리의 심리학적 (또는 신경생리학적, 물리적, 경제적 …) 지식이 매우 좋다면, 우리는 비슷한 방법들을 우리 자신에게 적용할 수 있다고 상상할 수 있다. 또한 (우리의 물리적 환경이나 경제적 환경에 대한 지식에 따라) 예를 들어 3주 내에 우리에게 작용하기 시작할 어떤 환경적인 자극의 영향을 받아 **처음으로**, 예컨대 한 달 내에 우리에게 떠오를 이론들을 오늘 예측할 수 있다고 상상할 수 있다.

그런데 문제를 언급하는 이런 방식에 불합리한 어떤 것이 있다. 왜냐하면 만일 어떤 이론들이 한 달 앞서 처음으로 우리에게 떠오를지 우리가 오늘 안다면, 이런저런 의미에서 한 달 내가 아닌 오늘 우리에게 그 이론이 당연히 떠오를 것이라고 논증될 수 있기 때문이다. 그 결과 지식의 미래 성장으로 기술 될 수 있는 어떤 것도 우리는 예견하지 못했다.

내가 타당하다고 생각한 이런 논증에 반하는 다음과 같은 반대가 제기될 수 있다. 우리는 오늘 한 달 내에 어떤 생각이 누군가에게 떠오를 것이라고 예측할 수 있다. 그리고 그 생각은 그때에만 알려지고 영향력이 있게 될 것이라고 오늘 우리는 예측할 수 있다. 또한 오늘 예측은 비밀로 유지될 것이다. 그렇지만 이런 반대는 우리가 내부에서보다는 **외부로부터** 그 체계를 예측했다는 점을 수반한다. 왜냐하면 우리는 그 체계에 영향을 미치지 않도록 대책을 강구(비밀을 유지)했기 때문이다. 따라서 그것은 '우리 자신'에 관한 예측이 아니었다. 더구나 우리가 예측을 했던 체계에 우리 자신이 속하도록 한다고 가정을 할 때에도, 단지 우리 결과들이 비밀스럽게 유지되도록 **결정한 것**에 불과한 것일 수 있다. 그리고 우리는 순진하게 우리가 의사결정을 내릴 것임을 과학적으로 우리가 예측할 수 있다고— 특히 우리 지식의 예기치 않은 성장 때문에 상황이 변한다면— 가정하지 않아야 한다. 우리가 우리 자신과 같은 것들을 예측할 수 있다는 가정은 선결 문제의 오류에— 자기에 대한 예측(self-prediction)이 가능한지라는 문제에 봉착할 것이다.

다른 반대는 전혀 다르게 보이지만, 그러나 따지고 보면 똑같은 것이다. 그것은 우리가 예측한 것을 이해하지 않고 지식의 성장을 예측할 수 있다는 것이다. 예컨대, 어떤 작가가 흰 종이 위에다 쓸 검은 형태들과 그리고 작가가 전달하고자 하는 모든 것이나 여하한 것도 이해하지 않고 그 형태들이 역사에 미칠 영향을 예측할 수 있다는 것이다. 이런 경우 그것들을 예측함으로써 우리가 이론들을 예상할 수 있다고 말해질 수는 없다.

다시 이에 대한 답변은 만약 우리가 이런 형태들을 예측할 수 있다면, 다시 말해 기술할 수 있다면, 우리 예측을 알고 있는 우리 혹은 어느 누군가가 지금 그것들을 적어놓을 수 있다. 그리고 만일 그런 형태들의 창조가 미래의 역사에 영향을 미친다면, 그 창조가 지금 영향을 끼치지 않아야 할 어떤 이유도 없다. 물론 다른 상황에서는 그 형태들이 다른 결과를 가져올 수 있지만, 그러나 이것은 여기서 우리에게 전혀 영향을 끼치지 못한다. 그 순간 우리와 관련되는 모든 것은, 체계 내부에서 새로운 생각들의 창조를 우리가 예측할 수 있다고 말하는 것은 거의 논점이 없는 것으로 보인다는 점이다.[20]

---

20) 내 논증은 다음 사실을 사용하고 있다. 즉, 내부로부터 어떤 체계의 모든 예측은 그 체계에 영향을 미칠 수 있다는 것이다. 예컨대, 다른 방식으로 새로운 생각을 예측하는 것은 새로움이란 성격을 변화시킨다. 나는 '오

나는 이제 새로운 증거의 영향 하에서 어떤 이론을 **받아들인다**는 예측에 대한 좀 더 중요한 물음에 이르렀다.

이전과 같은 어려움에 빠지지 않기 위해, 문제의 새로운 증거가 지금 우리에게 이용될 수 없다고 가정해야 한다. 그렇지 않다면, 우리 예측은 아직 수용되지 않은 이론을 지지하는 새로운 증거가 지금 있음을 지적하는 데 이를 것이다. 그리고 그 이론은 원칙적으로 지금 수용되어야 함을 지적하는 데 이를 것이다. 달리 말해서, 그 예측은 다시 지식의 미래 성장에 관한 것이 아니라, 오히려 지금 우리가 알고 있는 것에 관한 진술이 될 것이다.

그러므로 현재 지식을 토대로, 즉 지금 수용된 이론들을 토대로 아직 관찰되지 않은 사건들도 우리가 예측할 수 있다고 가정하는 것이 필요할 터이다. 왜냐하면 사건들이 관찰되었을 때, 그 사건들은 아직 수용되지 않은 어떤 이론을 지지하는 증거를 공급함으로써 그 이론을 수용하는 데 이르게 할 것이기 때문이다.

그러나 이런 일은 불가능하다. 우리의 현재 지식을 토대로 예측될 수 있는 증거 발생은 새로운 이론의 수용을 정당화할 증거가 될 수 없다. 왜냐하면 현재 지식의 도움으로 예측될 수 있는 증거는

이디푸스 효과'란 용어를 예측된 사건에 영향을 미침에 대한 명칭으로 사용해 왔다. 다시 말해, 어떤 이론이나 예상 혹은 예측이나 심지어 어떤 예측을 얻는 데 사용된 정보도 예측된 사건에 영향을 미친다는 것에 대한 명칭으로 그 용어를 사용했다는 것이다. 그것은 부분적으로 예측된 사건을 초래하는 신탁의 예측이었음이 상기될 것이다. '비결정론'에 관한 나의 논문, *op. cit.*, p.188 이하; 『역사법칙주의의 빈곤』, 5절; 그리고 「과학의 철학: 개인적인 보고(Philosophy of Science: A Personal Report)」, in *British Philosophy in the Mid-Century*, 1957, 두 번째 주석 참조. [마지막 이 논문은 『추측과 논박』, pp.33-65에 「과학: 추측과 논박(Science: Conjectures and Refutations)」으로 다시 실렸다. 편집자.]

새로운 종류가 아니거나, 만약 새롭다면, (우리가 새로운 이론을 받아들이도록 유혹하기보다는) 우리의 현재 이론들을 확인하는 시험에 해당할 것이기 때문이다. 새로운 이론의 수용을 정당화하는 종류의 증거는 새로운 이론의 도움으로 예측될 수는 있지만 우리의 현재 지식의 도움으로는 **예측될 수 없는** 증거이다. 달리 말하면, 그것은 **결정적인** 증거의 성격을 가져야 한다.

이 논증은 나에게 전혀 흥미가 없는 것이 아니다. 어떤 사소한 문제에도 불구하고 — 왜냐하면 모든 이론은 그 자체로 참임을 수반하므로,21) 그 이론의 거부를 포함하고 있는 상황을 예측할 수 없다고 말하는 그 이상을 말하는 것이 아니기 때문이다 — 그 논증은 역사법칙주의라는 영향력 있는 교설에 대한 비판으로 충분하다. 왜냐하면 그것은 과학적 절차들을 통해서는 우리의 이론적 지식 성장을 예측할 수 없음을 보여주고 있기 때문이다. (우리는 **기껏해야** 우리 지식은 더 이상 성장하지 않는다고 — 우리의 현재 이론들은 모두 참이며 완전하다고 언제든 예측할 수 있을 뿐이다.)

이 모든 것은 여전히 중요한 물음을 열린 채로 남겨둔다. 만약 우리가 이론적인 지식의 성장이 끝나게 되고 또한 우리 이론들은 참일 뿐만 아니라 완전하다고 가정한다면 어떻게 되는가? 이것은 여전히 어떤 일종의 성장을 허용할 것이다. 왜냐하면 여전히 언제나 새롭고 언제나 다른 초기 조건들에 우리 이론들을 적용하는 끝없는 과제가 존재할 것이기 때문이다. 따라서 다음과 같은 물음이

---

21) 나는 진리 개념에 관한 타르스키의 작업을 암시하여 언급하고 있다. 그에 따르면, 모든 진술은 (더 정확히 말해, 의미론적인 상위 언어로 그 진술을 번역함은) 그 진술이 참이라는 상위 언어적인 주장과 동치라는 것이다.

제기된다. 만약 모든 보편 법칙과 또한 우리 자신에게 적용하는 모든 적절한 초기 조건을 알아야 한다는 의미에서 우리가 라플라스의 악마라면, 우리는 자신의 미래 예측을 예측할 수 있는가?

22. 자기예측의 불가능성

이렇게 해서 우리는 가장 결정적이고 매우 난해한 마지막 물음에 이르렀는데, 그 물음은 우리 지식의 성장에 대한 예측 가능성과 연관되어 있다. 그것은 다음과 같다.

완전한 이론적인 지식과 현재 또는 과거의 초기 조건들이 우리에게 제공된다면, **연역의 방법들을 통해서** 주어진 어떤 시간의 순간에 대한 우리 자신의 미래 상태들을 예측할 수 있는가? 그리고 특히 우리 자신의 미래 예측들을 우리가 예측할 수 있는가?

물론 나는 오직 **과학적인** 자기예측, 즉 자신의 초기 상태에 관한 참된 초기 정보와 함께 (참이라고 가정된) 보편 이론들로부터 자기예측을 **연역할** 수 없다고 증명하는 시도만 해보겠다. 왜냐하면 과학적이지 않은 종류의 자기예측이 성공을 할 수도 있기 때문이다. 예를 들면, 어떤 방식으로 행동할 의사결정을 토대로 한 자기예측이 있다. 따라서 내가 내일 2회 강연할 것임을 나는 오늘 예측할 수 있다. 또는 '너는 …을 듣고 놀랄 것이다'라는 예측으로 시작하는 편지를 내 친구 프레드에게 내일 쓸 것임을 오늘 나는 예측할 수 있다. 이런 종류의 예측들은 과학적인 종류가 아니다. 이런 예측들은 초기 조건들과 결합하여 잘 시험된 보편 이론들을 토대로 하지 않고, **의사결정**의 과정을 토대로 하고 있기 때문이다. 이런 것들은 또한 다음과 같은 초기 조건과 결합한 법칙을 토대로 한 과학적 예측들로 대체할 수도 없다. '나는 내일 프레드에게 편지를 쓸 결정을 방금 했다'는 초기 조건과 결합한, 만일 내가 단지 기술된 체계의 초기 조건들의 불완전함을 의미하는 폐쇄된 체계가 아니기 때문이라면, '나는 항상 내 결정을 수행한다'는 법칙이 그것이다. 나는 프레드가 내일 도착할 것이라는 전보나 내 결정과 관련 있는 새로운 다른 상황들이 일어났다고 알려주는 전보를 오늘밤 받을 수 있다.

지금 과학 이론들과 초기 조건들이 주어졌다고 우리가 가정하고 있기 때문에, 예측의 도출은 단순한 계산의 문제가 된다. 이런 계산은 원리적으로 **예측하는** 기계나 **계산하는** 기계 — 소위 '계산기'라고 하거나 '예측기'라고 하는 — 에 의해서 수행될 수 있다. 이것은 **어떤 계산기든 어떤 예측기든 자신의 계산이나 예측 결과를 연역적으로 예측할 수 없다**는 증명의 형식으로 나의 증명을 나타낼 수 있게끔 해준다.

계산하는 기계들이란 측면에서 우리 문제를 말하는 방법은 몇 가지 작은 이점이 있다. 첫째로, 그렇게 함으로써 나의 결정론적인 적들에게 ('유물론자들'이나 '물리주의자들'이나 '인공두뇌 주장자들'이든 간에) 양보를 한 다음, 이번에는 내 논증들을 좀 더 동정적으로 검토하게끔 그들을 설득할 수 있다. 둘째로, **마음들**이란 존재를 가정하지 않고 내가 결정론을 논박할 수 있게끔 해준다. 그러므로 그것은 인간 예측기의 독특함에 의존해야 할 반박보다 더 일반적인 반박을 내가 하도록 해준다. 셋째로, 기계들에 관해 말해지는 모든 것은 또한 사소한 변화들과 더불어 인간 예측기에도 적합할 것이다. 네 번째 이유는 그 방법은 그 방법을 사용하는 사람들에게 어떤 규율을 부여한다는 점이다. 그 이유는 내가 아는 한 단지 하나의 불이익을 갖고 있다. 즉, 나도 인간들은 기계들이라고 믿는 자들 중의 하나라고 오해받을 수 있다. 비록 그런 종류의 어떤 것도 내가 믿지 않을지라도 그렇다는 것이다.[22]

그렇지만 예측하는 기계들의 능력이란 측면에서 우리 문제를 논의하는 주요한 이점은 이렇다. 우리는 비교적 단순한 기계를 상상할 수 있는데, 그 기계는 외견상 결정론적 이론의 단순화된 일종의 모형과 **외부로부터** 분명히 **예측할 수 있음**을 표현하고 있다. (그것은 심지어 상태들만을 분별할 수 있는 기계일 수 있다. 그래서 제한적인 초기 조건들의 정확도의 문제와 연관된 모든 물음은 무시

---

22) 또한 지금 장의 마지막 절을 보라. 이것은 부분적으로 위에서 인용된 '비결정론'에 관한 나의 논문, 특히 제2부의 pp.193-195에 근거를 두고 있다. 여기서 원리적으로 인간 존재가 수행할 수 있는 **명시된 어떤 특정 과제도** 수행할 수 있는 기계들이 구축될 수 있다는 것을 내가 믿고 있다고 언급할 수 있다. 여기서 '명시된 어떤 것도'란 말이 강조되고 있다. 왜냐하면 어떤 기계를 구성하기 위해서는 원리상 어떤 설명서를 사용할 수 있기 때문이다. 이런 이유 때문에, 나는 기계론자의 도전을 받아들일 준비가 되어 있지 않다. 그 도전은 '인간은 통과할 수 있으며, 그리고 원리적으로 기계는 통과할 수 없는 시험을 정확히 명시하라!'는 것이다. 만일 우리가 인간에 의해 부딪칠 것인지 아니면 기계에 의해 부딪칠 것인지를 알기 위해서 수행될 시험들을 우리가 **정확히 명시한다면**, 우리는 다음과 같은 가능성에 부딪칠 것이다. 즉, 어떤 기계가 **이런 설명서에 따라** 구축될 것이므로, 그래서 명시된 시험을 통과할 가능성이다. 그러나 이것은 우리가 만약 특수한 사람 같은 기계와 마주친다면, 어떤 사람도 그 시험에 통과하지만 — 특히 우리가 그 기계의 설명서를 갖고 있다면 (혹은 우리가 단순히 시행착오의 방법으로 진행하더라도) — 기계는 통과하지 못하는 시험들을 발견하기가 다소 어려울 것임을 의미하지는 않는다. 또한 내 논문 「언어와 심-신 문제」, *Proceedings of the XIth International Congress of Philosophy*, 1953, vol. vii, p.101 이하를 보라. [이후자의 논문은 『추측과 논박』, pp.293-298에 다시 실렸다. 또한 『자아와 그 두뇌』, p.208쪽을 보라. 편집자.]

될 수 있다.) 그와 동시에 그 기계는 라플라스 **악마의 완전한 현현**, 즉 **완전한 물리적인 화신**으로 간주될 수 있다.

이런 일을 성취하기 위해, 우리는 그 예측기를 다음과 같은 종류의 기계로 생각할 것이다. (a) 물리학의 참된 모든 보편 법칙이 그 예측기에 구축되었으며, (b) 수학과 논리학의 모든 적절한 계산 방법이 그 예측기에 구축되었다.

예측기가 구축되었기 때문에, 그것이 어떤 상태 — 0의 상태 — 에 있을 경우에만 그리고 오직 그런 경우에만, 그 예측기는 예측 과제에 의해 자극을 받을 수 있다. 그런 다음 그것은 스스로 더 이상의 자극을 차단하고 어떤 대답, 즉 어떤 예측을 산출함으로써 예측기의 과제를 완성할 때까지 작업을 진행한다.

예측 과제는 어떤 체계의 초기 상태나 $t_0 = 0$인 '0시'의 상태에 대한 기술로 이루어져 있다고 생각될 수 있다. 나아가 그것은 예컨대 체계의 상태가 예측되어야 할 순간인 t_1 시간의 순간을 언급해야 한다. 그 예측은 예측기의 대답이 될 것이다. 물론 우리가 주로 관심을 두는 것도 바로 이런 대답이다. 그것은 예측기가 성취할 **지식에 추가된 것**이므로 '그 예측기의 지식 성장'을 나타낼 것이다.

전혀 본질적이지는 않지만 (그러나 어떤 문제들을 단순화시킨 한에서 유용한) 가정으로서, 예측기의 대답이 발표되었을 때, 그 예측기는 0 상태로 돌아갈 것이라고 우리는 부연할 수 있다.

우리의 고찰들을 좀 더 구체적으로 하기 위해, 모스와 유사한 부호 속에 암호 처리된 전언을 형성하고 있는 구멍들이 뚫린 테이프 형태('**과제 테이프**')의 기계에 예측 과제가 제공되었다고 우리는 상상할 수 있다. 대답은 유사한 테이프 형태, 즉 '**대답 테이프**'로 공표된다. 과제의 완전함에 관해서 그 기계는 두 개의 주요한 부분으로 이루어져 있다고 전제할 수 있다. 즉, (a) 0의 상태로 있을 수 있는 (좁은 의미의) 기계 자체라는 부분과 (b) 공표된 대답 테이프라는 부분이 그것이다.

예측기에 관한 다음의 두 가성 (A1)과 (A2)는 본질적이다.

(A1) 기계에 제공된 과제가 충분히 명백하다면 (즉, 라플라스의 악마가 예측에 도달할 수 있을 정도로 충분하다면) 그 예측기는 항상 정확한 대답에 이를 것이다.

이 가정은 예측기가 충분히 강력하다는 것을 보장하기 위해 의도된 것이다. 다음의 가정은 예측기가 물질적으로 구현되었지만, 그러나 물리적인 기계임을 보장하기 위해 의도된 것이다.

(A2) 예측기가 다양한 작업을 수행하는 데 시간이 걸린다. 특히, 예측 과제를 통해서 예측기가 자극을 받은 (과제 테이프를 삽입하는) 시간의 순간과 예측기가 대답을 쓰기 (구멍을 뚫기) 시작하는 시간의 순간 사이에 경과하는 시간이 존재한다. 나아가 대답을 기록하는 (구멍을 뚫는) 것 또한 시간이 약간 걸린다.

이런 가정은 예컨대 완전한 이론적인 지식이 부여되었을 뿐만 아니라 전지하거나 전지에 준하는 기계들을 배제한다. 여기서 말하는 전지란 몇몇 대답이 미리 장착되어 있는 기계들이므로, 그 대답들을 계산할 필요가 없다는 것을 의미한다. 그렇게 부여된 기계들은 우리의 관점에서 보면 **임시변통**일 것이라고 우리는 말할 수 있다. 설령 그 기계들이 이런 방식으로 하나나 두 개의 물음들은 물론이고 매우 많은 물음에 답할 수 있다 할지라도 그렇다.

이런 (A1)과 (A2)의 가정으로부터, 자기예측 과제의 경우에 그 대답은 그 사건이 예측된 **후에** 또는 기껏해야 그 사건과 동시에 완료될 수 있을 뿐이라는 점이 쉽게 증명될 수 있다. 이것은 우리 논점 — 예측기가 자체의 **미래** 지식 성장을 예측할 수 없다는 것 — 을 정립하는 데 충분하다.

그러나 만약 우리가 가정을 조금 강화시킨다면, 우리는 더 많은 것을 증명할 수 있다. 그런 다음 예측기가 대체로 그 과제에서 실패할 것임을 우리는 증명할 수 있다. 요구된 부가적인 두 가정은 다음과 같다.

(A3) 예측기가 공표한 두 가지 대답 중에서 더 긴 대답이 짧은 대답보다 더 많은 시간이 걸린다.

네 번째 가정은 우리가 예측기가 실패할 것임을 증명하는 데 결정적인 가정이며, 그것은 약간 상세히 논의되어야 할 것이다. 그것은 다음과 같다.

(A4) 기계가 한 모든 대답은 표준적인 하나의 동일한 암호나 언어로 어떤 물리적 체계의 상태를 분명하게 기술하고 있다. 혹은 달리 말해, 우리는 특별한 종류의 암호나 언어를 사용하는 특수한 대답들을 배제한다.

이런 상이한 두 고찰은 다음과 같은 가정을 이끈다. 첫째로, **기계의 전체 목적이 그 대답 속에 있기** 때문에, 우리는 기계가 행한 대답이 명백하도록 해야 한다. 왜냐하면, 암묵적인 의미에서, 기계는 조사 중인 체계의 초기 조건들이 제공되자마자 그 대답을 '알기' 때문이다. 이렇게 된 까닭은 그 대답이 이런 초기 조건들과 함께 기계에 구축된 법칙들에 의해 수반된다고 우리가 가정했기 때문이다. 더구나 — (A1)을 보라 — 기계가 이런 정보에 정확히 반응할 수 있다고 가정했기 때문이다. 따라서 기계가 하도록 남겨진 모든 것은 **함의된 예측을 분명하게끔 만들어야 한다**는 점이다. 그래서 (A4)는 기계가 과제를 이행할 수 있다는 점을 더 분명하게 표현하고 있을 뿐이다.

지적한 대로, (A2)는 예컨대 임시변통의 예측들을 배제하는, 즉 평범한 사이비-계산기를 배제하는 기능을 갖고 있다. 이런 배제가 필요함은 (A4)를 지지할 수 있는 두 번째 고찰을 우리가 생각할 때, 훨씬 더 분명하게 된다. 그것은 다음과 같다.

만약 우리가 예측기를 '과학적인' 기계처럼, 즉 법칙들과 초기조건들로부터 대답을 연역하는 기계처럼 작동시키고 싶다면, 우리는 분명하게 자기예측을 위한 임시변통적인 어떤 배열들을 배제해야 한다. 예를 들면, 우리는 주기적으로 변하는 여하한 물리적 체계를 자기예측 체계로 해석할 수 있다. 따라서 우리는 밤을 다음 날이나 그 다음 날 밤 등의 예측으로 해석할 수 있다. 제한하는 경우로, 우리는 심지어 불변하는 체계를 자기예측하는 체계로 해석할 수도 있다. 예컨대, 백지 한 장으로 이루어져 있는 '기계'가 협약에 따라 다음 행들의 예측적인 전언을 포함하고 있는 것으로 해석될 수 있다. "내가 간섭을 받지 않는 한, 나의 물리적 상태는 여하한 미래 시간 t에도 백지 한 장의 상태일 것이다."[23] 이런 사례들은 우리가 다음을 상기하는 데 기여한다. '과학적인' 기계들이나 자기예측을 위해 임시변통으로 고안된 것이 아니라, 적어도 상이한 물리적 체계들의 (그리고 가능하다면 그 체계들 중 그 자체와 매우 유사한 체계들의) 커다란 집합을 연역적으로 예측하는 연역적인 예측기에 우리는 관심을 두고 있을 뿐이다. 우리가 자기예측의 문제에 관심을 두고 있다는 것을 우리는 잊지 않아야 한다. 그 주된 이유는 근본적으로 예측기가 강하게 서로 작용하는 그 자체의 환

---

23) 내가 '기계'에 대해 이런 생각을 한 것은 고인이 된 튜링(A. M. Turing) 박사로부터 1950년경에 받은 개인적인 편지 덕분이다.

경 부분들의 변화들을 예측할 수 있는지의 문제에 우리가 관심을 쏟고 있기 때문이다. 그렇지만 이것은 우리가 매우 일반적인 예측 능력들을 가진 예측기들에 관심을 두고 있을 뿐임을 함축하고 있다. 이런 능력들은 기술된 종류의 자기예측의 임시변통적인 어떤 방법들도 넘어서고 있다.

이제, 이런 **임시변통적인 예측기들**의 사용은 가정 (A2)에 따라 암묵적으로 배제되었다. 하지만 (A2)가 배제하지 못하는 것은 (A2)를 만족시키는 예측기들과 연관된 **임시변통적인 해석 방법들**의 채택이다. 예를 들면, 우리는 전혀 다른 방식의 '정상적인' 예측기 — 즉, (A1)과 (A2)에 답하는 예측기 — 가 만약 0의 상태에 있다면, 다음 전언을 표현하는 것으로 해석할 수 있다. '나는 이러이러한 상태에 있는 (여기서 우리는 0의 상태에 있는 이런 예측기에 대한 물리적 기술을 삽입해야 할) 물리적 체계이며, 또한 어떤 과제에 의해 자극을 받지 않는다면 나는 언제나 이런 상태에 있을 것이다.' 이런 특별한 해석은 아마도 (A2)에 의해 배제된다고 말해질 수 있다. 그러나 이렇게 배제되지 않는 (예컨대, 전술한 주기적인 체계처럼) 닮은 체계들이 존재할 수 있다.

이 같은 임시변통의 방법들을 모두 배제하기 위해, 예측기가 자기예측 과제에 이를 때, 그 예측기는 여전히 모든 다른 과제에도 적용하는 '본질적으로' 동일한 방법들을 통해서 진행할 것을 우리는 요구해야 할 것이다. 방금 주어진 형식의 요구 또한 ('본질적으로'와 '방법들'이란 용어가 보여준 것처럼) 약간 모호하다. 동시에 그 요구 또한 약간 포괄적이다. 여하튼 그것은 필요한 것보다 더 강한 것 같다. 왜냐하면 우리가 필요로 하는 모든 것은 단지 가정 (A4)뿐인데, 그 가정은 우리 요구를 그 대답과 그것이 정식화되는

언어에 국한시키기 때문이다.24)

가정 (A4)는 다음의 규약을 채택할 가능성을 배제한다. (예를 들면) n번째 상태에 있는 다른 정상적인 예측기는 그 자체를 기술하는 것으로, 그리고 그 예측기가 이 상태에서 (실제로는 예측기가 곧 이동할 예정이고, 또한 당연히 이전 상태로부터 항상 계산될 수 있는) n + 1번째 상태로 이동할 것을 예측하는 것으로 해석해야 한다는 규약이 그것이다.

이것이 우리가 예측 기계에 관해 가정할 모든 것이다.

이제 우리는 구조적으로 동일한 두 예측기를 고려하고 있다. 1번 예측기를 '텔(Tell)'이라고 부르는데, 왜냐하면 그것은 2번 예측기의 상태를 예언해야 하기 때문이다. 2번 예측기는 '톨드(Told)'라고 부르는데, 그것은 '텔'이 예언한 것이어야 하기 때문이다. (사실상 텔은 톨드를 겨냥하고 있다.)

예측 과제의 일부로 텔에게 제공된 초기 조건들은 0시($t_0 = 0$)의 톨드의 상태를 기술하고 있다고 우리는 가정한다. 그리고 또한 텔의 과제는 1시($t_1 = 1$)의 톨드의 상태를 예측해야 하는 것이라고 가정한다. 텔에게 제공된 것으로서 톨드의 초기 상태 기술은 예측 과제(과제 테이프)의 기술을 포함해야 할 것이다. 이 예측 과제를 통해서 톨드는 0시에 자극을 받아야 한다. 그래서 텔은 이제 $t_1 = 1$시 순간의 톨드 상태나 1시간 길이의 기간을 경과한 후에 톨드의 상태와 동일한 것에 이르는 것을 계산하려고 노력한다.

---

24) 모든 과제가 또한 하나의 언어로 분명히 정식화되어야 할 것을 가정할 필요는 없다. 초기 조건과 함께 그 과제가 그 기계에 어떻게든 주어진다고 우리는 가정할 수 있다. 그리고 어떻게라고 우리가 물을 필요는 없다. (또한 이 절의 마지막 주석을 보라.)

우리의 가정 (A1)에 따르면, 텔은 항상 톨드를 예측하는 과제를 성공시킬 것이다.

그런데 텔에게 주어진 과제가 0시에 톨드에게 주어진 과제와 정확히 일치하는 일이 정말로 일어난다고 우리는 가정한다. 달리 말하면, 텔의 과제는 톨드가 0시에 세 번째 예측기를 예측하도록 자극받을 것이라고 명시하는 것이다. (이 가정은 우리가 나중에 텔의 과제를 자기예측 과제로 해석하기 위해 만들어졌다.) 우리는 이것을 다음과 같은 가정 (B)로 정식화할 수 있다.

(B) 예측 과제에 의해 자극을 받을 때, 텔은 톨드가 예측 과제에 의해 0시에 자극받을 때의 상태와 정확히 똑같은 상태에 있을 것이다. (톨드가 어떤 상태 S에 있다고 텔에게 알려주는 예측 과제를 텔에게 제공하는데, 우리가 항상 성공할 것인지를 의심할 심각한 이유가 있다. 만약 그렇게 알려졌을 때의 S가 텔 자신의 상태와 일치해야 한다면 그렇다.[25] 그러나 나의 반대자들에게 양보한 것으로, 나는 여기서 우리가 톨드에게 이런 종류의 예측 과제를 제공하는 데 성공해 왔다고 가정한다.)

우리는 먼저 선택한 1시간이 너무 짧기 때문에 톨드가 1시에는 아직 대답 테이프에 구멍을 내기 시작하지 않았을 것이라고 가정해 보자. (이런 경우라면, 지식의 어떤 성장도 일어나지 않았다.) 우리는 쉽게 다음의 정리 (T1)을 증명할 수 있다.

(T1) 진술된 조건들 하에서, 그 과제를 완료하기 위해 텔이 걸린 기간은 1시간보다 더 길었다.

그 증명은 자명하다. 왜냐하면 텔이 그 과제를 완료했기 때문에,

---

25) 이 절의 마지막 주석 참조.

그 대답은 완전하게 구멍을 뚫게 되었다. 하지만 1시간이 지난 후에도 텔은 구멍 뚫기를 시작하지 못했을 수 있다. 왜냐하면, 텔도 톨드와 동일한 상태로 똑같은 기간을 거쳐야 하기 때문이다. 그리고 우리 가정에 따르면, 톨드는 아직 1시에 테이프에 작업을 시작하지 못했다.

다음으로 텔이 톨드의 상태를 예측할 시간으로 1시 대신에 우리가 2시를 택했으며 그리고 2시에 톨드는 작업을 완료시키지 않고 테이프에 구멍을 뚫기 시작했다고 가정해 보자. 명백한 이유들 때문에, 우리는 이런 경우 다음 정리 (T2)를 얻게 된다.

(T2) 진술된 조건들 하에서, 텔이 과제를 완료하기 위해 걸린 기간은 2시간보다 더 길었다.

증명은 이전의 증명과 유사하다.

이제 마지막으로 톨드가 예측되어야 할 시간으로 우리가 3시를 택했다고 가정해 보자. 이 시간은 단지 톨드가 과제를 완료시킬 정도의 충분히 긴 기간이다. 우리는 다음 정리 (T3)를 얻게 된다.

(T3) 진술된 조건들 하에서, 과제를 완료하기 위해 텔이 걸린 시간은 정확히 3시간과 똑같았다.

이 정리는 다시 텔과 톨드가 동일한 기계라는 사실에서 따라 나온다. 그리고 그것은 텔이 자신의 미래 지식 성장을 예측할 수 없음을 보여주는 데 충분하다. 왜냐하면 텔의 완전한 대답이 너무 늦기 때문에 어떤 예측일 수가 없는데, 그 예측은 기껏해야 오직 **예측된 사건과 함께** 도달할 수 있을 뿐이기 때문이다.

이런 결과는 (A3)나 (A4) 중 어느 하나를 사용하지 않고 도출되었다. 이것은 설령 우리가 임시변통적인 어떤 특수한 부호를 (하지만 그 부호가 사용된다면 **시간**을 소모하는 것이어야 한다) 도입한다 하더라도 타당하다는 것을 의미한다. 이 특수한 부호는 자기지시를 가능하게 하므로 어떤 기술이 자신을 기술하는 것이 가능하게 된다.26) (이것이 기계가 아마도 완전한 대답에 대한 계산을 완료할 수 있는 유일한 경우임이 분명하다. 비록 기계가 너무 느려서 자기예측으로서는 성공하지 못한다 할지라도 그렇다.)

그러나 만약 이제 우리가 (A3)와 (A4)를 사용한다고 결정한다면, 자기계산이 전적으로 불가능하다는 것을 보여줄 수 있다고 나는 생각한다. 그 계산은 너무 늦을 뿐만 아니라 완전히 실패할 것이기 때문이다.

만약 우리가 매우 단순하고 설득력 있는 더 나아간 가정 — 사실상 보조 정리이거나 부-명제를 도입한다면, 이 점은 아주 쉽게 보여줄 수 있다. 이런 부-명제는 표준 언어(두 번째로 구멍이 뚫린 테이프)로 두 번째 기술의 물리적 상태에 대한 표준 언어로의 (즉, 구멍이 뚫린 테이프의 도움으로) 기술이 그 두 번째 기술(두 번째로 구멍이 뚫린 테이프)보다 더 짧을 수 없다고 주장한다. 이 부-명제는 다음과 같은 사실의 관점에서 참인 것으로 보인다. 우리는 적어도 두 번째 기술(테이프 안의 모든 개개 구멍의 위치)의 모든 개개 부호를 기술해야 한다는 사실과 이런 모든 기술 각각은 적어도 하나의 부호를 필요로 할 것이라는 사실의 관점에서 그렇다.27)

그렇지만, 만약 우리가 이런 부-명제를 허용한다면, 우리는 다음 정리 (T4)를 얻는다. 그런데 이 정리는 (T3)과 모순되므로 우리 가정의 체계가 일관적이지 못함을 보여주고 있다.

(T4) 정리 (T3)의 조건들 하에서, 텔이 과제를 완료하기 위해 걸

---

26) '비결정론'에 관한 나의 논문, p.176 이하 참조.
27) 이런 부-명제는 '비결정론'에 관한 나의 논문, p.177에 정식화되었다.

린 시간이 3시간보다 더 길다.

만약 그 부-명제를 허용한다면, 다시 이에 대한 증명은 훨씬 단순하다. 텔은 3시의 톨드 상태를 예측해야 하기 때문에, 그것은 (a) 테이프와 (0 상태인 톨드가 일어남과) 별도인 톨드의 상태와 (b) 톨드의 테이프 상태를 기술해야 한다. 그러나 부-명제에 따르면, 텔의 (b)에 대한 기술만이 적어도 기술된 테이프만큼 길 것이다. 그러므로 (a)와 (b) 모두를 텔이 기술함은 더 길어야 한다. (A3)의 관점에서 이것은 그 정리를 정립한다.

이제 (T3)와 (T4)가 서로 모순이기 때문에, 우리 가정들의 집합은 일관적이지 못함에 틀림없다. 이것은 만약 (A2), (A3), (A4), 그리고 부-명제가 모두 만족된다면, (A1)이나 (B)가 거짓이어야 함을 의미한다. 그러나 이것은 더 나아가 **예측기가 자신의 미래 상태를 예측하지 못할 것**임을 의미한다. 그 이유는 다음 중 어느 하나 때문이다. 즉, 예측기가 그 계산을 완료할 수 없기 때문이거나, 예측기가 요구된 과제를 제공받을 수 없었기 때문이다. 이 요구된 과제란 이런 기술이 제공되었을 때 자신의 상태에 대한 기술이다.[28]

---

28) 위에서 언급된 이전의 '비결정론'에 관한 논문에서, 지금 묘사된 두 증명 중 두 번째 것과 유사한 논증에 나 스스로 이의를 제기했다. 그러나 지금 가정 (A4)을 지지하는 데 개진된 논증의 관점에서 보면, 이런 반대는 나의 현재 증명에 이의를 제기할 어떤 힘도 가지고 있지 않다. 다른 한편, 그와 유사한 반대가 나의 옛 논문, p.189에 있는 논증에 이의를 제기할 수 있다. 그 논문에서는 이 테이프 자체를 기술하는 과제-테이프를 그 기계에 공급하는 어려움을 해명하고 있다. 만약 그 기계가 내재적인 '사전'이나 '번역 기계'와 들어맞게 된다면, 우리는 예측기에 (나의 옛날 논증에 반대하는 것으로) 자기-기술 테이프(나의 옛 논문, p.177에 기술된)를 제공할 수 있다. (그러나 나는 이것이 과제-테이프로부터 기계 자체로 퇴행을 이동시킨 것에 불과한 것이라고 생각한다.) 그렇지만 (B)를 만족

물론 이런 결과는 부-명제에 의존하며, 그리고 (A3)와 (A4)에도 의존한다. 그렇지만 부-명제가 없어도, 그리고 (A3)와 (A4)가 없다 하더라도, 나는 예측기가 자신의 미래 기술의 결과들을 예측할 수 없음을 보여주었다. 다시 말해, 적어도 '예측된' 사건이 실제로 일어나기 전에는 예측할 수 없다는 점을 보여주었다.

따라서 우리는 자신의 지식에 대한 미래 성장을 예측할 수 없다.

23. '과학적' 결정론 논박

우리는 자기예측이 불가능함을 증명했다. 설령 라플라스적인 악마의 능력을 통합하고 있는, 그리고 가장 단순한 역학적인 원리에 따라 움직이는 예측기 ― 즉, 결정론적인 성격을 문제 삼지 않고 수용된 물리 체계를 표현하는 예측기를 구성하는 것이 가능할지라도 그렇다.

따라서 우리 증명은 당연히 결정론을 반박하는 데 사용될 수 없다. 그렇지만 그것은 '과학적' 결정론을 반박하는 데 사용될 수 있다. 그리고 그와 더불어 결정론적인 견해들이 과학의 어떤 결과들에 근거를 두고 있으며, 그리고 과학이 성공적이라는 사실에 근거를 두고 있다는 여하한 주장을 반박하는 데 사용될 수 있다.

왜냐하면, 만약 자기예측이 불가능하다면, 예측기는 닫힌 자신의

시킬 수 없는, 합리적인 가정들의 집합으로부터 그것을 증명할 수 있음을 내가 믿고 있다 할지라도, 나는 여기서 그것이 실패하는 (B)인지 아니면 (A1)인지를 열린 것으로 남겨두기로 결정했다. 다시 말해, 그 테이프에 제공해 왔던 바로 그 순간의 예측기 자신의 초기 상태를 부여하는 과제-테이프를 그 예측기에 제공할 수 없다는 합리적인 가정들의 집합이 그것이다.

환경에 대한 자신의 운동 효과들을 예측할 수 없기 때문이다. 즉, 그 예측기가 눈에 띌 정도로 영향을 미치는 자신의 환경 일부분에 대한 효과들을 예측할 수 없다는 것이다. 그리고 나아가 이것은 **내부로부터의 예측**은 우리가 선택할 수 있는 어떤 정확도로도 수행될 수 없고, 단지 예측기와 그 환경 사이의 상호작용이 무시될 수 있는 한에서만 수행될 수 있을 뿐임을 의미한다.

이런 결과는 과학의 성공을 통해서 뒷받침된다. 우리는 과학적 예측 방법을 예측 과정에 의해선 전혀 영향을 받지 않거나 단지 조금 영향을 받는 체계들에만 적용한다. 다른 한편, '과학적' 결정론은 원리적으로 내부로부터 우리 세계의 모든 것을 우리가 선택한 어떤 정확도로든 예측할 수 있어야 함을 요구하고 있다. 그리고 우리 자신이 세계 속에 있기 때문에, 이 교설은 내부로부터 임의적으로 정확한 예측들의 불가능성 때문에 반박된다. 또한 이 교설은 자기예측 불가능성의 결론이다.

이런 결과는 하나의 예측기보다 더 많은 예측기로 작업하는 어떤 시도에 의해서도 충격을 받을 수 없다. 이런 모든 예측기가 **문제가 된 체계 내부**에 있다면 그렇다. 1호 예측기와 다른 예측기는 1호기의 어려움들, 상태들 및 나머지 체계에 미치는 영향을 예측할 수 있지만, 그 자신의 영향을 (예컨대, 1호기에 미치는 영향을) 예측할 수 없을 것이다. 더구나 상호작용하는 예측기들의 '사회'는 언제나 형식적으로 복잡한 하나의 예측기로 간주될 수 있다.29) 그

---

29) 어떤 예측기의 발표된 '지식'(대답)이 다른 예측기에 미치는 영향을 우리가 바라는 만큼 강력하게 만들 수 있다. 대답 테이프 속의 조그만 차이들 — 예를 들어, 하나의 기계가 발표한 대답 테이프를 천공된 구멍 하나를 포함하고 있는 다른 예측기에 발표하는 것 — 을 우리가 선택한 어떤

리고 우리 결과는 어떤 정도의 복잡한 예측기에도 유효하다.

사실상의 반박은 논리학만을 사용하여 진행되기 때문에, '과학적' 결정론은 자기모순인 교설임이 밝혀진다. 따라서 아무리 완전하다 할지라도 '과학적' 결정론을 지지할 수 있는 것은 아무것도 없으며, 또한 **외견상** 결정론적 과학에 대한 어떤 호소도 결정론의 **어떤 다른 형식**을 지지할 수 없다. 그러므로 칸트의 염려는 불필요하며, 어떤 철학자도 (경험적이든 선험적이든 간에) 과학의 성공에 근거를 둔 결정론에서 일어나는 칸트의 윤리적인 확신에 대한 어려움을 걱정할 필요가 없다.

'과학적' 결정론에 대한 우리의 반박은 '과학적' 결정론을 세 번째 판본으로, 다시 말해 우리 비판에 훼손되지 않는 판본으로 대체할 여지가 남아 있는 것처럼 보일 수 있다. (나는 그것을 12절에서 논의한 관점에서 세 번째 판본이라고 부른다.) 이 세 번째 판본을 다음과 같은 방식으로 언급할 수 있다. 모든 물리적인 각각의 체계는 **적어도 예측된 사건이 일어난 후에야**, 그 체계의 상태가 그 사건을 결정했다는 것을 우리가 알 수 있다는 의미에서 예측할 수 있다. 다시 말해 (자연 법칙들과 함께) 그 체계에 대한 충분히 완전한 기술은 **논리적으로** 예측을 **수반한다**는 의미에서 예측할 수 있다는 것이다. 이런 예측은 항상 미리 계산될 수 없다는 사실은 논리적 상황에 — 우리가 증명하는 데 있어 결정론 체계를 가정했다는 사

차이를 그와 같은 다른 기계에 반응한 것으로 만들 수 있다. 그 결과, 각기 서로 상호적으로 영향을 미치며 각기 서로를 예측하는 시도를 하는 예측기들의 어떤 '사회'는 상당히 불안정할 수 있다. 그리고 개별 예측기들이 만일 이런 종류의 사회에 속한다면 그 효율성을 잃어버릴 수 있다. 위에서 인용된 '비결정론'에 관한 내 논문의 7절에 유사한 문제들이 다루어졌다.

실에서 알 수 있듯이 — 영향을 끼치지 못한다. 그러므로 내가 한 증명은 그 목적을 달성하지 못한 것이라고 말해질 수 있다.30)

이런 비판에 대한 나의 답변은 그것은 내 논점을 놓쳤다는 점이다. 내 생각에 반박할 수 없는 결성론을 나는 반박하고 싶지 않다. 내가 반박하고 싶은 것은 이른바 '과학적' 결정론이다. 과학적 결정론을 반박하면서 나는 여기서 언급했던 세 번째 판본을 반박하지 않았음은 정녕 사실이다. 하지만 나는 **과학적인 예측의 실제적인 성공**을 언급한 사람들과 다음과 같이 주장한 사람들을 반박했다. 우리가 바라는 만큼 정확히 예측하기 위해 원리적으로 우리의 예측을 개선할 수 있다는 가정을 이런 성공이 정당화시켜 준다고 주장한 사람들이다. 달리 말하면, 나는 '과학적' 결정론뿐만 아니라, (과학적 결정론과는 다른) 결정론이 과학적인 경험을 통해서 정당화된다고 말한 사람들, 그리고 결정론이란 정당한 추정에 불과한 것이라고 말한 사람들도 반박하고 싶다. 나는 결정론에 대한 이런 매우 중요한 논증을 결정론은 결정론적인 세계에서도 유지되지 못한다고 보여줌으로써 반박했다. 이런 논증은 그 의도한 바에 따라 제시된 '세 번째 판본'과 같은 결정론의 다른 형식들과 양립할 수 있어야 한다는 것은 분명하다. 그렇지만 이것은 결정론의 이런 세 번째 판본이 참이라거나 세계가 이 세 번째 판본에 의해 기술된 종류의 구조를 갖고 있다고 믿을 어떤 이유를 우리가 갖고 있음을

---

30) 여기서 주어진 것과 유사한 논증을 갈리(W. B. Gallie)가 두 개의 매우 흥미로운 논문으로 개진했다. "The Limits of Prediction"(in S. Körner, ed., *Observation and Interpretation*, 1957, p.160 이하)과 그의 취임 강연인 *Free Will and Determinism Yet Again*(Belfast, 1957)이다. 그의 비판에 의해 내 논증 속의 빈틈에 내가 주의를 기울이게 한 데 대해 갈리 교수에게 감사를 표하고 싶다.

의미하지 않는다.

그와 정반대로, 계산 가능성의 문제야말로 이 세 번째 판본을 거부하는 데 충분하다고 믿을 충분한 이유가 있다. 우리는 예측 과제의 해결을 수반할 충분한 자료를 수집할 수 없다고 믿을 충분한 이유가 있다. 그 이유는 우리 예측을 위해서 어떤 자료가 요구될 것인지 우리가 모르기 때문이다. 심지어 자연 법칙들과 더불어 그 체계의 상태에 대한 충분히 상세한 참인 기술이 예측을 수반한다는 의미에서 이런 자료들이 '존재한다'는 가정을 따른다 할지라도 그렇다. 그러나 이에 대한 답변은 네 번째 판본을 도입함으로써 이루어질 수 있다. 가능하다면, 참이면서 충분히 상세한 기술은 항상 어떤 예측 과제의 해결을 수반할 것이란 판본이 그것이다.

하지만 이 네 번째 판본은 적어도 완전히 형이상학적임이 분명하다. 그것은 원리적으로 반박할 수 없는 존재적인 가정으로 작동한다. 다시 말해서 우리가 어떻게 얻는지를 모르는 참인 기술의 **존재**에 대한 가정으로 작동한다는 것이다.

요약하면, **순수 논리학**으로 반박할 수 없는 것으로 보이는 '세 번째' 판본을 반박하는 것은 여기서 나의 목적이 아니다. 왜냐하면 매우 단순한 역학적인 세계가 논리적으로 가능할 것 같기 때문이다. 나의 목표는 단지 과학적인 예측의 확실한 성공은 결정론자의 우주론을 지지하는 논증으로 사용되지 않아야 한다든 것을 보여주는 것이었다. 즉, **우리 세계**가 '세 번째' 판본에 의해 제시된 성격을 띠고 있다는 추측을 지지하는 데 사용되지 않아야 한다는 것이었다.

내가 보기에 여기서 '과학적' 결정론을 반박했던 방식은 흥미로운 것 같다. 그것은 우리의 미래 행동들에 관한 **우리 결정을 과학적 예측으로 대체할 수 없다**는 (이런 종류의 예측은 불가능하기 때문에) 것을 보여줄 뿐만 아니라, 그것은 또한 비결정론에 대한 결정적인 논증이 바로 합리적 시식 사체의 존재라는 것도 보여주고 있다. 우리는 (무엇으로 부르길 원하든 간에) '자유롭다'. 그 까닭은 우리가 엄격한 자연 법칙들에 종속되기보다는 우연에 종속되기 때문이 아니라, 세계의 점진적인 합리화 ─ 지식의 그물망으로 세계를 포착하려는 시도 ─ 가 지식 자체의 성장에서 어떤 순간에 한계가 있기 때문이다. 물론 이런 지식 또한 그 세계에 속해 있는 어떤 과정이다.

어떤 사전 지식 없는 합리적인 행동 ─ 적어도 과학적인 종류, 즉 가설적인 종류의 행동 ─ 은 불가능하다. 그리고 행동의 ─ 즉, 자유로운 행동의 여지가 남아 있도록 제한되어 있다고 밝혀진 것이 바로 이와 똑같은 사전 지식이다.

24. 성 아우구스티누스, 데카르트, 그리고 홀데인의 논증

내가 보기에 '과학적' 결정론에 대한 우리 반박은 홀데인(J. B. S. Haldane)의 논증과 어떤 연관이 있는 것으로 보인다. 데카르트는 이와 비슷하지만 어느 정도 약한 논증을 제기했으며, 훨씬 일찍 성 아우구스티누스도 이런 논증을 폈다.[31]

---

31) J. B. S. Haldane, *The Inequality of Man*, 1932(reprinted, Pelican Books, 1937, p.157 참조); Descartes, *Principles of Philosophy*, pt. i, section 36-39(특히 section 37 말미 참조); St. Augustine, *De libero arbitrio*, book i, 특히 chapter 11, 12; book ii, 특히 chapter 2, 3과 chapter 19.

데카르트 식의 논점은 **진리의 비판적인 파악**과 어떤 논증에 대한 적합한 평가는 자유롭고 자발적인 우리 행동(녹음 기계의 반응이라기보다는)이어야 한다는 것이다. 데카르트가 지적했듯이, 오류와 선입견의 지속은 자유로운 이러한 행동의 실패에 있거나 그런 행동을 거부한 데에 — 예컨대 수용된 가르침에 의해 무비판적으로 결정되는 것을 스스로 허용함으로써 세뇌에 빠진 상태에 — 있을 수 있다.

홀데인은 이와 유사한 생각을 훌륭하게 그리고 분명하게 표현했다. 홀데인은 이것을 결정론의 비판으로써가 아니라, 유물론에 대한 비판으로써 표현했다는 것은 확실하다. "나 자신은 유물론자가 아니다. 만약 유물론이 참이라면, 내가 보기에 그것이 참임을 우리가 모를 수 있다. 만일 내 의견들이 두뇌 속에서 작용하고 있는 화학적인 과정들의 결과라면, 그것들은 논리학의 법칙이 아닌 화학의 법칙들에 따라 결정되었을 것이다."라고 홀데인이 썼기 때문이다. 홀데인이 여기서 비판한 것은 유물론이란 생각은 (역사적으로 '과학적' 결정론의 가장 중요한 판본은) 물론이고, '과학적' 결정론 그 자체의 관념도 비판한 것임이 분명하다. 왜냐하면 우리가 역학의 법칙들과 화학의 법칙들을 언급하고 있는가, 아니면 일반적으로 자연 법칙들을 언급하고 있는가는 중요하지 않기 때문이다. 결론은 다음과 같이 똑같다. 만약 내 의견들이 완전히 자연 법칙들과 초기 조건들에 의해 결정된다면, 그것들은 논리학의 법칙들에 의해 결정되지 않는다. (여기서 그리고 홀데인의 인용 구절에서 '논리학'이

[이 문제에 대한 더 나아간 포퍼의 논의는 『자아와 그 두뇌』, pp.75-81을 보라. 홀데인이 개략적으로 말한 것을 이 책에서 또한 포퍼가 논의했다. 편집자.]

란 형식 논리학을 의미할 뿐만 아니라, 논증의 기예와 같은 그리고 증거에 대한 합리적인 평가 기술과 같은 어떤 것도 의미한다.)

홀데인 논증에 반대하여 다음과 같이 말할 수 있다. 역학적인 계산기가 작동할 때, 물리학의 법칙들에 따라 결정된다고 우리는 가정할 수 있는데, 그럼에도 불구하고 그 기계는 논리학의 법칙들에 따라 작동할 수 있다고 말할 수 있다는 것이다. 경험적인 증거를 수집하여 그 증거에 따라 작동하는 기계들을 구성하는 데 어떤 어려움도 있을 것 같지 않다. (어떤 자동 기록 온도계는 관찰 증거를 수집하며 그리고 어떤 온도 조절 장치는 이런 증거에 따라 작동하기 때문이다.) 이것은 홀데인의 논증을 반박하는 것 같다.

그렇지만 이런 겉보기 반박은 요점을 놓쳤다. 여하튼 간에 내가 발표한 지 오래되지 않은 유사한 논증에 그 반박은 적용되지 않는다.32) 나의 논증은 인간 언어의 다음 네 가지 상이한 기능들의 구분을 토대로 하고 있다. (1) **표현 기능**, 또는 유기체의 상태에 대한 징후로서 간주되는 언어, (2) **신호 기능**, 또는 다른 유기체들의 반응을 자극하는 것으로 간주되는 언어, (3) **기술 기능**, 또는 (존재하든 존재하지 않든 간에) 사태들을 기술하는 것으로 간주되는 언어, (4) **논증 기능**, 또는 합리적인 비판의 수단들로 (예컨대 단순한 반대-주장과는 대조적인 것으로33)) 간주되는 언어. 처음 두 가지는

---

32) 내 논문 「언어와 심-신 문제」, *Proceedings of the XIth International Congress of Philosophy* 7, 1953, p.101 이하 참조. 또한 내 논문 「심-신 문제에 관한 주석: 윌프레드 셀라스 교수에게 한 답변(A Note on the Body-Mind Problem: Reply to Professor Wilfred Sellar)」, in *Analysis*, N.S. 15, 1955, p.131 이하를 보라. [두 논문은 모두 『추측과 논박』, pp.293-303에 다시 실렸다. 편집자.]

33) 이런 기능들 중 세 가지는 Karl Bühler, *Sprachtheorie*, 1934, pp.25-28에

물론 모든 동물 언어의 기능이다. 마지막 두 가지는 '고급한' 기능들이란 표지를 붙일 수 있다. 그 기능들은 **참**인 기술이거나 **거짓**인 기술이라는 생각 그리고 **타당한** 논증이나 **부당한** 논증이라는 생각을 야기한다. (우리가 언어에 대한 더 이상의 기능들을— 처방 기능이나 조언 기능 혹은 훈계 기능 같은 기능들을 구분할 수 있다고 나는 믿는다.)

나의 논제를 간략히 말하면 이렇다. 당연히 우리는 표현하지 않고 또한 신호를 보내지 않고 기술하거나 논증할 수 없다. 그렇지만 기술 기능과 논증 기능이 저급한 두 기능을 포함하고 있다 할지라도, 그럼에도 그 기능들은 저급한 두 기능으로 **환원될 수 없다**.

이것이 의미하는 바는 이렇다. 기술이란 자신을 표현하고 신호를 보내는 특수한 양식이라고 우리가 말할 수 있다 할지라도, 기술은 이런 **것만**이 아니다. 왜냐하면 **어떤 기술의 참**은 예컨대 **표현의 적합**이나 어떤 자극에 대한 반응의 적합과는 다른 어떤 것이기 때문이다. 그리고 그것은 또한 어떤 상황에 대한 신호의 적합이나 그 상황에 적합한 반응을 환기시키는 신호의 효율과도 다르다. 기술은 실제로 참일 수 있기 때문이다. 설령 속이려는 의도나 감정을 숨길 의도로 그 기술이 만들어졌다 할지라도 그렇다. 그리고 아무도 그 기술을 믿지 않는다 하더라도, 그리고 적합한 반응을 환기시키는 데 그 기술이 결코 성공하지 못했을지라도, 그 기술은 실제로 참일

서 처음 구별되었다. 나는 「전통에 대한 합리적 이론을 향하여(Towards a Rational Theory of Tradition)」, *The Rationalist Annual*, January 1949, pp.120-135에 네 번째 기능을 추가했다. [또한 이 논문은 『추측과 논박』, pp.120-135에 다시 실렸다. 이런 언어의 네 가지 기능에 대한 포퍼의 논의는 『자아와 그 두뇌』, pp.57-60, 그리고 『끝나지 않는 물음』, pp.72-78을 보라. 편집자.]

수 있다.

이와 마찬가지로 논증 기능도 저급한 두 기능으로— 표현 기능과 신호 기능으로— 환원될 수 없다. 비록 모든 논증이 표현하고 신호를 보낸다 할지라도 그렇다. 왜냐하면 어떤 논증의 타당성은 예컨대 (효율적인 신호로 환원될) 설득적인 효율로 환원될 수 없기 때문이다. 수세기 동안 부당한 논증이 많은 사람을 설득해 왔던 것처럼 타당한 논증은 어떤 사람도 설득할 수 없을지 모른다.

따라서 기술과 논증은 단순한 표현들과 신호들이 아니다. 하지만 자연 법칙들의 측면에서 언어의 결정론적인 이론은 이런 저급한 두 기능만을 설명할 수 있을 뿐이다. 그것은 모든 언어를 징후로 생각해야 하며, 그 징후에 대한 모든 반응은 신호들에 대한 반응으로 생각해야 한다. 동일한 것이 기계들에 호소하는 이론에도 견지된다. 계산기는 수신된 신호들에 반응하며, 그것이 계산한 결과들은 내부 상태들에 대한 표현들이거나 징후들이다. '과학적' 결정론의 관점에서, 그것들은 어떤 다른 것일 수 없다. 계산이나 논증의 타당한 방법을 사용하는 기계와 부당한 방법을 사용하는 기계의 차이는 다음의 어떤 이론의 지평도 넘어선다. 이론의 지평은 그 자체로 '과학적' 결정론의 인과적인 접근에 국한시킨다.

그러므로 '과학적' 결정론은 언어의 고급한 기능과 저급한 기능의 차이를 무시하거나 고급한 기능은 저급한 기능으로 환원된다는 주장을 할 수밖에 없다. 그러나 이 두 방식은 모두 받아들일 수 없는데, 특히 그 방식들은 논증의 기능과 구조를 다룰 수 없기 때문이다. 이런 견해들은 내가 보기에 데카르트와 홀데인의 추리의 독특한 형이상학적 성격이나 **인신 공격적**인 성격을 벗어나 있는 것으로 보인다. 그 견해들은 언어에 대한 비형이상학적인 이론의 부분으로서 합리적인 근거를 토대로 상세히 (나는 여기서 상세히 하고 싶지 않다) 옹호될 수 있다. 그럼에도 불구하고 그것들은 나를 데카르트와 홀데인의 논증과 유사한 논증들에 이르게 했다. 두 고급한 기능은 "행동주의, … 부수 현상론, 심물 병행론, 두 언어 해결들, 물리주의 그리고 유물론과 같은 철학들" ― 즉, 물리적 세계의 인과적인 완전함을 주장하는 이론들 ― 로는 설명될 수 없다고 주장한 후에, 나는 다음과 같이 부연했다. "이 모든 것은 **논증들의 비존재**를 ― 물론 아무런 생각도 없이 ― 확립하는 한에서 **자기-패배적**이다."34) 분명히 '과학적' 결정론에 대해서도 같은 말을 할 수 있다. 세계를 예측하는 인간 이성의 능력 ― 원리적으로 무제한 생각하는 능력 ― 에서 출발하기 때문에, 그 결론에 참과 거짓의 분별에 대한, 그리고 세뇌와 학습의 차이에 대한 또한 합리적인 논증에 대한 어떤 여지도 남겨놓지 않는다.

이것은 정확히 홀데인의 논점이다. 그 논점은 만약 '과학적' 결정론이 참이라면, 합리적인 방법으로는 그것이 참임을 우리가 알 수 없다는 주장이다. 우리는 그 결정론을 믿거나 믿지 않거나이다. 그 이유는 그것을 지지하는 논증들이나 이유들이 건전하다고 우리가 자유롭게 판단하기 때문이 아니라, 우리가 그것을 믿도록 결정되었거나 그것을 믿지 않도록 결정되었기 때문이다. 심지어 우리가 합리적으로 그것을 판단하여 수용하고 있다고 믿도록 결정되었기 때문이다.

물론 이런 어느 정도 이상한 논증은 '과학적' 결정론의 교설을 반박하지 못한다. 심지어 그 교설을 타당한 것으로 받아들인다고

---

34)「언어와 심-신 문제」, 3.6(*loc. cit.*, p.103 이하; 원래는 고딕체가 아니었다.)

할지라도, 그 세계는 여전히 '과학적' 결정론으로 기술될 수 있기 때문이다. 그러나 만약 '과학적' 결정론이 참이라면, 우리가 그것을 알 수 없거나 그것을 합리적으로 논의할 수 없다고 지적함으로써, 홀데인은 '과학적' 결정론이 산출한 생각에 대해 반박을 했다. 그는 순수하고 단순한 교설을 반박하지 않았지만, 그러나 그는 확실히 **철학적 배경을 함께한** 교설을 반박했다. 그는 사실상 합리주의나 과학적인 인본주의의 정신이라는 마음가짐으로 그것을 반박했다. 왜냐하면 내 생각에 '과학적' 결정론이 합리성을 어떤 오해로 바꾸고 있음을 그가 보여주었기 때문이다. 그것은 인간 이성에 대한 지나친 낙관적인 관점의 자기논박을 함축하고 있다.

앞 절에 논의했던 자기예측의 불가능성으로부터의 나의 논증과 홀데인의 논증은 다음과 같은 공통점을 갖고 있다. 즉, 두 논증은 모두 합리성의 관념을 다루고 있으며, 합리성을 미리 결정된 것으로 혹은 합리적으로 예측할 수 있는 것으로 생각하는 데 있어서의 논리적인 어려움이 있다는 점을 보여주려고 했다는 것이다. 다른 측면들에서 두 논증은 어느 정도 다르다.

IV 장

형이상학적인 쟁점

25. 결정론과 비결정론의 형이상학적인 교설

지식 성장의 예측이 불가능함을 보여줌으로써, 나는 세계 **내부로부터** 완전한 예측도 불가능함을 보여주었을 뿐이다. 이것은 세계가 그 안에 있는 모든 것과 함께 **외부로부터** ― 아마도 신에 의해 알려진다면 완전히 결정된다는 가능성을 열어놓고 있다. 그러므로 결정론의 형이상학적인 교설은 이제 면밀하게 검토되어야 할 것이다.

형이상학인 결정론은 논쟁을 할 수 있는 것인가? 나는 논쟁을 할 수 있다고 믿는다. 언뜻 보면 홀데인의 논증(혹은 네 가지 언어 기능으로부터의 내 논증)은 정반대의 주장을 확립한다고 말하고 싶은 유혹을 받는 사람이 있을 수 있다. 왜냐하면 결정론은 합리성에 대한 여지가 전혀 없다는 것을 보여주고 있기 때문이다. 하지만 이것은 세 가지 오해를 드러낸 것 같다.

첫 번째 오해는 이렇다. 홀데인의 논증은 반드시 종교적인 결정론에 (그러므로 형이상학적인 결정론의 모든 형식에) 적용되지 않는다. 왜냐하면, 자신의 우월한 이성 능력의 도움을 받은 선생은 종종 어린아이의 합리적인 숙고의 결과를 예측할 수 있는 것과 마찬가지로, 신도 우리의 합리적인 결정들에 대한 선견지명을 가질 수 있기 때문이다. 선생은 그렇게 함으로써 어린아이의 합리성을 착각으로 돌리지 않고 있으며, 신은 합리적인 결정들의 합리성을 파괴하지 않고 그렇게 한다. 그것은 (어떤 추리 능력도 가지고 있지 않은) **자연 법칙들**에 따르는 예정이란 생각에 불과하다. 그 자연 법칙은 합리성과 양립할 수 없는 것으로 밝혀진다. 따라서 형이상학적인 결정론의 몇몇 형식들은 홀데인의 논증에 영향을 받았지만, 모든 형식이 영향을 받은 것은 아니다.

두 번째 오해는 이렇다. 형이상학적 결정론의 몇몇 형식은 이성의 착각적인 성격을 수반하고 있음을 홀데인의 논증이 보여주고 있다. 그러나 이것은 오직 추리된 논증과 예컨대 무비판적인 세뇌의 차이를 믿는 사람들에 대해서만, 즉 합리주의자들에 대해서만 어려움을 창출한다. 그들에 대한 그 어려움은 극복할 수 없지만, 그러나 홀데인의 논증에서 알 수 있는 것은 다른 형이상학적인 결정론들이 단지 결정론에 대한 반박이라기보다는 합리주의에 대한 반박이라는 점이다.

세 번째로, 홀데인의 논증을 여하한 결정론적인 교설의 비합리성이나 이런 교설의 어떤 것도 합리적으로 논의하는 것은 불가능함을 확립하고 있는 것으로 해석하지 않아야 한다. 이와 정반대로 그 논증은 그 자체의 존재 때문에, 그 논증이 결정론에 관해 논증할 수 있다는 것을 증명하고 있다. 왜냐하면 그 논증은 자체로 반대하는 논증임이 확실하기 때문이다. 마찬가지로, 이 절에서 형이상학적인 결정론은 논쟁할 수 없다는 주장에 반대하여 그것을 옹호하는 나의 처음 두 시도는 형이상학적 결정론에 반대하는 논증은 물론이고 그것을 옹호하는 논증도 있다는 것을 보여주고 있다.

따라서 형이상학적 결정론은 논쟁을 할 수 있는 것이다. 그렇지만 그것을 지지하거나 반대하는 논증들은 결코 결정적일 수 없다. 그것을 지지하는 논증들은 세계에서 결정되지 않은 사건의 존재를 반증할 수가 없기 때문에 결정적이지 않아야 한다. (여기의 논리적 상황은 어떤 보편 이론의 상황과도 유사하다.) 그리고 그것에 반대하는 논증들은, 예컨대 세계 외부로부터 세계에 관한 완전한 예지를 획득하는 정신의 존재를 반증할 수 없기 때문에 결정적일 수 없다.[1]

따라서 형이상학적 결정론과 비결정론 둘 다 반박할 수 없다. 그

---

1) 종교적 형식의 형이상학적 결정론은 '미래의 모든 사건을 지금 알고 있는 정신이 존재한다'는 주장으로 정식화될 수 있다. 그리고 소위 말하는 준-과학적 형식의 (즉, 내부로부터의 예측 가능성에 대한 요구가 없는) 형이상학적 결정론은 '세계의 현재 상태에 대한 참된 기술과 함께, 미래의 모든 사건을 수반하는 이론적인 체계가 존재한다'는 주장으로 정식화될 수 있다. (물론, 이런 생각을 정식화하는 다른 방식들이 있다.) 형이상학적 결정론은 '어떤 정신도 미리 알지 못하는 미래 속의 사건들이 존재한다'(그리고 '세계의 현재 상태에 대한 기술과 결합된 어떤 이론적 체계도 사건들을 수반하지 못한다')와 유사한 형식으로 표현될 수 있다. 만약 우리가 이런 이론들 중 어느 하나를 '(Ex) (y) $F(x,y)$' 형식으로 표시한다면, 그것의 부정은 '(x) (Ey) $\bar{F}(x,y)$' 형식이라고 언급될 수 있다. 그러나 후자의 이런 정식은 (Ey) (x) $\bar{F}(x,y)$로 — 내가 언어적인 정식들에서 지적한 것처럼 — 강력해질 수 있다. 물론 그 정식의 형이상학적인 성격을 변화시키지 않고 강력해질 수 있다는 것이다. 더구나 더 강한 정식은 직관적인 어떤 이익이 있을 수 있다. 실제로 우리의 경우에서 그 정식은 이득이 되는 것 같다.

렇다면 그것들의 사례를 어떻게 논증할 수 있는가?

과거에 형이상학적 결정론을 지지하는 주요한 논증은 종교적인 근거나 '과학적' 결정론에 대한 믿음에 토대를 두고 있었다. 또한 '과학적' 결정론을 지지하는 논증을 비판함으로써 나는 간접적으로 형이상학적 결정론을 약화시켰다. 더구나 결정론자는 증명의 (여기서 물론 내가 말한 '증명'은 결정적인 증명을 의미하지 않는다.) 부담을 져야 한다는 논증은 '과학적' 결정론에 적용될 뿐만 아니라, 그것의 형이상학적 판본에도 적용된다. 그래서 나의 철학적인 몇몇 논증들, 예를 들어 과거와 미래의 비대칭으로부터의 논증이나 홀데인의 논증도 증명의 부담을 진다. 비록 그 논증이 종교적인 결정론과 같은 모든 형이상학적 결정론의 변형에 적용되지 않을지라도 그렇다. 이런 논증들은 어떤 것도 결정적이지 않다. 그럼에도 불구하고 그 논증들의 영향을 느낄 수 있다.

26. 내가 형이상학적 결정론을 거부하는 이유: 파르메니데스와의 대화

특수 상대성에 대한 우리의 논의를 고려하면, 아인슈타인 자신은 어떻게 투철한 결정론자가 되었는지를 물어볼 수 있다. 그에 대한 답변은, 그가 인격 형성기에는 '과학적' 결정론을 믿었다 하더라도, 그 후의 삶에서 그의 결정론은 솔직히 종교적인 종류이거나 형이상학적인 종류의 결정론이었다는 점이다.2)

실험에서 이론에 이르는 타당한 어떤 논증도 없었다는 것을 그

---

2) [『후속편』인 이 책의 I장 주석 2를 보라. 그 주석에서 아인슈타인은 죽기 전에 분명히 결정론을 포기했음이 주목되었다. 편집자.]

는 분명히 알고 있었다. 또한 과학에서 형이상학에 이르는 타당한 논증도 없었다는 것을 분명한 것으로 그는 알고 있었음에 틀림없다. 하지만 그는 정반대의 방향에서는 논증하지 않았다. 그는 자신의 형이상학적인 결정론을 물리적인 이론들의 **외견상** 결정론적 성격에 근거 두지는 않았지만, 그는 자신의 물리적인 이론들이 이런 성격을 가져야 할 것을 요구했다.3) 왜냐하면 그는 물리적인 실재 자체가 결정론적이었음을 믿었기 때문이다. (마찬가지로, 그는 세계의 단순성, 즉 물리적 실재의 단순함을 믿었기 때문에 우리 이론들도 단순해야 할 것을 요구했다.)

아인슈타인은 '과학적' 결정론을 반대하는 내 논증들이 흥미로운 것임을 발견했다. 그리고 그가 이전에 고려하지 않았던 관점의 문제에 내 논증들이 접근하고 있다고 느꼈다. 그렇지만 '과학적' 결정론을 반대하는 내 논증들이 타당할지라도, 그것들이 자신의 형이상학적인 결정론이나 **외견상** 결정론적 이론들에 대한 자신의 선호를 흔들지 못할 것이라고 느꼈다. 그래서 나는 그의 형이상학적 결정론에 대한 좀 더 직접적인 공격을 하기로 했다.

이런 주제에 대한 나의 논문을 강독한 후 바로 그날의 사적인 대화에서 이를 행했다.4) 나는 먼저 그의 형이상학적 결정론을 기술하려고 했으며, 그는 그에 대한 나의 설명에 동의했다. 나는 그를

---

3) [이 책 I장의 주석 2를 보라. 그 주석에서 파울리는, 1954년에 아인슈타인은 더 이상 자신의 이론들이 '엄격하게 결정론적임'을 요구하지 않았다고 보고하고 있다. 편집자.]

4) 그는 내가 1950년 프린스턴에서 이 논문을 강독했을 때, (이 장 첫 번째 주석에서 언급된 '비결정론'에 관한 내 논문의 행들에) 주의를 기울일 정도로 매우 친절했다. [『끝나지 않는 물음』, pp.128-132의 이런 만남에 대한 포퍼의 설명을 보라. 편집자.]

'파르메니데스'라고 불렀는데, 왜냐하면 그는 파르메니데스의 삼차원적인 폐쇄된 우주(block universe)처럼 변하지 않는 사차원적인 폐쇄된 우주를 믿었기 때문이다.5) (당연히 사차원은 시간이었다.) 그는 자신의 견해들에 대한 이런 설명과 동영상의 비유를 완전히 동의했다. 그 동영상은 그저 신의 눈 속에 있을 뿐이며, 미래는 과거와 똑같이 거기에 있었다. 이런 세계에서는 아무런 일도 일어나지 않았으며, 미래와 과거의 차이 또한 환각인 것처럼 변화도 인간의 환각이었다.6)

나는 이런 견해에 대해 두 가지 논증으로 공격했다.

첫 번째 것은 이 세계에 대한 우리의 경험 속의 어떤 것도 이런 종류의 파르메니데스적인 형이상학을 보장하지 못했다는 것이었다. 그는 비록 내가 다음과 같은 점을 상기시키기 전까지는 많은 인상을 받지 않았을지라도, 이것을 인정했다. 그는 최근에 유사한 논증 — 즉, 우리 경험 속의 어떤 것도 원거리 작용의 도입을 보장하지 못했다는 것 — 을 사용했다. 이것은 양자 이론의 어떤 해석을 구제하는 시도에 반대하는 것이었다.7)

---

5) 내 논문 「과학에서의 철학적 문제들과 그 뿌리들의 본성에 관하여」, *The British Journal for the Philosophy of Science* 3, 1952, p.141 이하의 마지막 단락 참조. [『추측과 논박』, pp.66-96에 다시 실렸다. 편집자.]

6) 물론, 세계의 사차원 표현은 상투어에 — 아니면 그와 동등한 언어에 불과할 뿐이다. 설령 어떤 목적 때문에 (시간이 더해진) 삼차원이란 일상어보다 더 편리한 언어일지라도 그렇다. 그것은 필요한 형이상학적 **함의들**(과거와 미래에 관해서도 그 함의들)을 갖고 있지 않다. 그러나 그것은 특히 결정론적 형이상학을 — 신이 보는 바로는 부동성을 **연상시켜** 주고 있다.

7) Albert Einstein, "Quanten-Mechanik und Wirklichkeit", *Dialectica* 2, 1948, No. 7-8, p.320 이하 참조. 특히 p.323 마지막 단락을 보라.

나의 두 번째 논증은 좀 더 형이상학적인 성격을 띠고 있었는데, 그것은 다음과 같은 것이었다. 만약 우주가 동영상처럼 미리 결정되어 있으며 그리고 동영상처럼 사차원적인 것으로 (왜냐하면 만일 장면들 각각을 세계의 삼차원적으로 촬영한다면, 우리는 **연속적인 장면들의 순서**를 사차원으로 생각할 수 있기 때문이다.) 미리 결정되어 있다고 가정한다면, 받아들이기 어려운 많은 결론들이 따라 나온다. 나는 그런 결론들 중 셋을 지적했다. 첫째는 인과적으로 과거에 의해 수반되어 있는 미래가, 병아리가 자신의 알 속에 포함되어 있는 것처럼 과거 속에 포함된 것으로 간주할 수 있다는 점이었다. 아인슈타인의 결정론은 미래의 모든 것이 정확하게 **완전히** 과거 속에 포함 되도록 했다. 그러므로 미래가 **쓸모없게** 되었다. **미래가 더 이상 필요치 않았다.** 동영상을 보면서 첫 장면에 의해 (이미 알려진 이론과 더불어) 엄격히 논리적으로 수반되는 모든 장면이 거의 의미가 없게 되었다. 더구나 이런 엄청난 불필요함은 형이상학적인 의미에서 아인슈타인의 단순성이란 관념과 조화시키기 어려웠다.

또 다른 결론은 **변화를 경험하는** 우리 자신의 인간적인 방식을 시간의 흐름으로 해석할 수밖에 없다는 것이었다. 이것은 다시 동영상의 비유를 사용함으로써 이루어져야 할 것이다. 우리는 주변 세계의 계기적인 장면들이나 계기적 순서를 가진 '시간-단편들'을 (우드거에 기인한 용어를 사용하여) 경험한다. 그러나 이것은 시간의 흐름이란 주관적이라고 말하는 것과 일치한다. 그리고 우리가 경험하는 것으로의 시간은 환각에 불과한 것이라 말하는 것이다. 그런데 이 견해는 관념 철학이나 주관주의 철학의 필수적인 부분을 형성하며, 나아가 관념론적인 결론들이나 주관적인 결론들과 연계되어 있다. 하지만 아인슈타인의 철저한 확신들 중의 하나는 실재론이었다.

내가 지적했던 대로 마지막 결론은 완전한 모순과 매우 닮아 있는 것으로 보였다. 만약 우리가 변하지 않는 세계의 계기적 장면들을 경험한다면, 적어도 한 가지 것, 즉 우리의 의식적인 경험이야말로 진정으로 이 세계에서 변하고 있다. 동영상이 지금 존재하고 있으며 미리 정해져 있다 할지라도, 시간적인 변화의 경험이나 환각을 낳기 위해서는 (우리 자신에 상대적인) 투사기를 통해서 지나가거나 움직여야 한다. 마찬가지로 사차원적인 폐쇄된 우주에 상대적으로 우리가 움직여야 한다. 왜냐하면 미래를 우리 과거에 전도시킴은 **우리에 대해서는** 변화를 의미하기 때문이다. 그리고 우리가 세계의 일부이기 때문에, 세계 속에는 변화— 파르메니데스의 견해와 모순인 — 가 존재할 것이다.

아마도 이런 비판들은 답변할 수 없는 것이 아니라 효과적인 답변이 쉽지 않을 것임을 나는 받아들였다. 시간에 걸쳐 펼쳐진 것으로 또한 시간 속에 공존하는 것으로 우리 자신의 의식을 보는 것은 도움이 되지 않을 것이다. 다시 우리는 시간이 왜 이런 식으로 경험되지 않고, 오히려 '시간-단편들'의 시간적인 계기로 경험되는지를 설명해야 한다. 변화는 실재적이며, 세계에 관해 관념론적인 관점을 채택하지 않고는 — 파르메니데스처럼 변하지 않는 실재와 변하는 현상의 환각적인 세계를 구분하지 않고는 — 설명될 수 없었다. 그리고 그럴 때에도, 우리는 환각의 객관적인 사실 — 실재 — 를 설명해야 하며, 설령 우리가 그것의 환각적인 성격을 받아들인다 하더라도, 그런 환각을 제거할 능력이 없음도 설명해야 한다. (대부분의 광학적인 착각들의 경우에서, 마찬가지로 우리가 착각으

로부터 고통을 받고 있음을 알면서도 그 착각을 떨쳐버리지 못한
다. 착각도 어떤 사실이며, 실제로 많은 경우에서 심리학적으로 설
명될 수 있는 사실이다.)

이런 모든 어려움의 측면에서, 지금까지 가장 단순한 방식은 과
거와 미래의 비대칭을 허용하지 않았던 형이상학적인 어떤 견해도
거부해야 하며, 과거에 수반되지 않거나 어떤 의미에서 과거 속에
포함되지 않는 미래를 허용하는 견해를 받아들여야 했음을 나는
지적했다. 달리 말해서 세계의 비결정론을 받아들여야 한다는 것이
다. 비결정론적인 형이상학이야말로 경험에 더 밀접한 것 같으며,
여하한 종류의 어려움도 창출하지 않는 것 같다. 왜냐하면 '과학적'
결정론을 지지하는 논증이 부당함을 보여주었기 때문이다.

이런 것들이 나의 논증이다. 파르메니데스는 버릇처럼 끈질긴 인
내로 이런 것들을 논의했다. 그는 이런 것들 때문에 감명을 받았으
며 자신은 그것들에 대한 어떤 답변도 갖고 있지 않았다고 말했다.
이것을 넘어서는 문제를 나는 추구하지 않았다.

27. 과학에서의 이점: 성향 이론

나는 지금까지 결정론의 약점을 보여주려고 함으로써 결정론을
비판해 왔다. 또한 나는 결정론의 포기는 상식, 윤리학, 과학철학,
우주론에 대한, 그리고 내가 바라는 진리에 대한 어떤 긍정적인 이
점들을 산출할 것이라고 암시해 왔다.

그러나 이 책에서 그리고 현재 맥락에서(『양자 이론과 물리학의
분열』, 『후속편』, III권을 보라) 우리의 주요한 관심사의 하나로서
아마도 양자 이론이 가진 이점은 — 아마도 주요한 이점은 — 비결

정론을 지지하는 가장 강력한 긍정적인 논증을 과학 자체에 제공하고 있다. 결정론을 거부하면서 우리는 과학에 대해 실재적인 의미일 수 있는 접근을 위한 방식을 열어놓고 있다. 내가 염두에 두고 있는 것은 성향들의 물리적 이론의 형식으로서의 확률 이론에 대한 물리적 해석이다. (『실재론과 과학의 목표』, 『후속편』, I권, 2부를 보라.)

이런 이론이 진지한 논의를 거친 후에도 궁극적으로 받아들일 수 없는 것으로 증명된다 할지라도, 다음과 같은 사실은 남아 있을 것이다. 오직 결정론을 포기함으로써 우리는 물리적 이론으로서 성향 해석에 대한 진지한 검토를 위해 필요한 자유를 획득한다는 사실이 그것이다. 따라서 결정론은 논증을 통해서 지지되지 않을 뿐만 아니라, 우리가 진지하게 검토하고 있는 가능성들 — 예컨대 물리적 성향들이란 관념 같은 것 — 을 검토하지 못하도록 한다. 이런 가능성들의 장점들이 궁극적으로 어떻게 평가되든 간에, 그 가능성들을 분명히 검토할 가치가 있다.

물리적 성향들이란 관념은 물리적 힘들이란 관념과의 비유를 통해서 잘 설명될 수 있다. 물리적 힘들이란 관찰할 수는 없지만 시험할 수 있는 가설적인 실재이다. 물론 어떤 힘을 포함하고 있는 가설을 시험함으로써 확인할 수 있다. 예컨대 어떤 장소에 어떤 방향과 강도를 지닌 정전기적인 힘이 존재한다는 가설은 그 힘의 예측할 수 있는 결과들 — 그 장소에 놓일 수 있는 시험 물체의 가속도의 방향과 크기 — 을 통해서 시험될 수 있다.

이제 일련의 시험들 각각이 동일한 결과를 산출한다고 가정해 보자. 우리는 힘이 불변이라는 가설에 의해 이것을 설명할 수 있다. 다른 한편, 일련의 시험들 각각은 힘의 방향에 관해서는 동일한 결과를 산출하지만, 가속도의 크기에 관한 결과들은 변동한다고 가정해 보자. 그러면 우리는 이것을 힘의 강도가 변동하는 동안 힘의 방향은 불변이라는 가설을 통해서 설명할 수 있다. 가속도의 방향은 변동하지만 크기는 변동하지 않는 경우에 이에 대응하는 해석이 주어질 수 있다.

그렇지만 어떤 경우들에서는 변동하는 힘들에 대한 이런 가설들은 이론적으로 만족스럽지 못한 것으로 밝혀질 수 있다. 예컨대, 시험하는 동안 우리가 할 수 있는 한 모든 조건을 불변하는 것으로 유지했기 때문이다. 이런 경우 아마도 우리는 변동을 미지의 방해에 기인한 것으로, 혹은 실험 조건들을 불변으로 유지하지 못하게끔 하는 미지의 원천에 기인한 것으로 설명할 수 있다. 그러나 이것 또한 만족스럽지 못하며, 그런 경우 우리는 새로운 관념을 도입하는 것을 결정할 수 있다. **객관적인 상황**, 즉 우리가 불변으로 유지해 왔던 상황의 모든 조건은 **힘들보다는 오히려 성향들**을 결정한다고 말할 수 있다. 또한 그것은 가속 성향들 — 또는 가속되는 성향들 — 을 결정한다고 말할 수 있다. 이런 가속 성향들은 평균 가속도 가까이에서 가장 높을 수 있으며, 더 높은 값과 더 낮은 값 모두를 향하면서 점점 줄어든다. 이런 성향들의 존재에 대한 가설은 통계적인 시험들을 (확률에 관해 『후속편』, I권, 2부에 지적했던 대로) 통해서 확인되어야 할 것이다.

물론 이런 생각은 우리가 결정론을 포기했을 경우에만 도입될 수 있을 뿐이다. 왜냐하면 **동일한 상황이 변동하는 결과를 산출할 수 있다**는 가정을 하고 있기 때문이다. 우리 논의로부터 다음과 같은 것이 분명하다. 만약 우리가 결정론을 포기하지 않는다면, 성향이라는 관념 대신에 변동하는 힘이라는 관념으로 조작을 해야 할지 모른다는 점이다. 그리고 그것은 어떤 경우들에서는 두 가지 설명이 수학적으로 동치라고 밝혀질 수 있다는 것 또한 분명하다. 그러면 우리는 어느 것을 받아들일 것인가?

이런 물음에 대한 답변이 확인과 같은 무엇으로 주어질 수 없지만, 그러나 시험 가능성에 대한 물음들은 결정적일 수 있다. 변동하는 힘들의 측면에서 결정론적인 해석은 **변동하는 초기 조건들**을 전제해야 할 것이다. 이런 전제가 시험될 수 있고 또한 시험들을 견뎌낼 수 있다면, 변동하는 힘들의 측면에서 결정론자의 설명은 승리할 것이다. 그러나 만약 결정론이 **초기 조건들의 숨겨진 변동**이라는 시험할 수 없는 가설에 의존해서 도출된다면, 성향들의 존재가 통계적으로 시험될 수 있는 측면에서의 설명이 선호될 수 있다. (그 설명을 선호할 수 있게끔 하는 다른 상황들은 다음 절에서 논의될 것이다.) 어떤 경우든 결정론을 지지하는 편견이 성향 이론에 대한 자유로운 논의를 방해하지 않도록 해야 한다.

나는 성향 이론을 힘이란 관념의 일반화 ─ 어쩌면 심지어 어떤 대안의 ─ 종류로서 설명하려고 했다. 주된 이유는 힘이란 관념 또한 처음에는 초자연적이고 형이상학적인 것으로 비난을 했던 합리적인 물리학자들이 의문시했기 때문이다. 그러나 그 이래로 물리적인 학문은 미지의 것으로 기지의 것을 설명하며,8) 그리고 가설적

---

8) 아는 것을 미지의 것으로 설명한다는 생각에 대해서는, 내 논문 「과학에서의 철학적 문제들과 그 뿌리들의 본성에 관하여」, *The British Journal for the Philosophy of Science* 3, 1952, p.124 이하, 특히 p.144, p.148 이하를 보라. 그리고 「인간 지식에 관한 세 가지 견해(Three Views Concerning Human Knowledge)」, in *Contemporary British Philosophy* III, ed. by H. D. Lewis 1956를 보라. [이 두 논문은 『추측과 논박』에 다시 실렸다. 또한 이 『후속편』, I권, 15절을 보라. 편집자.]

인 가지적이지 않을 세계로 가지적인 세계를 설명하고 있음을 우리는 알았다. (또는 나는 그렇길 바랐다.) 그리고 우리는 힘이란 관념에 익숙해졌다. (뉴턴은 인력이라는 관념에 관해 전혀 만족하지 않았다. 하인리히 헤르츠는 인력이란 관념 없이 일을 하려고 했으며, 아인슈타인도 그랬다.)

성향과 힘 사이의 유비를 묘사하면서, 우리가 오직 가속 성향이나 가속될 성향만을 고려해야 한다거나 주로 그런 성향을 고려해야 한다고 주장하고 싶지는 않다. 그와 반대로 다른 성향들이 훨씬 더 중요할 수 있다. 일반적으로 우리는 주어진 조건들 하에서 '가능한' (또는 '가상적인') 상태들의 이런저런 집합을 가정하는 성향을 고려한다.

다른 상태들로 있는 성향들의 숫자적인 값들은 각각의 상태에서 변할 수 있다. 이런 값들을 결정하는 (확률 분포) 함수는 일반적으로 조건들의 대칭이나 비대칭을 반영할 것이다. 힘과의 유비는 두 가지 점에서 논의할 수 있다. 우리는 성향을 심지어 힘처럼 상호작용할 수 있는 (혹은 아마도 간섭할 수 있는) 가설적인 물리적 크기들로 생각해야 할지 모른다. 둘째로, 우리는 무게를 성향에 귀속시켜야 할지도 모른다. 상황에 내재적인 대칭에 따른다 할지라도, 그러나 이런 대칭에 의해서만 완전히 결정되지 않을 수 있는 것이 바로 무게이다.

28. 외견상 결정론적 이론들과 확률 이론들

외견상 결정론적 이론들은 물리학에서 정당하게 물어볼 수 있는 모든 물음에 대한 답변을 할 수 없다. 그 이론들은 다음과 같은 물음들에 답을 할 수가 없다. 예컨대 배합기는 어째서 별도의 두 무더기로 투입된 커피콩과 코코아 콩을 항상 배합하는 데 성공하는가와 같은 물음이나, 이와 매우 유사한 물음인데, 동전이 들어가도록 적절하게 만들어진 동전-던지기 기계가 정확히 동일한 방식으로 항상 무작위 성격의 일련의 동전-던지기를 산출하는 것은 어떻게 된 것인가란 물음이 그것이다.9) 분명히 이런 것들은 묵살할 수 없는 물리적인 문제들이다. 그리고 그것들이 본질적으로 **통계적인 물음들**인 것인가를 묻는 것이라면, 본질적으로 통계 이론들이나 확률 이론들인 것을 통해서 답변이 이루어져야 한다.

아마 물리학에서 이런 문제들 중 가장 특징적이고 가장 중요한 것이 분광선(spectral line)의 강도의 문제들과 방사능 핵의 반감기의 문제들이다.

『과학적 발견의 논리』 본문에서 나는 자주 (종합적인) 통계적 결론들은 오직 통계적 전제들로부터만 획득될 수 있다고 주장했다. 확률에 관한 나의 후기 저작의 관점에서 보면(『후속편』, I권 2부를 보라), 이것은 재정식화되어야 한다.

나는 '확률적'이란 말을 광의로 사용하는데, 이것은 통계적 이론들(연속에 관한 이론들)이나 집합-이론적 확률 또는 성향 해석의 의미에서 확률을 주장하는 이론들인 '객관적인' 이론들을 포괄하기 위해서이다. (나는 여기서 예컨대 제프리스나 케인즈 혹은 카르납이 말하는 의미에서의 주관적인 이론들이나 '귀납적인' 확률을 생

---

9) 킨친(Khinchine)은 이런 방향에서 중요한 단계를 밟았다. *Sowjet-wissen-schaft*, 1954, p.268 이하를 보라. 그는 자신의 방법을 '임의적인 배분함수의 방법'이라고 부른다. (라카토스(I. Lakatos) 박사는 내가 이 논문에 주의를 기울이도록 이끌었다.)

각하고 있지 않다.10))

이렇게 사용하고 있는 나의 옛 주장— 통계적 결론들은 오직 통계적 전제들로부터만 획득될 수 있다는 주장— 은 다음과 같이 대체될 수 있다.

(1) 확률적인 결론들은 (좀 더 정확히 말하면, 0과 1 이외의 확률이나 도수를 주장하는 분석적이지 않은 진술들은) 확률적인 전제들로부터만 도출될 수 있을 뿐이다.

(2) 통계적인 결론들은 통계적인 전제들이나 다른 확률적인 전제들로부터 도출될 수 있다. 만약 그것들이 분석적이지 않은 확률적인 전제들로부터 도출된다면, 엄격히 말해서 통계적인 결론들이 따라 나오지 않는다. 그렇지만 0이나 1과 같은 확률이나 척도를 '거의 아닌'이나 '거의 언제나'로 해석함으로써, 통계적인 결론들이 통계적이지 않은 확률 전제들로부터 '거의 따라 나온다'고 우리는 말할 수 있다.

(2)의 관점에서 확률적인 전제들로부터 **'거의 따라 나오는'** 통계적 진술들을 시험함으로써 우리는 때때로 확률 이론들을 시험해 볼 수 있을지 모른다. 예를 들어, 우리는 시행들의 연속 사건을 통해서 어떤 기계가 동전을 던져 앞면이 나올 확률이 1/2과 같다는 이론을 시험할 수 있다. 왜냐하면 동전을 던져 앞면이 나올 확률이 1/2이며, 그 확률이 불변이도록 동전 던지기들은 독립적이란 가정에 따라, 도수 1/2인 무작위 같은 연속이 아닌 시행들의 연속에 대한 확률은 0일 될 것이기 때문이다. 그로부터 나아가 장기간 관측된 대부분의 연속 사건들은 무작위적인 연속이나 집단의 도수 속

---

10) 이『후속편』, I권,『실재론과 과학의 목표(Realism and the Aim of Science)』, 2부를 보라.

성을 거의 '실현하는' 것이 따라 나온다.

이런 사례는 어떻게 통계적인 가정들이 '거의 다' 통계적이지 않은 확률 전제들부터 따라 나올 수 있는지를 독자에게 상기시키고자 했을 뿐이다. 이 질을 시작하면서 제기했던 물음에 대한 답변으로서 그 사례를 의도한 것이 결코 아니다. 그 물음은 배합기나 (거의 똑같은 것으로) 동전 던지기 기계가 달성한 관찰할 수 있는 결과를 설명하는 방법에 관한 것이다.

이런 물음들에 답하는 결정론적인 시도는 함유된 물리적 과정들의 **외견상** 결정론적 이론을 초기 조건들에 관한 가정과 결합함으로써 이루어질 수 있다. 이것은 **'숨겨진 초기 조건들'에 관한 확률적인 가정으로** 기술될 수 있는 가정이다.

이것을 사례의 도움을 받아 좀 더 완전하게 설명하기 위해 동전 던지기 기계가 자체의 운동들을 매우 정확히 반복하거나 재산출하도록 매우 엄밀하게 만들어졌다고 가정해 보자. 엄격히 수직적인 위치를 유지하면서 수직축을 돈 다음 떨어지는 동전을 기계는 몇 번이고 거듭한다고 가정해 보자. 회전하는 중이라면 동전이 굴러 떨어지거나 미끄러져 떨어지는 (만일 동전이 면의 끝에 도달하기 전에 옆으로 떨어진다면) 경사진 면 위에 떨어지는 동전을 가정해 보자. 그런 과정이 거듭된 다음, 예컨대 20회를 거듭한 후에 그 동전이 튕겨져 나온다.

이런 종류의 기계가 약 반은 앞면이 나오고 반은 뒷면을 보여주는 매우 잘 '배합된' 동전의 연속이나 무작위적인 연속으로 나타내는 데 성공할 것이란 사실을 우리는 어떻게 설명하는가? 우리는 기계에 동전을 넣는 어떤 무규칙성에 이런 사실을 귀속시킬 수 없다. 왜냐하면, (a) 만약 우리가 할 수 있는 한 정확히 항상 동일한 방식으로 동전을 그 기계에 넣는다면, 그 통계적 결과가 영향을 받지 않기 때문이며, (b) 설령 우리가 동전 넣는 방법을 바꾼다고 하더라도, 그 통계적 결과 또한 영향을 받지 않기 때문이다. 더구나 우리는 초기 과정에서 아주 정확히 동전을 처음 그 기계에 넣을 때 존재할 수 있는 어떤 차이도 바로잡을 수 있도록, 그런 기계를 우리가 만들 수 있다. 따라서 그 기계는 초기 조건들과 (물론 완전하지는 않을지라도) 동등해질 수 있다.

이런 모든 관점에서 보면, 우리는 통계적인 결과를 **기계와 동전의 상태 속의 미세하고 숨겨진 차이들**— 예를 들어 분자나 원자의 변화들— 에 귀속시키는 경향이 있다고 할 수 있다. 다시 말해 우리는 결과의 차이들을 숨겨진 초기 조건들의 차이들에 귀속시킬지 모른다는 점이다. 그런 다음 우리는 상이한 거시적인 결과를 다음과 같은 것을 지적함으로써 설명할 수 있다. 그 기계가 다양하게 작동하면서 일어날 수밖에 없는 미세한 숨겨진 차이들을 확대하는 어떤 장치를 (돌고 있는 동전을 수직으로 몇 번이고 떨어뜨리거나, 다른 기계에서는 그 동전을 심하게 흔들어 떨어뜨리는 것과 같은 장치를) 구비한 것이라고 지적하는 것이다.

이것은 다음 사실— 내가 아주 만족스럽게 여기는— 을 설명해 준다. 즉, 그 기계는 언제나 앞면을 보여주는 것이 아니라, 때때로 뒷면을 보여준다는 사실이 그것이다. 그렇지만 결과의 통계적인 안정성을— 관측된 그 기계의 산출량은 그것이 어떤 집단을 산출한다는 가설과 거의 일치한다는 사실, 다시 말해 상대 도수 1/2과 거의 일치한다는 사실을— 설명하는 것은 충분치 못하다.11)

---

11) 기계는 어떤 편향을 보여줄 수 있으며, 그리고 1/2보다 더 큰 도수를 낳을 수 있다. 또는 기계는 주기적으로 예컨대, 0.45와 0.55 사이의 (이런

이것을 설명하기 위해 우리는 (i) 숨겨진 초기 조건들의 연속 또한 어떤 집단을 이룬다고 가정해야 한다. 그리고 이번에는 (ii) (i)과 다른 어떤 가정은 거의 일어날 것 같지 않다고 가정함으로써 이것을 설명할 수 있다. 즉, 우연과 같은 집단을 형성하지 않는 초기 조건들의 집합은 0인 확률이나 척도를 갖는다고 가정함으로써 설명할 수 있다는 것이다.12) 이런 방식에서 우리의 통계적인 문제가 궁극적으로 해결된다. 이것은 숨겨진 초기 조건들에 관한 확률적이지만 그러나 통계적이지 않은 가정으로부터의 연역에 의해서 해결되는 것이다. 달리 말하면, 우리의 통계적인 문제가 확률 이론에 의해 해소된다는 것이다. 왜냐하면, 그 기계의 **외견상** 결정론적 이론은 오직 **통계적인** 결과를 설명하는 데 부차적인 역할을 할 뿐이기 때문이다.13)

여기서 주어진 종류의 설명을 나는 어느 정도 만족스러운 것으로 여기고 있지만, 그러나 그 설명은 순수 통계적인 이론으로 작업하는 것이 아니라, 확률 이론이나 척도 이론으로 작동된다는 것을

경우 확인할 수 있기 위해 그 기간이 상당히 길어야 할 것이다) 도수들을 변화시킬 수 있다.

12) 따라서 우리는 예를 들어, 거의 모든 (즉, 모두이긴 하지만 0인 척도의 집합에 대한) 기체의 초기 상태들은 평형 상태나 (혹은 분자들의 맥스웰적인 속도 분포들에) 이른다는 것을 보여주어야 한다. 이 모든 것은 확률적인 과제이며, 해결되었거나 해결되고 있는 과제이다. 그러나 그 해결은 우리가 척도 0을 성향 0으로 해석할 경우에만 의미가 있다.

13) Alfred Landé, "Probability in Classical and Quantum Theory", *Scientific Papers Presented to Max Born*, 1953, p.58쪽 이하; 그리고 Alfred Landé, *Foundations of Quantum Theory*, 1955, p.3 이하를 보라. [또한 란데의 *From Dualism to Unity in Quantum Physics*, 1960, pp.3-8; 그리고 *New Foundations of Quantum Mechanics*, 1965, pp.29-32를 보라. 편집자.]

깨닫는 것이 중요하다. 왜냐하면 어떤 다른 연속의 발생은 0인 확률이나 척도를 가질 것이라는— (ii)에 언급된— 더 이상의 가정을 통해서 초기 조건들은 우연 같은 집단을 형성한다는— 위 (i)에 언급된— 가정을 우리가 **설명했기** 때문이다. 그러나 이것은 다음과 같은 것을 의미한다. 즉, 통계적이지 않은 확률의 척도 이론은 초기 조건들의 분포에 적합하다는 것과 이런 확률 이론은 물리적으로 (내가 제시하는 성향들로) 해석되어야 한다고 우리가 가정하고 있음을 의미한다는 것이다.

순수 통계적 이론은 도움이 되지 않는다. 그것은 (i)에서 멈춘 다음 (관찰할 수 있는) 동전 던지기의 연속 사건들의 무작위-같은 성격을 숨겨진 초기 조건들의 연속에 대해 동일한 성격을 가정함으로써 설명하고 있음을 의미할 것이다. 그렇지만 이것은 그저 논제를 한 단계 뒤로 이동시킨 것에 불과하다. 더구나 이런 초기 조건들의 연속 몇몇은 사실상 무작위-같을 것이다. 그러나 어떤 권리로 우리는 그 연속들 모두가 무작위-같을 것인지 거의 모두가 그럴 것인지를— 어떤 규칙, 즉 어떤 법칙의 문제로— (우리가 하듯이) 예측해야 하는가?

29. 란데의 칼날

내가 알고 있는 어떤 물리학자도 알프레드 란데(Alfred Landé)가 했던 것보다 더 이 문제를 명료하게 보여주지 못했거나, 여기에 포함된 것보다 더 많은 것을 보여주지도 못했다. 그의 논증은 우리가 개별 사건들의 확률을 기본적인 것으로, 그리고 다른 확률 진술들을 제외한 어떤 진술들로 대체할 수 없는 것으로 받아들여야 함을 보여주고자 했다. 더구나 그의 논증은 다음을 보여주었다. 설령 우리가 **외견상** 결정론적 이론을 초기 조건들에 관한 통계적 가정들과 결합한다 할지라도, 우리는 무한 퇴행에 이를 뿐이다. 그리고 이런 가정을 고수하는 해석은 시험할 수 없는, 즉 형이상석인 것이 (란데의 용어로는 '순수 학문적'인 것이) 될 수밖에 없다. 나는 란데의 (부수적으로 또한 결정론에 반대하는 논증을 포함하고 있는) 중요한 구절을 전부 인용하겠다.

상아 공들이 칼날 중앙 위에 있는 관을 통해 떨어지고 있으며, 오른쪽으로 떨어지는 공들[r]과 왼쪽으로 떨어지는 공들[l]이 평균 50 대 50의 비율임이 관측되었다. 지금 전문적이지 않은 관찰자가 개별적인 r 사건을 순수하게 우연적인 것으로 여기고 있다 할지라도, 좀 더 노련한 물리학자는 미리 칼날에 부딪치기 전임에도 r 공이 오른쪽으로 떨어지는 것이 약간 우세함을 알 수 있다. 미리 안다는 이것은 관찰자가 광학적인 장치를 갖고 있다고 가정하고 있는데, 이 장치는 칼날이 나중에 행할 r 공들과 l 공들을 분류하는 것과 동일한 일을 하고 있다. r 공의 생애에 걸친 사건들 중의 하나는 관을 통과할 때 분자 집단과의 미리 예정된 만남일 수 있다. 그런데 고전적인 견해에 따르면, 어제의 r 상태가 오늘의 r 상태를 선행하며 이는 칼날의 만남이 단지 하나의 연계일 뿐인 … rrr … 사건들의 지속적인 연쇄를 통해서 무한한 과거로 소급해 갈 수 있다.

이제 결정론자가 r 공들과 l 공들 간의 평균 비율 50 대 50의 인과적인 설명에 대한 질문을 받게 되었을 때, 그의 답변은 **그 비율 또한** 관과 칼날이 존재하기 오래전에 **미리 결정되었다**고 말할 것이다. 평균으로부터의 변동조차도 왜 무작위 사건들의 이론에 대한 통계적인 예상에 따르는지를 더 [설명하라는] 압박을 받는다면, **실제**

로 각각의 개별 사건이 미리 결정되어 있다 할지라도, 아마도 마치 무작위 변동에 종속되어 있는 것처럼 보이는 사건들의 집단들 사이의 **예정된 조화**를 용인하는 것으로 그는 후퇴할 수 있다. 그러나 이 것은 '마치'와 '실제로'를 뒤집어 말한 것이다. 무작위적인 분포는 물리적인 실재이며, 그리고 그저 무작위인 것처럼 보이는 [결정론자의 체계는] ⋯ 순수 학문적인 구성에 불과할 뿐이다. 결정론자의 관점에서 보면⋯, 오류 이론을 만족시키는 결과들의 분포는 ⋯보다 이전 시간의 그리고 그때부터 훨씬 이전 시간의 원인들에 상응하는 무작위 분포를 요구한다. 통계적으로 분포된 사건들에 대한 엄격한 결정론적인 이론을 제시하는 프로그램은 어디에도 이르지 못한다.

란데의 단순하지만 훌륭한 논증을 훨씬 더 분명하게 표현할 수 있다.

(a) 떨어진 공의 수 N이 1,000이었다고 가정하자. 란데가 지적한 대로, 결정론자는 결과들의 50 대 50 비율과 무작위 변동 모두를 설명할 수 있는데, 그것은 단지 1,000개의 개별 사건들 각각의 초기 조건들에 대응하는 분포가 존재했다고 가정함으로써 행해진다. 만약 그가 이런 1,000개의 초기 조건들이 50 대 50의 비율과 무작위 변동을 보여주는 이유를 설명하고자 한다면, 그는 분명히 무한 퇴행의 과정에 처해 있는 것이다. 만일 그가 설명해 주는 것을 거부한다면, 그는 그 사실들을 설명되지 않는 것, 즉 기적인 것으로 받아들여야 한다.

그러나 그는 더 이상의 압박을 받을 수 있다. 그는 틀림없이 다음 1,000개의 사건들이나 그 다음 10,000개의 사건들이 거의 비슷한 통계적인 결과들을 산출할 것이라고 추측할 것이다. 만약 그가 추측을 하지 않는다면, 다른 사람들이 추측할 것이다. 따라서 그는 그런 사건들 또한 초기 조건들의 대응 분포에 기인한 것으로 추측해야 할 것이다. 그리고 그는 이런 비율들이 왜 그렇게 안정적인지 추측할 이유를 말할 수 없을 것이다. (이런 의미에서, 그는 다시 란데가 지적한 대로 '예정 조화'를 믿어야 할 것이다.)

란데가 여기서 보여준 것은 옛날의 결정론적 설명의 공허함이다. 그에 따르면 수많은 작은 원인들이나 '오류들'이 (부분적으로는 서로 간의 상쇄 등을 통해서) 무작위적인 결과를 산출할 것이다. 이 모든 것이 확실히 참일 수 있으나, 결정론자를 위해 통계적인 결과가 적어도 오직 초기 조건들의 분포에 관한 통계적 가정으로부터 도출될 수 있다는 사실을 바꾸지는 못한다. 따라서 결정론자들을 위한 이상하게 통계적인 연속 사건들의 법칙-같은 행태는 **궁극적으로 환원될 수 없거나 해명될 수 없는** 것으로 남아 있게 됨을 우리는 발견한다. 특히, 결정론자는 그 행태를 무작위나 우연의 원소에 기인한 것으로 설명할 수 없다. 혹은 높은 확률들에 호소하는 것도 그것을 설명할 수 없다. 란데의 논증은 이런 생각들이 적용될 수 없음을 보여주고 있다. 왜냐하면 결정론자가 호소할 수 있는 모든 것은 보다 이전 사건들의 연속(즉, 초기 조건들의 연속)에 대한 설명할 수 없는 통계적인 분포이기 때문이다.

란데의 이런 고찰들은 통계적 행태를 설명할 수 있음을 믿는 결정론자들이 무심코 확률이란 생각이 자신들의 가정에 슬며시 들어오도록 허용하는 것을 강하게 시사하고 있다. 그들은 **무작위의 일반적 가설**이라 불릴 수 있는 가정으로 작업을 하고 있기 때문이다. 다시 말해 통제되지 않는 초기 조건들은 항상 무작위라는 가정으로 작업을 한다는 것이다. (이런 가정을 우리는 종종 '분자들의 혼돈 원리'라고 한다.) 그 가정은 다시 — 이전과 똑같은 어려움을 산출하는 — 순수 통계적인 의미나 성향의 의미에서 해석될 수 있다. 성향의 의미에서 그 가설은 다음 두 가지를 말하고 있다. (i) 통제된 실험 조건들은 초기 조건들을 틀림없이 알아낼 수는 없지만, 그 조건들에 어떤 일정한 역할을 남겨놓는다. (ii) 따라서 초기 조건들에 열린 각각의 가능성들은 어떤 성향이나 (때때로 대칭을 고려함으로써 계산될 수 있는) 확률로 실현될 것이다. 그 점은 란데 논증이 보여주는 다음과 같은 장점들 중의 하나이다. 이런 더 만족스러운 고찰들이 무심코 흘러들어 왔으며, 그리고 또한 결정론적인 틀을 유지하고 싶은 사람들은 그런 고찰들을 엄격히 배제했어야 한다는 점이다.

(b) 결정론자가 떠맡아야 할 어려움들을 훨씬 더 명료히 보여주기 위해, r 공들과 l 공들의 비율이 50 대 50이 아니라, 예컨대 40 대 60이라고 가정해 보자. 이런 경우 칼날을 왼쪽으로 미세하게 이동시킴은 r 공들의 지지 비율을 개선할 것이라 가정하는 것은 합리적이다. 아마도 이동의 결과로 우리는 52 대 48의 비율이나 50 대 50 비율을 달성할 수 있다. 그리고 조금 더 이동시켜서 대부분 r 공들이 되게끔 할 수 있다.

우리가 안정적인 란데의 도수들을 얻을 수 있도록 허용된 경우에만, 이 같은 결과들의 실험들이 이루어질 수 있다고 허용될 것이다. 즉, 우리는 모두 기꺼이 칼날의 위치를 조금 조정함으로써 앞에서 언급된 것들과 같은 결과들에 이를 것이라고 예측한다는 것이다. 그러나 결정론자들을 위한 이런 종류의 실험들은 불가능하거나 기적인 것임에 틀림없다. 왜냐하면 그 실험들은 초기 조건들에서 '**예정 조화**'를 가정해야 할 것이기 때문이다. 우리가 보았듯이 결정론자는 그런 실험들을 설명할 수 없다.

(c) 란데의 논증은 또한 다음과 같은 교설을 비판하는 데 사용될 수 있다. 우리가 확실하게 예측을 할 수 있게끔 해줄 정도로 **우리 지식**이 충분하지 못할 경우에만, 확률 고찰들이 과학에 들어온다는 교설이 그것이다.

결정론자의 관점에서 이 교설은 근본적으로 중요하다. 그것은 방금 비판되었던 초기 조건들의 환원될 수 없고, 기적적인 통계적인 분포 이론에 대한 유일한 대안이기 때문이다. 명백히 그것은 결정론자의 관점에서 **단칭** 확률 진술들을 이해할 수 있는 유일한 교설이다. 그렇지만 결정론적인 관점들을 공언하지 않는 수많은 사람들도 그 교설을 견지하는 것 같다.14)

이 교설의 약점과 심지어 부적절함을 알아보기 위해, 란데가 기술했던 배열, 즉 칼날 위에 떨어지는 공들과 r 공들과 l 공들의 비율이 50 대 50에 우리가 직면했다고 가정해 보자. 나아가 매번 나오는 공이 오른쪽 공인지 아니면 왼쪽 공인지를 **확실히 알 수 있게** 도와주는 **광학적인 칼날**을 우리가 가지고 있다고 가정해 보자. 각각의 개별 공에 대한 예측이 관련되는 한, 이것은 틀림없이 확률들을 언급하는 것이 필요하지 않게 된다. 하지만 그것은 어떤 경우든 우리 문제에 영향을 주지 못한다.15) 전술한 것처럼 정확히 공들이

---

14) 예를 들면, 파울리는 이것을 주장했다(이 『후속편』, III권, 『양자 이론과 물리학의 분열』, 5절을 보라). 그것은 대체로 확률의 주관적 해석이나 귀납적인 해석을 지지하는 모든 사람에 의해 주장되었다. 물론 이런 해석들을 지지하는 동기가 (내가 의심하는) 결정론에 대한 무의식적인 믿음에서 얼마나 나왔는지는 결정하기가 어렵다.

15) 만약 공들이 충분히 무겁다면, 그것들은 광학적인 칼날에 영향을 받지 않을 것이다.

칼날의 오른쪽이나 왼쪽에 똑같이 50 대 50의 비율로 그리고 동일한 통계적 변동으로 떨어진다고 우리는 가정할 수 있다. 그리고 이런 통계적 결과들을 설명하는 문제와 미래의 연속 사건들이 비슷한 결과들에 이를 것이라고 예측하는 우리 능력을 설명하는 문제는 이전과 정확하게 똑같이 남아 있다. **우리가 지금 모든 개별 결과를 미리 알고 있다**는 사실에도 불구하고 그렇다.

그러나 r 공들과 l 공들에 대한 우리의 사전 지식은 그 비율을 바꿀 수 없지 않은가? 우리는 공들이 충분할 정도로 천천히 그리고 충분할 정도로 서로 간격을 두고 란데의 관을 통해 나온다고 가정할 수 있다. 그것은 광학적인 칼날로 그 공들을 관찰하기 위해서, 그리고 손으로 각 r 공을 제거하기 (즉, 그 공을 상자에 넣기) 위해서다. 그 결과 우리는 50 대 50의 비율 대신에 오직 l 공들만 얻게 될 것이다. 따라서 우리의 정확한 지식을 토대로 우리가 좋아하는 대로 통계적 결과들을 **제어할** 수 있다.

이런 논증은 분명히 옳다. 그러나 우리는 여전히 지금 상자에 있는 공들과 l 공들의 비율은 이전처럼 50 대 50임을 알 것이다. 그리고 이 비율을 설명하는 문제와 통계적 변동의 문제는 불변인 채로 남아 있다. 그 문제를 다시 이동시킨 것에 불과하다.

이제 50 대 50의 비율은 객관적인 실험 조건에 의존하고 있음이 분명할 것이다. 그리고 그 비율은 우리 지식 어떤 것과도 관련이 없거나 그 지식이 부족한 것과도 관련이 없음은 분명하다. 우리가 실험조건을 변화시키는 한에서 — 상자의 공들을 r 공들로 대체함으로써 — 그 결과들에 변화가 있게 되었다. 또한 우리가 그 조건을 변화시키지 않는 한에서, 다시 말해 관과 칼날을 그대로 놔두는 한에서는, 어떤 변화도 없다.

30. 란데의 칼날과 성향 해석

우리가 칼날을 이동할 때, 도수들이 변할 것임을 보았다. (앞 절의 (b)를 참조하라.) 우리가 이런 변화들과 유사한 변화들을 (우리가 실제로 한 것처럼) 예측할 수 있는 이유를 보여줄 때, 이론의 과제는 단순한 방식으로 이런 사실을 설명하는 것이다.

칼날 위치의 어떤 변화도 실험 체계 속에 내재하는 가능성들과 그 체계의 대칭 조건들을 변화시킨다. 좀 더 정확히 말해, 그것은 이런 가능성들의 척도를 바꾼다. 즉, 왼쪽으로 이동함은 r 공들을 획득할 가능성들을 증가시킨다. 가능성들의 척도들을 객관적 확률들이나 **성향들**로 부름으로써 나는 단지 다른 용어들을 사용하고 있다. 그러나 이런 일을 하는 것은 이제 이런 '가능성들'이 물리적인 크기들로 간주된다는 사실에 주의를 끌기 위해서다. 그런데 이런 크기들은 힘들처럼 상호작용할 수 있으며 결합할 수 있다. 그러므로 그것들이 '가능성들'이란 용어임에도 불구하고, **물리적인 실재**로 간주될 수 있다. 그것들은 논리적인 가능성들일 뿐만 아니라, **물리적인 가능성들**이다.

성향들은 객관적인 단칭 확률들로 해석될 수 있다. 각각의 실험에 대해 동일한 것으로 전제되어 있는 실험적인 체계에 그 성향들이 내재하는 한에서 단칭적이다. (따라서 우리는 연속 사건들의 원소에 대해 독립이나 사후 효과들로부터의 자유를 획득한다.) 그래서 그 성향들은 베르누이의 방식으로 실험적인 체계의 반복들인 연속 사건들의 도수들로 나타난다.

만약 우리가 항상 동일한 결과들을—예컨대 r 공들만—얻는 것과 같은 실험적인 체계라면, 그것은 일종의 **외견상** 결정론일 수 있다. 만일 우리가 0이나 1과 일치하지 않는 상대 도수들을 얻는 것과 같은 실험적인 체계라면, 그것은 확률적인 종류의 것이다. 모든 경우에 실험적인 체계는 그 실험 각각의 단칭 결과에 대한 **확률들**이나 어떤 결과들을 얻는 **성향들**을 결정한다고 우리는 말할 수 있다.

조건들은 객관적인 물리 조건들이기 때문에, 성향들이나 확률들도 또한 객관적이다. 그것들은 검사 중인 체계의 속성들이 (공이나 전자 혹은 무엇이든) 아니라, 전체적인 실험 체계의 (물론 공이나 전자를 포함하는, 즉 검사 중인 체계를 포함하는) 속성들로 간주해야 한다.

따라서 나는 성향들이 — 기지의 것을 미지의 것으로 설명하기 위해 도입된 힘들이나 다른 추상적이거나 '신비적인' 물리적 실재들과 똑같이 — 존재할 수 있음을 우리가 인정하고 있다고 주장한다. 그것들은 힘들처럼 다른 물리적 실재들 간의 — 예컨대 물리적인 물체들 사이나 장들의 흐름들 같은 더 추상적인 실재들이나 심지어 아마 다른 확률들 간의 — 어떤 관계들의 (혹은 의존) 결과이다. 우리가 이런 추상적이지만 객관적인 물리적 실재들을 (지속적으로 변할 수 있을지 모르는) 물리 이론에서 인정한 이상, 우리가 그것들이 상호작용하지 않는다거나 법칙들과 연계되지 않는다는 것을 허용할 이유가 전혀 없다. 여기서 법칙들이란 어떤 배열들에서 한 곳의 성향을 다른 이웃의 성향들에 의존하게끔 하는 것이다.

『과학적 발견의 논리』(예를 들어, 57절)에서 전개된 나의 옛날 견해는, (란데가 논의했던 것들과 같은) 통계적 결과들은 결국, 대칭 조건들에 의해 영감을 받을 수는 있지만, 그런 조건들로부터 도출될 수 없는 통계적 가설들에 의해 설명되어야 한다는 것이었다.

아인슈타인(두 통의 편지로)과 조단은 이 견해를 비판했다.16) 그들은 단지 내가 틀렸다고 주장한 점에선 둘 다 옳았다. 그렇지만 통계적 결과들이 고전적인 결정론적 가정들에서 나올 수 있다는 그들의 주장은 잘못이었다. 사실 확률적인 전제들이 통계적 결론들에는 필수적이다. 설령 이런 전제들이 통계적일 필요는 없지만 성향들에 관한 가설들일 수 있다 할지라도 그렇다. 그리고 성향들은 가능성들의 척도들이기 때문에, 어떤 경우들에선 그것들이 타당하게 대칭적인 고찰들로부터 도출될 수 있다. (이것은 아인슈타인의 사례이다.) 혹은 성향들은 어떤 가능성들이 0인 척도를 갖는다는 사실로부터 도출될 수 있다. (이것은 조단의 사례이다.)

31. 결론

비록 '과학적' 결정론에 대한 내 반박이 물리학에서 확률의 완전한 이해를 위한 기초를 필요로 한다 할지라도, 나 자신의 반박은 (란데의 반박과는 상이한 것으로) 어떤 곳에서도 확률 이론을 사용하지 않았으며, 또한 나는 양자 이론에도 호소하지 않았다. '자유의지' 또한 단지 부수적으로 언급했을 뿐이다. [그러나 '부록'을 보라.] 결정론이 아무리 강하게 보인다 할지라도, 나의 논증은 모든 물리적 이론에 적합하다.

인간의 물음들과 윤리학의 문제와 책임의 문제에 그 논증을 적용하는 것에 관해서는, 단지 몇 가지 암시들을 표명했을 뿐이다(15,

---

16) 아인슈타인의 편지 중 하나는 『과학적 발견의 논리』의 부록 xii에 실리게 되었다. 내가 단언하고 있는 구절은 그 편지의 마지막 단락이다. 조단 (P. Jordan)의 비판은 자신의 *Anschauliche Quantentheorie*, 1936, p.282 에서 발견될 것이다.

16, 23, 24절에서). 이 세계에서의 모든 단칭 사건들은 독특하며, 그 사건들을 독특함의 측면에서 고찰해 보면, 그것들은 미결정된 것으로 혹은 '자유로운' 것으로 기술될 수 있다. 어떤 사건들에 대해서는, 이 방식은 아마도 진부한 것일 수도 있다. 그러나 인간의 개성들과 행동들이 포함될 때, 그 방식은 우리에게 매우 중요한 양상이 될 수 있다. 우리가 개인적으로 관련된 사람들에 관심을 쏟을 때는 언제나 그것이 중요하다는 것은 분명하다.

인간이 예측기인 한에서, 예측하는 기계들에 관한 나의 결론들은 **한층 강력한 이유로** 인간과 인간 사회에 적용할 수 있다고 나는 믿는다.

'너 자신을 알라' —즉, 너의 한계를 알라— 는 논리적으로 실현할 수 없는 이상이라는 것을 우리는 지금 알 수 있다. 우리가 계산기들이기 때문에, 우리는 우리 자신을 완전하게 알 수 없다. 우리의 모든 한계도 — 적어도 우리 지식에 대한 한계들도 알 수 없다.

그러나 분명히 나는 우리 자신과 예측 기계들에 대한 병행론이 성공한다고 주장할 의도는 없다. 인간은 그저 단순한 예측기가 아니라 그 이상의 어떤 것이다. 심지어 우리의 순수한 지적인 활동들에 관한 한, 우리는 희망, 두려움, 관심 그리고 문제들을 갖고 있다. 우리는 단순한 계산기가 아니며 또한 우리는 대부분 계산기가 아니다. 우리가 계산기인 한에서 보면, 우리는 형편없이 나쁜 계산기이다. 일상의 모든 덧셈 기계도 대부분의 우리보다 우수하다. 실제로 만약 우리 두뇌가 계산할 수 있다면, 우리는 곱셈표와 산술 체계들을 구성하지 않을 것이다. 우리는 연필과 종이로 그리고 전자두뇌로 계산하는 방법들을 구성한다. 단순히 우리가 스스로 충분한 두뇌를 갖지 못했기 때문이다.

따라서 우리는 대부분 계산기가 아니다. 그렇지만 우리는 계산기들을 구성한 사람이다. 우리가 계산기들을 만드는 까닭은 우리의 한정된 계산 능력을 넘어서는 문제들의 해결에 우리가 관심을 두고 있기 때문이다. 또한 계산기들의 구성이 우리에게 제시한 새로운 문제들에 의해 우리가 매혹되었기 때문에 훨씬 더 관심을 쏟고 있다. 우리의 근본적인 지적 충동은 어려움들을 탐구하거나, 심지어 그 난관들을 극복하기 위해 그 난관들을 발명하기도 한다.

계산기는 수학적인 정리들인 것으로 밝혀질 수 있다. 그것은 증명들과 비증명들을 구별할 수 있고, 그로 인해 정리들과 정리가 아닌 것들을 구별할 수 있다. 하지만 계산기는 어려운 독창적인 증명들과 흥미로운 정리들과 지루하고 흥미롭지 않은 정리들을 구별하지 못할 것이다. 그래서 그것은 어떤 흥미도 없는 너무 많은 것을 ― 훨씬 더 많은 것을― '알' 것이다. 계산기의 지식은 아무리 체계적이라 할지라도 뻔한 말들의 바다와 비슷하다. 이런 바다에는 금 입자들이 ― 가치 있는 정보의 조각들이 ― 떠 있게 될 수 있다. (이런 조각들을 포착하는 것은 어렵기 때문에, 계산기 없이 그것들을 얻으려고 노력하는 것보다 더 지루한 것일 수 있다.) 계산기의 의미 없는 진리 생산 능력에 의미를 부여하는 것은 오직 그 문제를 갖고 있는 인간뿐이다.

이런 논증을 좀 더 형식적인 방식으로 언급하면, 주관 문제에 존속하고 있는 모든 진술들을 다음 세 가지 상이한 부류로 나누는 것이야말로 모든 이론의 기능이라는 것이다. 이론이 참이라고 주장하는 진술들, 그 이론이 거짓이라고 주장하는 진술들, 그 이론이 어떤 주장도 하지 않는 진술들의 세 가지가 그것이다. 이런 이유 때문에, 일관적이지 못한 이론은 소용없게 된다. 왜냐하면 그 이론은 이런 분류를 달성하지 못하지만, 모든 진술을 주장하기 때문이다. (그러므로 모든 진술의 부정을 또한 주장한다.) 일관적이지 못한 이론은 너무 많은 것을 주장하기 때문에 소용없는 것이다.

그런데 좋은 (즉, 일관적인) 계산기는 분명히 소용없는 것이 아니다. 왜냐하면 그것은 이런 분류를 성취할 수 있기 때문이다. 그러나 그것은 여전히 너무 많은 것을 주장하고 있다. 만약 어떻게 해서든 어떤 이론의 모든 결론들을 자동적으로 잇따라 도출하게끔 계산기가 만들어진다면, 그것은 여전히 흥미로운 결론들이나 중요한 결론들을 골라내는 어떤 방법도 갖고 있지 못할 것이다. 또한 심지어 이런 결론들 중 하나를 일정한 시간 구간 내에 산출한다고 보장할 방법 역시 갖고 있지 못할 것이다. 왜냐하면 '2 + 1 = 3'과 같은 알맞게도 유용한 진술과 함께, 그것은 또한 '2 + 1 $\neq$ 4', '2 + 1 $\neq$ 5'··· 같은 무한한 진술들의 연속과 '2 + 1 $\neq$ 3 + 1', '2 + 1 $\neq$ 4 + 1'··· 같은 다른 무한한 진술들의 연속도 포함할 것이기 때문이다. 무한한 진술들이 연속으로 나오는 순서에서 흥미로운 진술 하나가 (어떤 합리적인 기준에 의해) 떠오를 확률은 0일 것이다.

오직 인간의 두뇌만이 [*혹은 아마도 인간의 마음이라고 내가 말해야 했던] 관심들, 목적들, 문제들 및 목표들을 창출할 수 있다. 심지어 비교적 좁은 두뇌의 지적인 활동들이라는 장 내에서도 그렇다.

다른 논증은 다음과 같다. 우리는 실수를 통해서 배운다. 그리고 이것은 우리가 모순에 이르렀을 때, 다시 돌아가서 우리의 가정들을 다시 구성한다는 것을 의미한다. (필요하다면) 우리는 논리적인 성격의 가정들도 다시 검토하는 데까지 이런 방법을 적용한다. (이런 일은 논리적인 역설들의 경우 때문에 일어난다.) 어떤 기계가 이와 동일한 일을 할 수 있다고는 생각할 수 없다. 부주의하게도 그 기계의 창조자가 그것에 모순을 장착한다면, 그 기계는 때맞춰 모든 진술을 (그 부정도) 도출할 것이다. 아마도 우리는 그 기계가 '0 = 1'을 도출하는 경우에, 경고를 하는 장치를 장착할 수 있다. 그리고 가정 몇 개를 그 기계가 포기하게끔 만들 수도 있다. 그렇지만 비판할 수 있고 자신의 도출 방법이나 자신을 비판하는 방법을 재조정할 수 있는 기계를 우리는 구성할 수 없을 것이다.

우리 고찰의 일반적인 결말은 1절에서 '상식적인 견해'로 기술된 세계에 대한 소박한 견해를 부활시킨 것처럼 보인다. 즉, 예측될 수 있고 '결정된' 사건들이 존재하며, 예측될 수 없고 '결정되지' 않은 여타 사건들이 존재한다는 견해가 그것이다.

그러나 우리 고찰들은 심지어 이런 견해와 다른 견해 사이의 조화 같은 — '좀 더 세련된' — 어떤 것을 제시하고 있다. 다른 견해란, 사건들은 예측할 수 없다고 우리가 믿게끔 해주는 것은 대체로 오직 지식의 부족 때문이라는 견해이다.

이런 조화는, 만약 우리가 물리 세계에서의 지식의 존재가 — 아니면 오히려 지식에 해당하는 것으로 해석될 수 있는 물리적 사건들의 존재가 — 여기서 논의해 온 종류의 비결정론을 창출한다는 것을 인식한다면 야기될 수 있을지 모른다. 지식은 새로운 문제를 정복할 수 있다. 그러나 그렇게 함에 있어서 지식은 해결할 수 없는 새로운 문제를 창출할 것이다. 적어도 즉시 해결할 수 없는 새로운 문제를 그 지식이 창출한다. 왜냐하면 지식은 그 자체의 미래 점령 지역들을 미리 알 수 없기 때문이다.

✧ 부록 ✧

비결정론은 충분하지 않다: 후기[1]

　여기서 나의 논제는 인간의 자유이다. 내가 인간의 자유라고 한 것은 이른바 통상적으로 '자유의지'라고 하는 것을 의미한다. 그렇지만 나는 '의지'라는 용어를 피하겠다. 그 이유는 그것을 논의할 때, 용어에 대한 무익한 문제라는 샛길로 우리가 빠지지 않도록 하기 위해서이다. 이와 유사한 이유 때문에 나는 분명히 도덕적인 자유를 논의하지 않겠다. 비록 그것이 철학자들이 매우 빈번하게 관

---

1) [25년 전부터 『후속편』을 써왔던 이래로, 포퍼는 결정론과 인간의 자유라는 논제와 관련해서 몇 편의 논문을 발표했다. 이런 것들 중의 하나인, 홀리 콤프턴 경 기념 강연인 「구름과 시계: 합리성과 인간의 자유의 문제에 대한 접근」(『객관적 지식』, 6장)이 출판되어, 쉽게 찾아볼 수 있었다. 두 번째 논문인 「비결정론은 충분하지 않다(Indeterminism Is Not Enough)」(*Encounter* 40, 1973. 4, pp.20-26에 처음 출판)는 쉽게 볼 수 없었고, 이 책의 논증에 중요한 부록이 되었다. 그래서 이 책에 후기의 일종으로 다시 출판되었다. 편집자.]

심을 쏟았던 인간 자유의 일종이라고 할지라도 말이다. 대신에 나는 예술 작품을 창조하는 자유나 과학에서 설명하는 이론들을 창출할 자유에 대해 논의하는 것으로 시작할 것이다. 도덕적 자유는 매우 중요하시만, 그러나 다시 그 논의는 도덕직 책임의 문제나 보상과 처벌의 문제로 우리를 샛길로 빠지게 하기 쉽다. 그렇지만 나는 도덕적 문제에 대한 직접적인 어떤 논의도 피함으로써 나의 논의를 단순화하고 싶다. 또한 나의 논의를 창조하는 자유의 문제와 사실의 진술들이나 과학 이론들을 지지하거나 반대하는 이유들이나 논증들을 평가할 자유의 문제에 국한시킴으로써 단순화하고 싶다. 아마 만약 우리가 이런 종류의 자유를 향유한다면, 우리는 또한 창조하고, 추리하고, 그리고 도덕의 영역에서 선택할 자유를 향유하고, 이런 창조와 선택에 따르는 책임을 향유할 자유를 즐길 수 있다. 반면에 만일 우리가 적어도 사실의 문제에 관해 추리하고 논증할 자유를 갖고 있지 않다면, 우리는 어떤 도덕적인 자유도 누릴 수 없다.

이 부록의 논문 제목 '비결정론은 충분하지 않다'는 다음과 같은 것을 의미한다. 비결정론적인 물리학은—이를 옹호하는 것이 이 책 본문의 관심사인—그 자체로는 인간의 자유에 대한 여지를 마련하는 데 충분하지 않음을 의미한다. 인간의 자유를 이해하게끔 하기에는 충분치 않다는 것이다. 세계 3을 향한 세계 2의 인과적 열림뿐만 아니라, 부가적으로는 적어도 내가 이른바 세계 1이라는 것은 세계 2를 향해 인과적인 열림이 필요하다. 따라서 나는 내가 이른바 세계 1, 세계 2 그리고 세계 3을 설명하는 것으로 시작해 보겠다.2)

세계 1, 2 그리고 3

　내가 세계 1이라고 한 것은 통상적인 물리학의 세계, 즉 바위들의 세계와 나무들의 세계 및 힘들에 대한 물리적인 장들의 세계를 의미한다. 나는 또한 여기에다 화학과 생물학의 세계도 포함한 것을 말하고 있다. 세계 2가 의미하는 것은 심리적인 세계이다. 그것은 인간의 마음뿐만 아니라 동물들의 마음도 연구하는 학자들이 주도하고 있다. 그 세계는 두려움과 희망의 감정들의 세계이며 행동 성향들의 세계이고 잠재의식적 경험과 무의식적인 경험을 포함하고 있는 모든 종류의 주관적인 경험들의 세계이다. 그래서 '세계 1', '세계 2'라는 용어는 모두 쉽게 이해된다. 내가 이른바 '세계 3'이라고 한 것에 대한 설명은 약간 더 어려운 것이다.

　내가 '세계 3'이라고 말한 바는 인간의 마음이 만들어낸 산물들의 세계를 의미한다. 비록 내가 세계 3에 예술 작품들과 그리고 윤리적인 가치들 및 사회적인 제도들(따라서 사람들이 사회들이라고 말할지도 모를)을 포함시키고 있다 할지라도, 나는 대체로 과학적인 장서들, 책들, 과학적인 문제들, 그리고 잘못된 이론들을 포함하고 있는 이론들에 국한시킬 것이다.

　책들, 학술 잡지들 그리고 장서들은 세계 1과 세계 3 모두에 속한다. 그것들은 물리적인 대상들이며 우리가 보통 말하는 세계 1에 속한다. 그것들은 세계 1의 물리적인 제한이나 물리적인 법칙들에 종속된다. 예컨대, 동일한 책의 복사본 두 개가 물리적으로 모두

---

2) [세계 1, 2, 그리고 3에 대한 상세한 설명은 포퍼의 『객관적 지식』, 3장과 4장, 그리고 (존 에클스 경과의 공저인) 『자아와 그 두뇌』, 1977, P2장을 보라. 편집자.]

유사하다 할지라도, 그것들은 물리적인 공간의 동일한 부분을 차지할 수 없다. 따라서 그것들은 세계 1의 두 개의 다른 대상들이다. 그러나 그것들은 세계 1에 속할 뿐만 아니라, 세계 3에도 속한다. 동일한 책의 **두 개**의 매우 유사한 복사본들은 세계 1의 대상들이지만 **다르다.** 하지만 만약 두 물리적으로 유사한 (혹은 유사하지 않은) 책의 **내용들**이 똑같다면, 세계 3의 대상들로서 그 두 책은 동일하다. 그것들은 세계 3의 **한** 대상의 상이한 복사본들이다. 더구나 이런 세계 3의 **한** 대상은 세계 3의 제약과 평가에 종속된다. 예를 들어 그것은 논리적인 일관성에 대한 조사를 받게 되며, 정보 내용에 대한 평가도 받게 될 수 있다.

어떤 책의 내용이나 어떤 이론의 내용은 추상적인 어떤 것이다. 구체적인 모든 물리적인 물체들, 예컨대 바위들, 나무들, 동물들과 인간의 신체들은 세계 1에 속한다. 그리고 의식적이든 잠재의식이든 간에 모든 심리적인 상태들은 세계 2에 속한다. 그러나 문제들, 이론들과 잘못된 논증들을 포함하고 있는 논증들과 같은 추상적인 것들, 그리고 또한 모순인 논증들과 이론들도 세계 3에 속한다. (이 것은 물론 세계 3을 모순이게끔 만들지 않는다. 왜냐하면 세계 3은 어떤 이론이나 어떤 주장이나 어떤 논증도 아니기 때문이다. 그것은 어떤 것들의 집합, 즉 담론의 우주이다.) 더구나 만약 우리가 예술 작품들이란 용어, 즉 '세계 4'와 같은 새로운 용어를 도입하지 않는다면, 햄릿 같은 연극과 슈베르트의 미완성 교향곡 또한 세계 3에 속한다. 그리고 어떤 책의 개별 복사본이 세계 1과 세계 3 **모두에** 속하는 것과 똑같이, 특별한 햄릿의 공연과 슈베르트의 미완성 교향곡 연주는 세계 1과 세계 3 모두에 속한다. 그것들이 복잡한 물리적 사건들로 구성되어 있는 한에서 세계 1에 속하지만, 그러나 그것들은 내용, 즉 전언이나 의미를 가지고 있는 한에서 세계 3에 속한다.

'세계 1', '세계 2' 그리고 '세계 3'이란 용어들을 나는 의식적으로 선택했는데, 그것들은 무색이고 임의적이다. 그렇지만 숫자 1, 2, 3을 그것들에 붙인 역사적인 이유가 있다. 동물 감정들의 세계 이전에 물리적인 세계가 존재했던 것 같다. 그리고 나는 특별히 인간 언어의 진화와 함께 세계 3이 시작된다고 추측한다. 나는 **언어적으로 형식화된 인간 지식의 세계**를 세계 3의 가장 특징적인 것으로 간주할 것이다. 그 세계는 문제들, 이론들 및 논증들의 세계이다. 그리고 나는 또한 아직 언어적으로 정식화되지 못한 문제들, 이론들 및 논증들을 포함시키겠다. 또한 나는 세계 3이 어떤 역사를 갖고 있다고 가정할 것이다. 어떤 문제들, 이론들 및 논증들이 발견되었거나 아마도 어떤 시대에는 거부되었던 반면에 그 시대에 다른 것들은 여전히 발견되지 않았거나 거부되지 않았던 역사가 그것이다.

세 세계들의 실재

물리적인 물체들의 세계 1의 실재나 존재를 받아들이는 것이 건전한 상식이라고 나는 생각한다. 버클리에 대한 존슨 박사의 유명한 논박이 보여주듯이, 바위와 같은 물리적인 물체가 존재한다고들 한다. 왜냐하면 바위는 차일 수 있기 때문이다. 그리고 만일 당신이 바위를 세게 찬다면, 당신은 그 바위도 되돌려 차고 있다고 느낄 것이다. 알프레드 란데를 따르고 있는 나는 바위가 차일 수 있으며, 그리고 바위도 원리적으로 되돌려 찰 경우에만 오직 어떤 것이 존재하거나 실재적이라고 말할 작정이다. 그것을 약간 더 일반적으로 말하면, 바위가 세계 1의 구성원들, 즉 물리적으로 견고한 물체들과 상호작용을 할 수 있을 경우에 오직 그 경우에만 어떤 것이 존재하거나 실재적이라고 말하겠다는 것이다.

따라서 세계 1이나 물리적인 세계는 실재나 존재의 표준 사례라고 간주할 수 있다. 그러나 용어에 대한 물음들이나 단어들의 용도나 의미에 대한 물음들은 의미가 없다고 나는 믿는다. 그래서 나는 '실재적'이나 '존재하는' 같은 단어들의 용도를 전혀 중요하지 않은 것으로 여긴다. 특히 이론적인 주장들이나 명제들의 **진리**에 관한 물음들과 비교해 보면 중요하지 않을 것이다. 내가 옹호하고 싶은 그리고 내가 보기에 상식을 약간 넘어서는 명제의 진리는 물리적 세계 1과 심리적 세계 2가 실재적일 뿐만 아니라, 추상적인 세계 3도 실재적이라는 점이다. 다시 말해 바위들과 나무들의 물리적 세계 1이 실재적이라는 것과 똑같은 의미에서 **실재적**이라는 것이다. 세계 1의 물리적 대상들은 물론이고 세계 2의 대상들과 세계 3의 대상들도 서로를 찰 수 있다. 그리고 그것들은 또한 차일 수도 있다.

세계 1과 2의 실재

존슨 박사, 알프레드 란데, 그리고 다른 상식적인 실재론자과 더불어 내가 세계 1을 바로 실재의 표준으로 간주할 의도가 있다 하더라도, 나는 일원론자가 아니라 다원론자이다.[3] 세계 1의 존재를

---

3) 『자아와 그 두뇌』, P3장과 P5장을 보라.

부인하고 오직 경험들만 존재하는 것으로 인정하기 때문에, 단지 세계 2만 인정하는 일원론적인 유심론이나 현상론은 최근까지 상당히 인기가 있었다. 현재는 이와 정반대인 견해가 훨씬 더 인기가 있다. 내가 말하는 바는 **오직** 세계 1만 존재한다는 견해이다. 이런 견해를 일원론적 유물론 혹은 물리주의나 철학적 행동주의라고 한다. 또한 아주 최근에는 이 이론을 '동일론'이라고 한다. 왜냐하면 그것은 심적인 경험들은 사실상 두뇌 과정들과 동일하다고 주장하고 있기 때문이다.

여기서는 일원론의 다양한 형태들이 다원론, 즉 세 가지 세계의 논제로 대체될 것이다. 이런 다원론은 두 가지 전혀 다른 노선의 논증을 통해서 지지될 수 있다. 첫째로, 세계 2가 실재함을 보여주기 위해 사람들은 상식에 호소할 수 있으며, 또한 치아가 너무 아프다는 것이야말로 매우 실재적일 수 있다는 상식적인 견해에 반대하는 효과적인 논증을 물리주의자들이 하지 못한 것에 호소할 수 있다.

그렇지만 나의 두 번째 주된 논증은 전혀 다르게 진행된다. 그것은 이론들과 같은 세계 3의 대상들이 사실상 물리적인 세계 1과 강하게 상호작용한다는 주장에서 출발한다. 가장 단순한 사례들이란 예컨대, 세계 3의 계획들에 따라 그리고 종종 상당히 추상적인 이론들에 따라, 원자로들이나 원자폭탄들 혹은 마천루들이나 비행장들을 건설할 때 우리가 세계 1에 영향을 미치는 방식들이다.

주관적 경험들의 세계 2의 존재에 대한 나의 주된 논증은 이렇다. 세계 1에 영향을 미치는 주관적 경험들을 사용할 수 있기 전에, 우리는 보통 세계 3 이론을 파악하거나 이해해야 한다는 것이다. 그러나 어떤 이론을 파악하거나 이해하는 것은 심적인 사태, 즉 세계 2의 과정이다. 세계 3은 대개 심적인 세계 2를 경유하여 세계 1과 상호작용한다. 그 사례는 비행장들을 짓기 위한 계획, 구성 및 불도저들의 사용이다. 먼저 인간의 마음에 의한 계획과 세계 2 사이의 상호작용이 존재하며, 기계 장치의 계획을 제한하는 세계 1과 세계 3 모두의 내부적인 제약들도 존재한다. 두 번째로, 세계 2와 인간 두뇌의 세계 1 사이의 상호작용을 한 다음에 불도저를 운전하는 우리 사지들에 영향을 미치는 상호작용을 우리는 갖고 있다.

이런 논증의 효과는 분명히 세계 3에 의존한다. 만약 세계 3이 존재하고 적어도 부분적으로 자율적이라면, 또한 나아가 세계 3의 계획들이 세계 1에 영향을 미친다면, 그것은 내가 보기에 세계 2 또한 존재함을 피할 수 없을 것 같다. 이런 방식으로 세계 2의 존재에 대한 나의 주된 논증은 우리를 세계 3이 존재하는지의 문제와 나아가 세계 3이 부분적으로 자율적인지에 대한 문제로 돌아가게 한다.

세계 3의 실재와 부분적인 자율

인간의 언어와 인간의 사고는 서로 상호작용을 하면서 함께 진화한다. 물론 인간의 언어는 인간의 사고 과정들, 즉 세계 2의 대상들을 표현한다. 그러나 세계 2의 대상들이 객관적인 인간 언어로 형식화될 때, 인간의 언어는 주관적인 세계 2의 대상들과 매우 커다란 차이를 만들어낸다. 인간의 언어와 인간의 마음 사이에는 강력한 되먹임 효과가 있다.

이는 주로 어떤 사고가 언어로 형식화된다면, 그것은 우리 자신 외부의 **어떤 객관**이 되기 때문이다. 그런 다음에 이런 대상은 상호 주관적으로 **비판**될 수 있다. 즉, 우리 자신에 의해 비판될 수 있음은 물론이고 다른 사람들에 의해서도 비판될 수 있다. 이런 의미에서 상호 주관적인 비판이나 객관적인 비판은 오직 인간 언어와 더불어 창발될 뿐이다. 그와 함께 인간의 세계 3, 다시 말해 객관적인 표준들의 세계와 우리의 주관적인 사유 과정의 내용들의 세계가 창발된다.

따라서 그 비판은 우리가 단지 어떤 사상을 **생각할** 뿐인지, 아니면 우리가 그것을 언어로 형식화하는지(또는 훨씬 잘 그것을 적거나 인쇄하는지)라는 커다란 차이를 만들어낸다. 우리가 그 사상을 단지 생각만 하는 한에서는, 그 사유를 객관적으로 비판할 수 없다. 그것은 우리 자신의 일부이기 때문이다. 비판할 수 있기 위해, 그것은 인간의 언어로 형식화되어야 하고 또한 어떤 대상, 즉 세계 3의 대상이 되어야 한다. 언어적으로 형식화된 사유들은 세계 3에 속한다. 그것들은 **논리적으로** 비판될 수 있다. 예컨대 반갑지 않은 결론들이나 심지어 불합리한 논리적인 결론들을 내리고 있음을 보여주는 것으로 그것들을 비판할 수 있다. 오직 세계 3에 속하는 사유 내용들만이 동치, 연역 가능성, 또는 모순과 같은 논리적인 관계를 유지할 수 있다.

그래서 우리는 세계 2에 속하는 주관적인 **사유 과정들**과 세계 3을 구성하는 사유의 객관적인 내용들, 즉 사실상 내용 자체들을 명확히 구별해야 한다.

논점을 좀 더 분명히 하기 위해, 몇 가지를 실수해서 모두 거짓인 정리에 도달한 두 수학자를 생각해 보자. 예컨대 '5 + 7 = 13'이라는 정리에 도달한 수학자 두 명을 생각해 보자. 세계 2에 속하는 그들의 사유 과정들은 비슷하거나 전혀 다른 어느 하나일 수 있다. 그렇지만 세계 3에 속하는 그들의 **사유 내용**은 동일한 하나이며 비판을 받을 수 있다. 두 수학자는 세계 3의 논리적 구조에 의해 뒤에서 차일 수 있다. 그 구조는 그들이 단언한 정리가 객관적으로 **참**인 진술인 '5 + 7 = 12'와 **모순**임을 보여주고 있기 때문이다. 그러므로 그것은 객관적으로 **거짓**이어야 한다. 두 수학자는 다른 사람들에 의해서가 아니라, 산술 법칙 자체에 의해 발로 차이게 되었다.

대부분의 사람들은 이원론자이다. 세계 1과 세계 2를 믿는 것이 상식의 일부이다. 하지만 대부분의 사람들이 세계 3의 존재를 받아들이는 것은 쉽지 않다. 그들은 물론 인쇄된 책들이나 음향적인 언어의 소리들로 이루어진 세계 1의 바로 그 특별한 일부가 존재함을 받아들일 것이다. 그리고 그들은 두뇌 과정들과 주관적인 사유 과정들을 인정할 것이다. 그렇지만 그들은 나무와 같은 물리적인 물체들과 책들을 구별하는 것, 인간 언어를 늑대의 울부짖음 같은 다른 소리들과 구별하는 것은 다음과 같은 사실에 **불과하다고** 주장할 것이다. 우리가 어떤 특별한 종류의 세계 2의 경험들의 사유 과정들, 즉 단순히 이런 책들이나 이런 언어적인 소리들과 상호 연관된 특별한 종류의 (어쩌면 두뇌 과정들과 병행하고 있는) 사유 과정들을 갖도록 그들이 도와주고 있다는 사실이다.

나는 이런 견해가 전혀 충분치 않은 것으로 여긴다. 우리가 세계 3의 자율적인 부분의 존재를 받아들여야 함을 보여주려고 나는 노력할 것이다. 다시 말해, 주관적인 **사유 과정들**이나 개인적인 **사유 과정들**과 **독립적**이면서 분명히 구분되는 객관적인 **사유 내용들**로 이루어진 부분이다. 그런데 이런 사유 과정들을 통해서 사유 내용들이 파악되며, 그리고 사유 내용들은 인과적으로 사유 과정들의 파악에 영향을 미칠 수 있다. 따라서 나는 아직 세계 1의 형태나 세계 2의 형태를 갖고 있지 않았지만 그럼에도 우리의 사유 과정들과 상호작용하는 자율적인 세계 3의 대상들이 존재한다고 주장한다. 실제로 그 대상들은 우리의 사유 과정들에 결정적으로 영향을 미친다.

기초 산술에서 어떤 사례를 들어보자. 자연수 1, 2, 3, 4, 5, 6 등의 무한한 연속은 인간의 발명, 즉 인간 마음의 산물이다. 그것 자체로는 자율적이 **아닌**, 세계 2의 사유 과정들에 의존한다고 말해질 수 있다. 그렇지만 이제 짝수나 소수를 생각해 보라. 우리는 이런 것들을 발명하지 않고, 발견하거나 알게 되었다. 자연수의 연속은 짝수와 홀수로 구성되어 있으며, 그리고 우리가 그것에 관해 무엇을 생각할 수 있든, 어떤 사유 과정들도 세계 3의 이런 사실을 바꿀 수 없다는 것을 우리는 발견한다. 자연수의 연속은 우리가 헤아림을 학습한 결과이다. 다시 말해, 그것은 인간의 언어 안에서의 어떤 발명이다. 그러나 그것은 바꿀 수 없는 내적인 법칙들이나 다음과 같은 제약들이나 규칙성들을 갖고 있다. 인간이 만든 자연수의 연속은 우리가 **의도하지 않은 결론들**이라는 제약이 있다. 즉, 인간 마음의 어떤 산물로서 의도치 않은 결론들이라는 것이다.

이와 똑같은 말을 소수에 관해서도 할 수 있다. 자연수의 연속을 더 높이 진행하면 할수록(예컨대 먼저 100에서 200까지 수를 진행한 다음 1000에서 1200까지의 수로 진행할수록), 소수의 발생은 점점 더 드물게 됨을 우리는 발견한다. 이것이 바로 세계 3의 **자율적인 속성**이다. 그런데 이런 발견은 세계 3 안에서 새로운 자율적인 문제로 우리를 이끌어 간다. 즉, 소수 자체의 문제처럼 그저 거기에 존재하는 것으로 발견되는 문제가 그것이다. 그것은 다음과 같은 흥미로운 문제이다. 만약 우리가 점점 더 큰 수, 예컨대 천만까지 진행한다면, 소수는 결국 없어지는가? 아니면 소수가 점점 더 드물어진다 할지라도 항상 새로운 소수가 나오는가? 혹은 유클리드의 어법으로, 가장 최대의 소수가 존재하는가? 아니면 자연수 자체의 연속처럼, 소수의 연속은 무한인가?

이런 물음은 객관적이면서 자율적인 문제이다. 즉, 최대 소수가 존재한다거나 소수의 연속은 계속된다는, 곧 무한이라는 것이다. 심지어 문제를 발견할 수 있었던 유클리드가 그것을 해결했다. 그는 최대 소수가 존재한다는 가정이 불합리에 이른다는 것을 보여주었다.

따라서 그는 최대 소수는 존재하지 않지만 항상 더 큰 소수가 있다는 객관적인 사실에 대한 증명인 간접적인 증명을 했다. 자연수의 연속이 무한한 것처럼, 소수의 연속도 무한하다. 그리고 이 사실은 객관적인 자율적 세계 3의 사실이다. 그것은 세계 3의 정리인 자율적인 세계 3의 대상이다. 우리는 그것을 발견할 수 있고, 그것을 증명할 수도 있지만, 우리는 그것을 바꾸기 위해 어떤 일도 하지 못한다.

소수의 발견은 수많은 어려운 문제로 이끌었다. 그중 몇몇은 해결되었으며, 그중 많은 것들은 여전히 해결되지 않은 채로 열려 있다. 자연수의 연속에서 우리가 창조했던 새로운 분야에서 이런 문제들을 발견했다. 이전에 누군가 그 문제들을 생각했는지와 관계없이 독립적으로 거기에 존재하고 있는 것으로 발견했다. 그래서 우리는 수학에서 인간 마음의 산물들인 구성들을 갖고 있다. 그리고 아마도 이런 구성들의 결론들을 생각하지 못했던 객관적인 문제들과 이론들을 우리는 갖고 있다. 이것은 수학의 세계가 자율적인 부분, 즉 세계 3의 자율적인 부분임을 보여주고 있다.

나의 다음 논점은 이런 세계 3의 자율적인 부분이 세계 2와 상호작용할 수 있으며, 또한 세계 2를 경유하여 세계 1과 상호작용할 수 있다는 의미에서 '실재적'이라는 것이다. 몇몇 사람이나 많은 사람이 아직 해결되지 않은 어떤 수학적인 문제의 해결책을 찾았다면, 그들은 모두 어쩌면 수많은 다른 방식으로 이 문제에 의해 영향을 받았을 것이다. 그 문제를 해결하고자 한 그들의 시도의 성공은 적어도 부분적으로 세계 3 속에 그 문제의 해결에 대한 존재나 비존재에 의존할 것이다. 그리고 부분적으로는 그들의 사유 과정들을 통해서 객관적으로 참된 사유 내용들에 이르렀는지 아닌지에 의존할 것이다. 이것은 자율적인 세계의 대상들이 세계의 과정들에 강한 인과적인 영향력을 행사할 수 있음을 보여주고 있다. 그리고 만약 해결책이 있든 없든 간에 새롭게 발견된 세계 3의 문제가 출판된다면, 인과적인 영향력이 세계 1에도 확장된다. 그것은 식자공의 손가락과 심지어 인쇄 기계의 바퀴도 활기를 띠도록 도와줌으로써 가능하다.

이런 단순한 이유들 때문에, 나는 세계 3이 부분적으로 자율적일 뿐만 아니라, 그 자율적인 부분이 실재적이라고 주장한다. 왜냐하면 그것은 적어도 세계 2를 경유하여 세계 1에 영향을 미칠 수 있기 때문이다. 그런 상황은 모든 과학적인 발견과 모든 기술적인 발명에 대해 근본적으로 동일하다. 이런 모든 경우에 세계 3의 문제들과 이론들은 주요한 역할을 한다. 그 문제들은 발견될 수 있으며, 그리고 이론들이 (예컨대 세계 1에 관한) 인간 마음의 산물들일지라도, 그것들은 **단순히** 우리의 구성물들이 아니다. 왜냐하면 그 이론들의 참과 거짓은 세계 1과의 어떤 관계에 전적으로 의존하기 때문이다. 모든 중요한 경우에 우리는 그 관계를 바꿀 수 없다. 그것들의 참과 거짓은 세계 3의 내부 구조(특히 언어의 내부 구조)와 세계 1 모두에 의존한다. 내가 제시했듯이, 이 세계 1이 바로 실재의 기준이다.

인간의 상황과 자연 세계

우리가 현재 아는 모든 것에도 불구하고, 생명의 기원은 우주에서 독특한 발생이다. 우리는 그것을 설명할 수 없으며 그것은 흄이 마지못해 기적이라고 부른 것에 거의 가깝게 된다. 기쁨과 고통의 감정들에 대한 동물 의식의 세계 2의 창발은 두 번째 기적인 것 같다.

의식의 창발과 그에 앞선 생명의 창발이 우주의 진화에서 비교적 최근의 두 사건이라고 간주하는 것은 합리적인 것 같다. 즉, 우주의 시초처럼 우리의 과학적 이해를 넘어서 현재 그리고 아마도 영원히 존재하는 사건들로 간주한다는 것이다. 이런 보통의 접근은 열린 문제들의 존재를 자유롭게 인정하며, 그로 인해 문제들에 관해 — 그 문제들의 성격과 어쩌면 가능한 해결 방식들이나 적어도 부분적인 해결 방식에 관해서도 — 더 많은 것을 발견하는 길을 닫지 않는다.

세 번째 기적은 인간 두뇌와 인간의 마음 및 인간 이성의 창발이다. 이 세 번째 기적은 어떤 다른 것보다도 적어도 진화론의 용어들로 설명하는 것을 배제하지 않는다. 인간은 어떤 동물이다. 인간과 다른 동물들의 관계는 이런 동물들이 무생물과 맺고 있는 관계보다 훨씬 더 가까운 관계에 있다. 그렇지만 이것은 인간 두뇌와 동물의 두뇌를 나누는 그리고 다른 모든 동물의 언어와 인간의 언어를 분리하는 격차를 하찮게 만들지 못한다. 다시 말해, 대부분의 고등 동물이 자신의 내적 상태들을 **표현하기** 위해, 또한 다른 동물들과 **소통하기** 위해 갖고 있는 성향들과 인간의 성향들의 격차를 해소하지 못한다는 것이다.

인간은 인간의 언어를 창조했는데, 그 언어는 기술적인 기능과 진리에 대한 평가, 그리고 논증적인 기능과 논증들의 타당성에 대한 평가를 갖고 있으므로, 단지 표현하고 소통하는 기능만을 갖고 있는 동물의 언어를 초월하고 있다.4) 인간은 언어와 더불어 객관적인 세계 3을 창조했다. 이 세계는 동물의 왕국에서 상당히 먼 유사함으로 존재할 뿐이다. 그리고 이와 함께, 인간은 문명이라는 새로운 세계, 학습의 세계, 유전적이지는 않은 성장, 즉 유전 암호가 전달되지 않는 성장의 새로운 세계를 만들어냈다. 더구나 이것은 자연선택에 의존하기는커녕 합리적 비판에 근거한 선택에 의존하는 성장의 새로운 세계이다.

그러므로 우리가 이런 세 번째 위대한 기적을 설명하고자 할 때, 찾아야 하는 것이 인간의 언어와 세계 3의 역할이다. 다시 말해, 인간 두뇌와 인간 마음의 창발 및 인간 이성과 인간의 자유의 창발을 찾아야 한다.

---

4) [언어 기능들의 포퍼 설명에 관해서는 뷜러의 설명에 대한 논의와 확충에 대한 그의 특별한 언급과 더불어 『추측과 논박』, 4, 12장; 『객관적 지식』, 2, 3, 4, 6장; 『끝나지 않는 물음』, 15절; 그리고 『자아와 그 두뇌』, 17절을 보라. 편집자.]

물리학에서의 결정론과 비결정론

이 논문의 제목은 '비결정론은 충분하지 않다', 즉 비결정론은 인간의 자유에 대해 충분치 못하다는 것이나. 그러나 나는 여전히 고전적인 결정론(또는 물리적인 결정론이나 세계 1의 결정론)에 대해, 그리고 결정론과 정반대인 비결정론에 대해 최소한의 묘사를 해야 한다. 더구나 나는 여전히 이런 두 생각이 왜 인간의 자유를 논의하는 데 충분하지 못한지 그 이유를 보여주어야 한다.

고전적인 결정론이나 세계 1의 결정론은 라플라스가 뉴턴 역학을 토대로 해서 가장 예리하게 정식화한 매우 오래된 생각이다. [전술한 10절을 보라.]

라플라스의 결정론 논제를 다음과 같은 식으로 진술할 수 있다. 어떤 시간의 순간에 우주의 모든 물질 입자들에 대한 정확한 질량, 위치 및 속도가 우리에게 주어졌다고 가정하면, 그러면 우리는 원리적으로 뉴턴 역학의 도움을 받아 과거에 일어났던 모든 것과 미래에 일어날 모든 것을 계산할 수 있다. 이것은 모든 사람의 물리적인 운동을 포함하고 있으므로, 말해지거나 써진 모든 말, 모든 시, 그리고 앞으로 작곡될 모든 음악도 포함하고 있다. 어떤 기계는 계산을 할 수 있다. 그것은 단지 뉴턴의 운동 법칙들과 현존하는 초기 조건들로 프로그램되는 것만 필요할 뿐이다. 그 기계는 전혀 들을 수 없으며 음악적인 작곡의 문제들을 모를 수 있다. 그렇지만 그것은 과거나 미래의 어떤 작곡가에 의해 음악의 흰 종이 위에 어떤 검은 표시들이 자리 잡게 될 것인지 예측할 수 있을 것이다.

나는 개인적으로 라플라스의 결정론이 설득력이 매우 약하고 매력적이지 않은 견해임을 알았다. 또한 의심스러운 논증이라는 것도 발견했다. 왜냐하면 하이에크가 지적했듯이5) (내가 먼저 생각했던) 계산기가 복잡성에서 우주를 크게 넘어서야 할지도 모르기 때문이다. 그러나 라플라스가 인과적으로 닫힌 결정론적인 세계 1에서 올바른 결론들을 이끌어낸 것은 강조할 가치가 있다. 만약 우리가 라플라스의 견해를 받아들인다면, 그런 견해를 인정했음에도 불구하고 우리가 진정한 인간의 자유와 창조성을 갖고 태어났다고 (많은 철학자들이 논증한 것처럼) 논증하지 않아야 한다.

그러나 라플라스적인 결정론은 수정되어야 했다. 에테르의 역학 모형을 통해서 전기와 자기를 뉴턴 역학으로 환원하려는 맥스웰의 몇몇 시도가 무너졌기 때문이다. 또한 이런 시도들과 함께 뉴턴의 역학적 세계 1의 닫힌 논제도 무너졌다. 그 논제는 세계 1의 전자기적인 부분을 향해 열리게 되었다. 그럼에도 예컨대 아인슈타인은 결정론자로 남아 있었다. 거의 생애가 끝날 때까지 그는 역학, 중력 및 전기를 포괄하는 통일되고 닫힌 결정론적인 이론이 가능하다고 믿었다. 사실상 대부분의 물리학자들은 인과적으로 열린 (따라서 비결정론적인) 물리적 우주 — 즉, 세계 2의 영향에 열려 있는 물리적인 우주 — 를 전형적인 미신으로 간주하는 경향이 있다. 심령 연구를 위한 단체의 성원인 몇몇 심령술사들만이 이런 미신을 옹호했다. 명성이 있는 물리학자라면 그것을 진지하게 생각하지 않을 것이다.

그렇지만 비결정론의 다른 형식이 물리학의 공식적인 신조의 일부가 되었다. 양자역학이 새로운 비결정론을 도입했다. 그것은 인

---

5) F. A. von Hayek, *The Sensory Order*, 1953, Chapter 8, section 6.

과적으로 환원할 수 없는 기본적인 우연한 사건들의 가능성을 가정하고 있다.

그것은 두 가지 종류의 우연적인 사건이 있는 것으로 본다. 하나의 종류는 우연적으로 어떤 장소와 시간에 간섭하는 일이 일어나서 우연적인 사건을 일으키도록 결합하는 두 인과 연쇄들의 독립에 기인한다. 전형적인 사례는 두 인과 연쇄로 이루어져 있다. 그중 하나는 벽돌을 느슨하게 펼쳐 놓는 반면에, 다른 하나는 어떤 사람이 그 벽돌에 부딪치게끔 한다는 것이다. 이런 종류의 우연적인 사건은 (확률에 관한 논문에서 라플라스 자신이 전개한 이론) 완전히 라플라스 결정론과 양립할 수 있다. 즉, 관련된 사건들에 관해 충분하게 완전한 정보를 미리 제공받은 어떤 사람은 어떤 일이 일어날 수밖에 없음을 예측할 수 있다는 것이다. 이런 종류의 우연을 야기하는 것은 오직 **우리 지식의 불완전함뿐**이었다.

그러나 양자역학은 두 번째 종류이면서 훨씬 더 근본적인 종류의 우연인, 즉 완전한 우연의 사건들을 도입했다. 양자역학에 의하면, 인과적 연쇄들로 더 이상 분석할 수는 없지만, 그러나 이른바 '양자 도약들'을 구성하고 있는 기본적인 물리적 과정들이 존재한다. 그리고 양자 도약은 인과적 법칙에 의해서도 그리고 인과적인 법칙의 우연에 의해서도 제어되지 않고, 오직 확률 법칙에 의해서만 제어되는 확실하게 예측할 수 없는 사건이라고 가정되었다.6)

---

6) [포퍼가 여기서는 양자 도약들이 존재함을 동의하는 반면에, 다른 곳에서는 그런 도약들이 존재하지 않는다는 슈뢰딩거에 동의하고 있는 듯이 보인다(『후속편』, III권, 『양자 이론과 물리학의 분열』, 13절을 보라). 포퍼는 확률적으로 예측하는 외에 도약들의 예측 불가능성을 인정한다 할지라도, 양자 도약들을 즉각적이게끔 하는 형식주의에 대한 해석을 우리가 채택해야 하는지는 열린 문제라고 주장하는 슈뢰딩거에 동의하는 것

따라서 '주사위 놀이를 하는 신'으로 기술했던 아인슈타인의 저항에도 불구하고, 양자역학은 도입되었다. 양자역학은 이런 완전한 우연적인 사건들을 세계 1의 기초적인 사건들이라고 여긴다. 원자의 붕괴에 이어 방사능 방출과 같은 이런 우연적인 사건들의 다양한 특수 결과들은 미리 결정되어 있지 않기 때문에, 그 사건에 앞서는 모든 적절한 조건에 대한 우리 지식이 아무리 막대하다 할지라도 그 결과들은 예측될 수 없다. 그렇지만 우리는 이런 과정들에 관해 시험할 수 있는 통계적인 예측들을 할 수 있다.

내가 양자역학이 물리학에서 마지막 세계로 남을 것이라고는 믿지 않는다 할지라도, 양자역학의 비결정론은 근본적으로 건전한 것이라고 나는 믿게 되었다. 나는 심지어 고전적인 뉴턴 역학도 원리적으로는 비결정적이라고 믿는다. 이 점은 만일 우리가 인간 지식의 모형들, 예컨대 컴퓨터들을 그 역학에 도입한다면 분명하게 된다.7) 객관적인 인간의 지식을 우리의 우주에 도입하는 것 — 어떤 세계 3을 (컴퓨터들은 인간이 아니라 할지라도 인간이 만든 것임을 우리는 잊지 않아야 한다.) 도입하는 것 — 은 다음과 같은 증명을 우리가 하도록 해준다. 이 우주의 비결정론적인 성격뿐만 아니라, 이 우주의 본질적인 열림이나 불완전함에 대한 증명이 그것이다.

이제 양자역학으로 돌아왔기 때문에, 나는 다음과 같은 점을 지적하고자 한다. 주사위 놀이를 하는 신이나 확률 법칙들의 비결정

에 관해 의문을 품고 있다고 말했다. 편집자.]

7) [『역사법칙주의의 빈곤』, 서문; 「양자 물리학과 고전 물리학에서의 비결정론(Inderterminism in Quantum Physics and in Classical Physics)」, *British Journal for the Philosophy of Science* 1, No. 2, pp.117-133과 No. 3호, pp.173-195; 또한 『후속편』인 이 책 20-22절에서 포퍼가 논의한 것을 보라. 편집자.]

론은 인간의 자유에 대한 여지를 마련하지 못한다는 점이다. 왜냐하면 우리가 어떻게 **예측할 수 없을 정도로** 그리고 **우연 같은 형태로** 행동하는지는 물론이고, 우리는 어떻게 **고의적으로** 행동하며 그리고 합리적으로 행농하는지를 알고 싶기 때문이다. 어떤 주소도 없는 편지를 보내는 것과 같은 우연적인 사건들에 대한 유명한 확률적인 불변성은 흥미로운 호기심일 수는 있다. 그러나 그것은 좋은 시를 쓰거나 나쁜 시를 쓸 자유의 문제나 예컨대 유전 암호의 기원에 관한 새로운 가설을 전개할 자유의 문제와는 전혀 유사성을 갖고 있지 않다.

만약 양자역학이 옳다면, 라플라스의 결정론은 잘못된 것이며 물리학으로부터의 논증은 결코 비결정론과 싸우는 데 사용될 수 없다는 점은 인정을 받아야 한다. 그러나 비결정론은 충분치 않다.

비결정론은 충분하지 않다

물리적인 세계가 부분적으로 결정되었지만, 완전히 결정되지는 않았다고 생각해 보자. 다시 말해, 물리적인 법칙들에 따라 사건들이 서로 뒤따르지만, 때때로 그 법칙들의 연관에서 예측할 수 없고 어쩌면 확률적인 연속들로 메워져 있는 어떤 **느슨함**이 있다고 가정해 보자. 그런데 이런 연속들은 우리가 룰렛이나 주사위 놀이나 동전 던지기나 양자역학으로부터 알게 된 연속들과 유사하다. 따라서 실제로 우리가 가진 것으로 내가 제시했던 비결정론적인 세계 1을 우리는 갖게 될 것이다. **그러나 이런 세계 1이 인과적으로 세계 2와 세계 3에 닫혀 있다면 우리에게는 어떤 이득도 없다.** 이런 비결정론적인 세계 1은 예측할 수 없을 것이다. 하지만 세계 2 그리고 그와 함께 세계 3은 세계 1에 어떤 영향도 미치지 못할 수 있다. 닫힌 비결정론적인 세계 1은 우리의 감정들이나 바람들이 무엇이든 간에 이전처럼 계속될 것이다. 그것은 라플라스의 세계와는 달리 우리가 세계 1을 예측할 수 없다는 차이만 있을 뿐이다. 설령 우리가 세계 1의 현재 상태에 관해 **모든 것**을 알고 있을지라도 그렇다. 그 세계는 단지 부분적일지라도 우연에 의해 지배되는 세계일 것이다.

그러므로 비결정론은 인간의 자유와 그리고 특히 인간의 창의성을 허용하는 것이 **필요하지만 충분하지 못하다.** 우리가 실제로 필요한 것은 세계 1이 불완전하다는 **논제**이다. 다시 말해, 세계 2가 그 세계에 영향을 미치며, 그 세계는 세계 2와 상호작용을 할 수 있다는 논제를 필요로 한다. 혹은 그 세계가 인과적으로 세계 2를 향해 열려 있으며 나아가 이로 인해 세계 3을 향해서도 열려 있다는 논제가 필요하다.

그래서 우리는 중심적인 논점으로 돌아왔다. 우리는 세계 1이 자기충족적이거나 '닫혀 있지' 않지만, 그러나 세계 2를 향해 열려 있다는 것을 요구해야 한다. 이것은 세계 2가 세계 3에 영향을 받을 수 있으며, 물론 세계 1에 영향을 받을 수 있는 것과 똑같다.

결정론과 자연주의

라플라스의 결정론과 세계 1은 인과적으로 닫혀 있다는 이론을 지지하는 근본적인 철학적 동기는 다음 두 가지임을 거의 의심할 수 없다. 하나는 인간은 어떤 동물이라는 자각이며, 다른 하나는 우리 자신을 자연의 일부로 보려는 소망이다. 이런 동기는 옳다고 나는 믿는다. 만약 자연이 완전히 결정론적이라면, 인간의 행동 영역 또한 결정론적일 것이다. 실제로 어떤 행동들도 없고 기껏해야 행동들의 현상만 존재할 것이다.

그러나 그 논증은 비난을 받을 수 있다. 만일 인간이 자유롭다면, 적어도 부분적으로 자유롭다면, 자연 역시 자유로울 것이다. 그렇다면 물리적인 세계 1은 열려 있다. 또한 적어도 부분적으로 인간은 자유롭다고 간주할 충분한 이유가 있다. 이와 반대인 견해— 라플라스의 견해— 는 예정설에 이른다. 즉, 씨앗이 어떤 식물을 포함하고 있는 것처럼, 수십 억 년 전 세계 1의 기본 입자들은 호머의 시, 플라톤의 철학 및 베토벤의 교향곡을 포함하고 있다는 견해에 이른다는 것이다. 또한 역사가 운명 지어졌으며 그와 더불어 인간의 모든 창의적인 행동들도 미리 결정되었다는 견해에 이른다. 그리고 그런 견해의 양자 이론적인 판본 또한 마찬가지로 나쁘다. 만약 그것이 인간의 창의성과 어떤 관계를 갖고 있다면, 그것은 인간의 창의성을 진기한 우연의 문제로 만들어버릴 것이다. 그런 견해에 우연의 요소가 있다는 것은 의심의 여지가 없다. **그렇지만 미술이나 음악 작품들의 창의성이 최후에는 화학이나 물리학에 의해 설명될 수 있다는 이론은 내가 보기에 불합리한 것 같다.** 음악의 창조가 설명될 수 있는 한에서, 그 창조는 적어도 부분적으로 다른 음악의 (또한 음악가의 창조성을 자극하는) 영향을 통해서 설명되어야 한다. 그리고 내부 구조의 측면에서 보면, 음악과 모든 다른 세계 3의 현상들에서 이런 역할을 하는 내적인 법칙들과 제한들은 매우 중요하다. 다시 말해 법칙들과 제한들을 흡수하는 것은 (때로는 그런 것들에 저항하는 것은) 음악가의 창의성을 위해 매우 중요하다.

따라서 우리의 자유와 그리고 특히 우리가 창조할 자유는 분명히 세 가지 세계 모두의 제한들을 받는 관계에 있다. 만약 베토벤이 날 때부터 농아였다면, 그는 작곡가가 되지 못했을 것이다. 작곡가로서 그는 자유롭게 세계 3의 구조적인 제한들에 자신의 자유를 종속시켰다. 자율적인 세계 3은 베토벤이 위대하고 진정한 발견들을 했던 세계이다. 히말라야에서의 발견자들처럼 자신의 길을 선택하는 데는 자유로웠지만, 선택한 길에 의해 지금까지 제한을 받았으며, 그가 발견했던 세계의 제약도 받았다. (괴델에 관해서도 이와 비슷한 논평을 할 수 있다.)

열린 우주

따라서 우리는 세계 1, 2 그리고 3이 상호작용을 한다고 주장하는 것으로 돌아오게 되었다.

세계 2와 3이 상호작용한다는 것을 나는 의심하고 있지 않다. 만약 우리가 어떤 이론을 파악하거나 이해하려고 한다면, 또는 어떤 교향곡을 상기하고자 한다면, 우리 마음들은 인과적으로 영향을 받게 된다. 즉, 우리 두뇌에 저장된 소리들의 기억뿐만 아니라, 적어도 부분적으로 작곡가의 작품을 통해서 영향을 받는다. 다시 말해 우리가 파악하고자 하는 세계 3 대상의 자율적인 내부 구조들을 통해서 영향을 받는다는 것이다.

이 모든 것이 말하는 바는 세계 3이 우리 마음의 세계 2에 영향을 미칠 수 있다는 것이다. 하지만 만일 그렇다면, 수학자가 자신의 세계 3 결과들을 (물리적인) 종이 위에 적을 때, 그의 마음은— 그의 세계 2는 — 물리적인 세계 1에 영향을 미친다. 따라서 세계

2가 세계 3을 향해 열려 있는 것처럼, 세계 1은 세계 2를 향해 열려 있다.

이 점은 근본적으로 중요하다. 왜냐하면 우리가 속해 있으며, 그리고 세계 1, 2 및 3을 부분으로 포함하고 있는 자연이나 우주는 그 자체로 열려 있다는 것을 보여주기 때문이다. 그것은 세계 3을 포함하고 있으며, 그리고 세계 3은 **본질적으로** 열려 있다고 증명될 수 있다.

세계 3의 열림에 대한 하나의 양상이 바로 공리화된 산술은 완전하지 않다는 괴델 정리의 결론이다. 그렇지만 우주의 불완전성과 열림은 아마도 자신의 방 지도를 그리는 사람의 유명한 이야기의 설명을 통해서 잘 보여주고 있다. 그의 지도 안에 자신이 그리고 있는 방 지도를 포함하고 있다는 이야기가 그것이다. 그는 자신의 지도 안에 최근에 들어온 것을 고려해야 하기 때문에, 그의 과제가 완성되는 것을 거부하는 것이다.

지도 이야기는 세계 3의 이론들과 세계 1에 미치는 그 이론들의 영향과 비교해 볼 때, 사소한 사례이다. 비록 그것이 단순한 방식으로 지식의 세계 3 대상들을 포함하고 있는 우주의 불완전함을 예시하고 있다 할지라도 그렇다. 그러나 지금까지는 그것은 아직 비결정론을 예시하지 않았다. 왜냐하면 실제로 만들어진 그 지도에 들어왔던 상이한 '마지막' 각각의 붓놀림들은 무한한 연속 안에서 결정된 붓놀림을 결정하기 때문이다. 그러나 이런 붓놀림들의 결정성은 모든 인간의 지식에 대한 오류 가능성을 (세계 3의 문제들, 이론들, 그리고 실수들에서 상당한 역할을 하는 오류 가능성을) 우리가 고려하지 않을 경우에만 유지된다. 이것을 고려했을 때, 우리의 지도에 들어온 이런 '마지막' 붓놀림들 각각은 제도사에게는 새로운 **문제**가 된다. 즉, '마지막' 붓놀림을 정확히 묘사하는 **더 이상**의 붓놀림이 들어오는 문제가 그것이다. 모든 인간의 지식을 특징짓는 오류 가능성 때문에, 어쩌면 그 제도사는 이 문제를 확실히 정확하게 해결할 수 없다. 그리고 제도사가 진행하는 붓놀림들이 점점 적어질수록, 원리적으로 예측할 수 없고 결정되지 않을 상대적인 부정확함은 더 증가할 것이다. 그리고 이런 부정확함은 끊임없이 증가할 것이다. 이런 방식으로 지도 이야기는 객관적인 인간의 지식에 영향을 미치는 오류 가능성이 어떻게 본질적인 비결정론과 그 자체의 일부분으로 인간의 지식을 포함하고 있는 어떤 우주의 열림에 기여하는지 보여주고 있다.

따라서 만약 우주가 인간의 지식을 포함하고 있다면, 그 우주는 열려 있을 수밖에 없다. 그 우주는 한편으로는 현재 우리처럼 물리적인 세계 1의 대상들인 논문들과 책들을, 다른 한편으로는 틀릴 수 있는 인간 지식을 잘못 진술하거나 기술하는 세계 3의 대상들을 포함하고 있다.

그러므로 우리는 열린 우주 속에 살고 있다. 인간의 지식이 존재하기 전에, 우리는 이런 발견을 할 수 없다. 그렇지만 우리가 그런 발견을 했다면, 열림이 배타적으로 인간 지식의 존재에 의존한다고 생각할 이유가 전혀 없다. 인과적으로 닫힌 우주는 물론이고 확률적으로 닫힌 우주에 대한 모든 견해를 버리는 것이야말로 훨씬 더 합리적인 일이다. 그래서 라플라스가 상상했던 닫힌 우주는 물론이고, 파동 역학을 통해서 상상했던 닫힌 우주를 포기하는 것은 합리적이다. 우리 우주는 부분적으로 인과적이며, 부분적으로 확률적이며, 그리고 부분적으로 열려 있다. 그것은 창발적이다. 이와 반대인 견해는 우리 인간이 만든 세계 1에 관한 세계 3의 이론들의 성격을

— 특히 세계 1 자체의 성격에 대한 그 이론들의 지나친 단순화에서— 착각한 데서 나온다. 우리는 어리석지 않을 수 있다.

지금까지 우리 우주의 열림에 반대하거나, 급진적으로 새로운 것들은 부단히 그런 우주에서 창발하고 있다는 사실에 반대하는 충분한 이유를 누구도 제시하지 않았다. 그리고 지금까지 인간의 자유와 창의성에 대해 의심할 만한 충분한 이유도 제시되지 않았다. 그런데 이런 창의성은 세계 3의 내적 구조에 의해 고무될 뿐만 아니라 제한도 받는다.

분명히 인간은 자연의 일부이지만, 인간에 앞서 자연이 존재했으므로, 인간은 세계 3을 창조함으로써 자신과 자연을 초월한다. 그리고 인간의 자유도 실제로는 자연의 일부이지만 그 자유는 자연을 초월한다. 적어도 인간의 언어와 비판적 사고 그리고 인간의 지식이 창발하기 전에 자연이 존재했기 때문이다.

비결정론은 충분하지 않다. 인간의 자유를 이해하기 위해서 우리는 더 많은 것을 필요로 하기 때문이다. 즉, 우리는 세계 2를 향한 세계 1의 열림과 세계 3의 자율적이면서 본래적인 열림이 필요하다. 이 세계 3은 인간 마음의 산물들의 세계이며, 특히 인간 지식의 세계이다.

과학적 환원과 모든 과학의 본질적인 불완전함[1]

I

역사적으로 결정론은 '환원론' 논제와 밀접한 연관이 있다. 환원론자가 결정론자일 필요가 없다 할지라도, 이 책에 제시된 의미에서 '과학적' 결정론자는 환원론자여야 한다. 이 부록에서 나는 환원론을 간략히 논의하고 싶다.

환원에서 두드러진 물음들은 다음 세 가지라고 나는 믿고 있다.

(1) 우리는 생물학을 물리학에 환원하거나 생물학을 물리학과 화학에 환원할 수 있는가? 또는 우리가 그렇게 환원할 수 있기를 바랄 수 있는가?

---

1) [이 부록은 원래 『후속편』의 일부가 아니었으며, 원래는 F. J. Ayala and Dobzhansky, eds., *Studies in the Philosophy of Biology*, 1974의 논문을 수정한 판본이다. 편집자.]

(2) 우리가 동물들에게 귀속시킬 수 있는 주관적인 의식 경험들을 생물학에 환원할 수 있는가? 또는 생물학에 환원할 수 있기를 바랄 수 있는가? 물음 (1)에 대한 답변이 긍정적이라면, 우리는 더 나아가 그 경험들을 물리학과 화학에 환원할 수 있는가?

(3) 우리는 자의식과 인간 마음의 창의성을 동물의 경험에 환원할 수 있는가? 또는 그렇게 환원할 수 있기를 바랄 수 있는가? 그런데 물음 (1)과 (2)에 대한 답변이 긍정적이라면, 그런 자의식과 창의성을 물리학과 화학에 환원할 수 있는가? 또는 그렇게 환원할 수 있기를 바랄 수 있는가?

분명히 이런 세 물음들에 대한 답변들은 (내가 나중에 돌아올) 부분적으로 '환원하다'란 말의 의미에 의존할 것이다. 그렇지만 내가 다른 곳에서 말했던 이유들 때문에, 나는 의미 분석의 방법과 정의를 통해서 진지한 문제들을 해결하는 시도에도 반대해 왔다. 대신에 내가 하려고 제시하는 것은 다음과 같은 점이다.

나는 다양한 과학에서 성공한 환원과 성공하지 못한 환원의 몇몇 사례를 논의하는 것으로 시작하겠다. 그리고 특히 화학을 물리학에 환원하는 사례와 또한 이런 환원주의자들의 탐구 프로그램들을 통해서 남겨진 잔여들을 논의해 볼 것이다.

이런 논의를 하는 중에, 나는 다음 세 논제를 옹호할 것이다.

첫째로, 뉴턴이 성공한 환원(예컨대 케플러와 갈릴레오의 법칙들을 뉴턴 자신의 이론 — 정확히 말하면 뉴턴 이론에 의한 설명2) — 에 환원함, 그리고 그 법칙들을 뉴턴의 교정으로 환원함 같은)만큼 과학에서 커다란 성공을 이룬 것은 어떤 것도 없다는 의미에서 과

---

2) [『객관적 지식』, 5장과 『실재론과 과학의 목표』(『후속편』, I권), 15절을 보라. 편집자.]

학자들도 환원주의자들이야 한다고 나는 주장할 것이다. 아마도 성공한 환원이야말로 모든 과학적인 설명을 생각할 수 있는 가장 성공한 형식이다. 왜냐하면 그것은 메이어슨(E. Meyerson)이 강조했던 것, 즉 미지의 것과 기지의 것을 **동일시**하기 때문이다.3) 그러나 환원과는 대조적으로 새로운 이론의 도움을 받은 설명은 기지의 것 — 알려진 문제 — 을 미지의 어떤 것, 즉 새로운 추측에 의해 설명한다.4)

둘째로, 과학자들은 **방법론**으로서 환원론을 환영**해야 한다**고 나는 주장한다. 그들은 소박한 환원론자가 되거나 아니면 비판적인 환원론자가 되어야 한다. 실제로 나는 약간 극단적인 비판적 환원주의를 논증할 것이다. 왜냐하면 과학에서 어떤 중요한 환원도 여태껏 **완전히** 성공한 적이 거의 없기 때문이다. 심지어 가장 성공적인 환원주의 탐구 프로그램들일지라도 해결을 못한 채 남겨진 잔여가 거의 항상 존재한다.

셋째로, 철학적인 환원론을 지지하는 어떤 훌륭한 논증도 있을 것 같지 않은 반면에, 이와 반대로 철학적인 환원론과 긴밀하게 동맹을 맺은 것 같은 본질주의를 반대하는 훌륭한 논증은 존재한다고 나는 주장할 것이다.5) 그럼에도 불구하고 우리는 방법론적인

---

3) E. Meyerson, *Identité et realité*, 1908, 영어판 1930.

4) 『추측과 논박』, pp.63, 102, 174를 보라.

5) 나는 여기서 다음의 구분을 — 어쩌면 무심코, 아니면 내가 용어적인 내용들을 싫어하기 때문에 — 무시하고 있다. 즉, 일반적인 설명과 '환원' 사이에서 잘 이루어질 수 있는 구분이 그것이다. 여기서 말하는 환원이란 더 잘 시험된 이론이나 더 '근본적인' 이론을 거친 설명이라는 의미이다. 중요한 관심사가 된 구분은 한편에서는 새로운 (미지의) 이론에 의해 알려진 어떤 것에 대한 설명과 다른 한편에서는 다른 이론에 관해 옛

근거를 바탕으로 계속해서 환원을 시도해야 한다. 왜냐하면, 심지어 성공하지 못했거나 불완전한 환원의 시도들을 통해서 많은 것을 배울 수 있기 때문이다. 또한 이런 방식으로 열려서 남겨진 문제들은 우리의 가장 중요한 지적인 소유물에 속하기 때문이다. 우리가 종종 과학적인 실패들로 (또는 다른 말로, 과학의 위대한 열린 문제들로) 간주한 것을 더 크게 강조함은 좋은 일을 우리에게 많이 베풀 수 있다.

II

뉴턴이 행한 환원은 차치하고, 내가 아는 거의 완전하게 성공했던 몇몇 환원들 중의 하나는 유리 분수들을 자연수의 순서쌍들에 (즉, 자연수들 사이의 관계들이나 비례들에) 환원한 것이다. 설령

날 (기지의) 이론에 환원시키는 것 사이의 구분일 것이라고 나는 생각한다. 내가 제안하는 구분은 현존 이론에 의해서 어떤 이론을 설명하는 **환원과 새로운 이론의 도움을 받아 행하는 설명** 사이에서 이루어질 수 있다. 비록 나는 말들에 관해 싸우지 않을지라도, 나는 새로운 이론의 도움을 받아 행한 설명을 '환원'이라고 부르고 싶지 않다. 그러나 만일 이런 용어가 채택된다면, 맥스웰의 전자기 이론을 통해서 빛의 전파에 대한 파동 이론의 설명은 완전히 성공한 환원의 사례라고 (어쩌면 완전히 성공한 환원의 유일한 사례라고) 주장될 수 있다. 하지만 이것을 한 이론을 다른 이론에 혹은 물리학의 일부를 다른 일부에 환원하는 것으로 기술하기보다는 오히려 물리학의 두 부분을 통합하는 데 성공한 근본적으로 새로운 이론으로 기술하는 것이 더 좋을 수 있다.

[이런 맥락에서 본질주의에 대한 포퍼의 논의와 본질주의와 정당화의 연관에 대한 포퍼의 논의에 대해서는, 『실재론과 과학의 목표』(『후속편』, I권), 2절을 보라. 또한 『끝나지 않는 물음』, 7절과 『열린사회와 그 적들』, 11장을 보라. 편집자.]

그리스 사람들이 그런 환원을 달성했다 할지라도, 이런 환원조차도 **잔여**를 남겼다고 어떤 사람들은 말할 수 있다. (비너(Wiener, 1914)와 쿠라토프스키(Kuratowski, 1920)가 순서쌍을 순서가 아닌 쌍들의 무질서한 쌍에 환원함으로써 성공했다. 더구나 그 환원은 쌍들 자체로 환원하기보다는 동치 쌍들의 집합들에 환원한 것임을 알아야 한다.) 그것은 산술에 대한 피타고라스적인 우주론적인 탐구 프로그램을 권장했지만,[6] 그러나 2, 3, 혹은 5의 제곱근 같은 무리수들의 존재 증명을 허물어버렸다.[7] 플라톤은 산술의 우주론적인 프로그램을 기하학으로 대체했으며, 그리고 이 프로그램은 유클리드로부터 아인슈타인에 이르기까지 수행되었다. 그러나 뉴턴과 라이프니츠의 미적분 발명은 (그리고 그들 자신의 직관적인 방법이 배제하지 못했던 몇몇 역설적인 결과들의 문제는) 새로운 산술에 대한 — 산술을 새롭게 자연수에 환원할 — 필요를 창출했다. 19세기와 20세기 초 가장 장엄한 성공들을 했음에도 불구하고, 이런 환원은 완전히 성공하지 못했다.

단지 해결하지 못한 잔여를 하나만 언급한다면, 자연수의 연속에 환원하거나 현대 집합 이론의 의미에서 집합에 환원함은 자연수의 동치 순서쌍들의 집합에 환원하는 것과 동일하지 않거나 심지어 유사하지도 않다. 집합이란 생각을 소박하게 그리고 순수 직관적으로 (칸토어가 한 것처럼) 사용하는 한에서, 아마도 이 점은 명백하지 않았다. 그렇지만 무한 집합들의 역설(볼차노, 칸토어 및 러셀이

---

6) [탐구 프로그램에 대한 포퍼의 생각에 대해서는 『양자 이론과 물리학의 분열』(『후속편』, III권), 'Metaphysical Epilogue'를 보라. 편집자.]

7) 『열린사회와 그 적들』, I권, 6장, 주석 9와 『추측과 논박』, 2장, pp.75-92를 보라.

논의했던)과 그리고 집합 이론을 공리화할 필요는 과장하지 않고 말해서 달성된 환원이 직접적인 산술화가 — 자연수에 환원함이 — 아니라, 공리적인 집합 이론에 환원한 것임을 보여주었다. 그리고 이것은 상당히 복잡하고 약간 위험한 기획이라고 판명되었다.

이 사례를 요약하면, 산술화 프로그램 — 즉, 기하학과 무리수들을 자연수들에 환원하는 프로그램 — 은 부분적으로 실패했다. 그러나 이런 실패가 가져온 예기치 못한 많은 문제들과 예측하지 못한 지식의 양은 엄청난 것이었다. 이것을 다음과 같이 일반화할 수 있다. 우리가 심지어 환원주의자로서 성공하지 못한 곳에서도, 우리가 실패하는 도중에 획득할 수 있는 흥미롭고 예기치 못한 수많은 결과들이야말로 가장 중요할 수 있다.

III

나는 무리수를 자연수에 환원하는 시도가 부분적으로 실패했다고 언급했으며, 또한 환원 프로그램이 과학적이고 수학적인 설명, 단순화 및 이해 활동들의 일부임을 지적했다.

이제 나는 물리학에서 환원 프로그램들의 성공과 실패를 조금 상세하게 논의해 보겠다. 특히 거시 물리학을 미시 물리학에 환원한 것과 화학을 미시 물리학과 거시 물리학 모두에 환원하면서 이룬 부분적인 성공들을 논의해 볼 것이다.

나는 더 이상의 설명이 필요 없거나 더 이상의 설명을 할 수 없는 어떤 것에, 특히 어떤 '본질'이나 어떤 '실체(ousia)'에 호소함으로써 어떤 것들을 설명하는 시도나 환원에 대해 '궁극적인 설명'이란 용어를 사용한다.8)

인상 깊은 사례는 무생물의 물리학 전체를 **연장된 실체**로 환원하는 데카르트의 사례이다. 여기서 말하는 실체(물질)는 오직 하나의 본질적인 속성, 즉 공간적인 연장을 갖고 있다.9)

물리학 전체를 외견적으로 본질적인 하나의 속성에 환원하는 이런 시도는 상당히 성공적이었다. 그 시도는 물리적인 우주에 대한 이해할 수 있는 그림을 산출하는 한에서 성공이었다. 데카르트의 물리적인 우주는 각 '물체'나 '물질의 부분'이 이웃하는 부분을 함께 밀었던 그리고 다른 쪽에 있는 그 이웃에 의해 함께 밀렸던 움직이는 소용돌이의 시계 장치였다. 물리적 세계에서는 오직 물질만이 발견되어야 했으며 모든 공간은 물질로 꽉 차 있다. 실제로 공간 또한 물질에 환원되었다. 왜냐하면 빈 공간은 없지만 그러나 오직 물질의 본질적인 공간적 연장만이 있기 때문이다. 그리고 단지 인과라는 순수 물리적 양식 하나만 존재할 뿐이었다. **모든 인과는 밀기**이거나 접촉에 따른 작용이었다.

심지어 뉴턴은 세계를 보는 이런 방식을 만족스러운 것이라 알고 있었다. 비록 그는 자신의 중력 이론에 새로운 종류의 인과를, 즉 **인력**이나 원거리 작용을 도입해야 한다고 느꼈을지라도 그랬다.

뉴턴 이론의 거의 믿을 수 없는 설명적이고 예측적인 성공은 데카르트의 환원 프로그램을 무너뜨렸다. 뉴턴은 스스로 중력 인력을 설명함으로써 데카르트의 환원 프로그램을 수행하는 시도를 했다. 다시 말해 우주 입자의 폭격(통상적으로 르사게의 이름과 연관된 시도)의 '충격'(우산 효과와 결합된 복사 압력)을 통해서 환원 프로

---

8) 『추측과 논박』, 3장, pp.103-107을 보라.

9) 『자아와 그 두뇌』, P1, P3장과 『양자 이론과 물리학의 분열』(『후속편』, III권), 'Metaphysical Epilogue'을 보라.

그램을 시도했다는 것이다.10) 그러나 나는 이런 이론에 대한 치명적인 반대 이유를 뉴턴은 알게 되었다고 믿는다. 물론 그것은 인력과 원거리 작용을 밀기와 접촉에 의한 작용에 환원하는 것이다. 하지만 그것은 또한 움직이는 모든 물체는 저항 매체 속에서 움직일 것임을 의미한다. 저항 매체는 그 물체들의 운동에 제동 작용을 할 것이므로, 관성의 법칙에 대한 뉴턴의 사용을 무효로 할 것임을 의미한다.

따라서 그 이론의 직관적인 매력에도 불구하고 또한 원거리 인력 작용이 물질의 본질적인 속성일 수 있다는 견해를 불합리한 것으로 여긴 뉴턴 자신의 거부 반응에도 불구하고, 인력을 밀기에 궁극적으로 환원하는 시도는 실패한다.

지금 유망한 과학적 환원과 그 환원의 실패에 대한 단순한 사례가 있다. 그리고 환원을 시도함으로써 그리고 그 환원이 실패하고 아마 심지어 왜 실패하는지를 발견함으로써 사람들이 얼마나 많은 것을 배우는지에 대한 사례도 있다.

(이런 실패의 직접적인 이유가 뉴턴이 공간을 신의 감각 중추로 기술한 것이라고 나는 추측한다. 다시 말해, 공간은 모든 물체의 분포를 '알고' 있었다. 어떤 의미에서 공간은 전지했다. 그것은 또한 편재하고 있었다. 왜냐하면 그것은 모든 시간의 순간에 이런 지식을 무한한 속도로 모든 장소에 전송했기 때문이다. 그래서 적어도 신적인 본질의 두 가지 특징을 공유하고 있는 공간은 그 자체로 신적인 본질의 일부였다. 이것은 뉴턴이 본질주의자의 궁극적인 설명을 했던 다른 시도였다고 나는 주장한다.)

---

10) 『추측과 논박』, p.107, 주석 21을 보라.

데카르트의 환원은 방법론적인 이유로 왜 우리가 환원을 시도해야 하는지를 보여주고 있다. 그렇지만 그것은 또한 왜 우리가 낙관적이지 않아야 하는지를 나타낼 수도 있지만, 우리가 미수에 그친 환원의 완전한 성공과 관련해서만 다소 절망적일 수 있을 뿐이라는 이유를 지적하는 것일 수 있다.

IV

물리적 세계 속의 모든 것을 연장과 밀기로 환원하는 데카르트 시도는 뉴턴 자신의 중력 이론 성공과 비교해 보았을 때, 실패였다. 그 성공이 너무 거대했기 때문에 로저 코테스(Roger Cotes)와 더불어 시작하는 뉴턴주의자들은 뉴턴 이론 자체를 궁극적인 설명으로, 그리고 이에 따라 중력 인력을 물질의 본질적 속성으로 간주하기 시작했다. 이것은 뉴턴 자신의 견해들과는 반대되는 것이었음에도 불구하고 그렇게 했다. 그렇지만 뉴턴은 (뉴턴 원자들의) **연장**과 **관성**이 질량의 본질적인 속성이 아니어야 할 어떤 이유도 알지 못했다.[11] 따라서 뉴턴은 관성 질량과 중력 질량의 구분을 분명히 알고 있었다. 나중에 아인슈타인은 이 점을 강조했다. 또한 뉴턴은 그런 질량의 비율(혹은 균등)이 열어준 문제들에 관해서 분명히 알고 있었다. 이 문제가 본질주의 접근에 대한 반계몽주의 때문에 뉴턴과 외트뵈시(Eötvös) 혹은 심지어 아인슈타인 사이에서는 거의 보이지 않았다.

아인슈타인의 특수 상대성 이론은 관성과 중력 질량에 대한 본

---

11) 『추측과 논박』, p.106 이하를 보라.

질주의적인 동일성을 무너뜨렸다. 그리고 이것은 그의 등가 원리에 의해 약간 임시변통으로 그 동일성을 설명하려고 노력했던 이유이다. 그러나 그것을 (코르넬리우스 란초스(Cornelius Lanczos)가 처음으로) 발견했을 때, 이전에는 별도로 가정되었던, 아인슈타인의 중력 방정식들은 스스로 인력에 끌리는 물체들은 시공간 측지선을 따라 움직인다는 원리로 이어졌다. 관성의 원리는 사실상 중력 방정식들에 환원되었고 따라서 관성 질량은 중력 질량에 환원되었다. (아인슈타인이 이런 결과의 중요성에 강한 인상을 받았을지라도, 그것은 유명하지만 그러나 결코 불분명하지는 않은 '마하의 원리'보다 더 만족할 만한 방식으로 마하의 중요한 문제─ 관성에 대한 설명 문제─ 를 해결했다는 것을 완전히 받아들이지 않았다고 나는 믿는다. 마하의 원리란 각 물체의 관성은 우주 속의 여타 다른 물체들과 결합된 효과에 기인한다는 원리이다. 아인슈타인을 실망하도록 한, 이 원리는 적어도 몇몇 해석에 따르면, 모든 물체가 없는 공간에 대해 마하의 제안과는 반대로 관성의 법칙은 여전히 타당하다는 특수 상대성을 산출하는 일반 상대성과 양립 불가능했다.)

지금 우리는 성공한 환원에 대한 매우 만족스러운 사례를 갖고 있다. 일반화된 관성 원리를 일반화된 중력 원리에 환원하는 것이 그에 해당한다. 그러나 다음과 같은 관점에서 그것은 거의 고려되지 않았다. 비록 순수 수학적인 관점에서 명쾌하지만 그러나 특별히 중요하지는 않은 것으로 간주될 수 있는 어떤 결과의 중요함을 아인슈타인이 강하게 느꼈다 할지라도, 그도 역시 그 사례를 고려하지 않았다. 왜냐하면, 어떤 공리 체계 안에서 어떤 공리의 의존이나 독립은 일반적으로 형식적인 관심에 불과하기 때문이다. 그러므로 측지선에 관한 운동 법칙은 별도의 공리로 가정해야 하는지, 아니면 중력 이론의 나머지로부터 도출될 수 있는지는 왜 문제가 되어야 하는가? 이에 대한 답변은 그런 법칙의 도출을 통해서 관성과 중력 질량의 동일성이 **설명**되었으며, 또한 관성은 중력 질량으로 환원되었다는 것이다.

이런 방식에서 사람들은 뉴턴의 원거리 작용(본질주의의 어법으로 말했던)이라는 거대한 문제가 아인슈타인의 중력 작용의 유한한 속도에 의해 해결되기는커녕, 관성적인 문제를 중력적인 문제로 환원함으로써 해결되었다고 말할 수 있다.

V

물론 뉴턴과 뉴턴주의자들은 자기력과 전기력의 존재에 관해 알고 있었다. 그리고 적어도 20세기 초에 이르기까지 전자기 이론을 뉴턴 역학에 환원하거나 뉴턴 역학의 변형된 형식에 환원하는 시도들이 이루어졌다.

이런 발전에서 두드러진 문제가 **외견상으로** 비중심적인 힘들(외르스테드(Oersted)의 힘들)을 중심적인 힘들에, 다시 말해 심지어 변형된 뉴턴 이론에 적합한 듯이 보였던 유일한 힘들에 환원하는 것이었다. 이런 발전에서 걸출한 이름들은 암페르(Ampère)와 베버(Weber)였다.

맥스웰 또한 패러데이의 힘들의 (역선들에 대한) 전자기적인 장을 뉴턴적인 역학 기제나 발광성의 에테르에 대한 모형에 환원하고자 함으로써 시작했다. 그렇지만 (전자기적인 장의 매개체로서 발광성의 에테르를 포기하지 않았음에도) 그는 그 시도를 포기했다. 헬름홀츠 또한 뉴턴적인 환원 프로그램과 데카르적인 환원 프로그램에 마음이 끌렸다. 그리고 제자인 하인리히 헤르츠(Heinrich Hertz)에게 이 문제에 관해 연구해야 한다고 제시했을 때, 헬름홀츠는 역학의 탐구 프로그램을 구제하려는 희망에서 그렇게 했던 것으로 보인다. 그러나 그는 맥스웰의 방정식에 대한 헤르츠의 확인을 결정적인 것으로 받아들였다. 헤르츠와 톰슨(J. J. Thomson) 이후에는 정확히 반대인 탐구 프로그램 — 역학을 전자기 이론에 환원하는 프로그램 — 이 더 매력을 끌게 되었다.

물질의 전자기 이론 — 즉, 역학과 화학 모두를 원자론의 전자기 이론에 환원 — 은 적어도 러더퍼드(Rutherford)의 행성 원자 모형이나 핵 원자 모형의 해인 1912년부터 1932년경까지 눈에 띄게 성공을 거두었다.

사실상, 양자역학(혹은 한때 '새로운 양자 이론'이란 이름으로 불렸던)은 적어도 1935년까지는 역학을 새로운 **물질의 전자기 이론**에 환원하는 마지막 형식으로서 그 당시에 간주되었던 것에 대한 다른 이름일 뿐이었다.

양자역학 이전에 물리학자들을 잠시나마 이끌었던 이런 환원이 얼마나 중요한지를 깨닫기 위해서 나는 아인슈타인이 썼던 구절을 인용할 수 있다.[12]

　… 기본 입자들[즉 전자들과 양성자들]은 전자기장의 응축 외에

---

12) A. Einstein, *Äther und Relativitätstheorie*, 1922, 영어 번역본, *Sidelights on Relativity*, 1922, p.24. 또한 나의 논문 "Quantum Mechanics without 'the Observer'", in Mario Bunge, ed., *Quantum Theory and Reality*, 1967, pp.7-44를 보라. 지금은 『양자 이론과 물리학의 분열』(『후속편』, III권) 서문에 수정된 판본으로 수록되어 있다.

… **아무것도** … **아니었다**는 현재 우리의 이해에 따르면, … 우주에 대한 우리의 … 견해는 두 가지 실재 … 즉, 중력적인 에테르와 전자기적인 장이나 … 혹은— 그것들이 또한 불릴 수 있는 것으로— 공간과 물질을 표현하고 있다.

내가 고딕체로 쓴 '아무것도'는 환원의 특징을 웅장하게 표현한 것이다. 실제로 아인슈타인은 생애 마지막까지, 중력장과 전자기장을 통일장 이론으로 통합하고자 애썼다. 심지어 1920년 그의 견해가 대체된 후에도— 정확히 말해서, 그의 견해가 (특히, 핵력의 발견 때문에) 무너진 후에도 그렇게 했다.

본질적으로 동일한 환원주의의 견해에 이른 것을 그 당시(1932년) 거의 모든 주도적인 물리학자가 받아들였다. 그 예로 영국의 에딩턴(Eddington)과 디랙(Dirac), 유럽 대륙에서는 아인슈타인 외에 보어(Bohr), 드브로이(de Broglie), 슈뢰딩거(Schrödinger), 하이젠베르크(Heisenberg), 보른(Born) 및 파울리(Pauli)를 들 수 있다. 그리고 그런 견해에 대한 매우 인상적인 진술이 그 당시 캘리포니아 기술 연구소의 로버트 밀리칸(Robert A. Millikan)에 의해 다음과 같이 이루어졌다.13)

실제로, 과학의 역사에서 일련의 전체 발견들의 정점을 이루었던 1914년경보다 더 멋지고 단순화시키는 어떤 것도 지금껏 일어나지 않았다. 그런데 그 발견들은 결국 현실적으로 다음과 같은 이론을 보편적으로 수용하게끔 했다. 물질계는 단지 두 근본적인 실재들인 양전자들과 음전자들을 포함하고 있는데, 그 두 실재들의 전하량은

---

13) R. A. Millikan, *Matter and Value*, 1932, p.46.

정확히 같았지만 질량에서만 크게 다른 것이었다. 왜냐하면 — 지금은 통상 양성자라 불리는 — 양전자가 지금은 통상 전자라고 하는 음전자보다 1,850배나 더 무거웠기 때문이다.

이런 환원론자의 구절이 아슬아슬하게 때맞춰 써졌을 때는, 채드윅(Chadwick)이 중성자의 발견을 발표한 해와 그리고 앤더슨(Anderson)이 처음 양전자를 발견했던 해와 같은 해(1932년)였다. 그렇지만 에딩턴과 같은 가장 위대한 물리학자들 중 몇몇도 양자역학의 출현과 더불어 물질의 전자기 이론이 양자역학의 마지막 상태에 들어왔다는 것과 모든 물질은 전자와 양성자로 이루어져 있다는 것을 계속 믿고 있었다.[14] 심지어 유가와(Yukawa)가 이른바 중간자라는 것의 존재를 제시한 후에도 그랬다.

실제로, 역학과 화학을 물질의 전자기 이론에 환원하는 것은 거의 완벽한 것처럼 보였다. 데카르트와 뉴턴에게 공간을 채우고 있는 물질의 본질과 데카르트의 밀기처럼 보였던 것은 **반발력들** — 음전자들이 음전자들에 대해 발휘했던 힘들 — 에 환원(라이프니츠가 오래전에 요구했던 것처럼)되었다. 물질의 전기적 중립성은 동일한 수의 양의 양성자들과 음의 전자들로 설명되었다. 그리고 물질의 전화(이온화)는 원자의 행성적인 전자껍질에서 전자들의 손실에 (또는 전자들의 초과에) 의해 설명되었다.

---

14) J. Chadwick, "Possible existence of a neutron", *Nature* 129, p.132; C. D. Anderson, "Cosmic ray bursts", *Physical Review* 43, pp.368-369와 "The positive electron", *Physical Review* 43, pp.491-494; A. Eddington, *Relativity Theory of Protons and Electrons*, 1936; 그리고 H. Yukawa, "On the interaction of elementary particles", *Proceedings of the Physico-Mathematical Society of Japan*, 3rd. series, 17, pp.48-57.

화학은 원소들의 주기 체계에 대한 보어의 양자 이론을 통해서 물리학에 환원되었다. 즉, 그 이론은 파울리의 배중률을 사용함으로써 교묘하게 완벽해졌다. 또한 화학적인 구성 이론과 화학적인 공유 결합의 본성 이론은 하이틀러와 런던(Heitler and London, 1927)에 의해 (동극의) 원자가 이론에 환원되었다. 그런데 이 원자가 이론은 다시 파울리의 배중률을 이용했다.

물질이 환원할 수 없는 실체라기보다는 복잡한 구조임이 드러났다 할지라도, 이전에 우주에서 물리학에 대한 이 같은 통일이나 이런 환원의 정도는 존재하지 않았다.

그 이래로 그것을 다시 성취한 적은 없었다.

사실을 말하면, 우리는 여전히 데카르트의 밀기를 전자기력에 환원함을 믿고 있으며, 그리고 원소들의 주기 체계에 대한 보어의 이론도 대체로 살아남았다. 비록 동위원소들을 도입함으로써 주기 체계가 상당히 변했다 할지라도 그렇다. 그러나 안정된 구성요소로서의 두 가지 입자를 갖고 있는 우주를 전자기적 우주에 아름답게 환원하는 데서 그 밖의 모든 것은 이제 해체되었다. 강조해서 말하면, 우리는 이런 해체 과정에서 엄청나게 많은 새로운 사실을 알게 되었다. 이것이 나의 주된 논제들 중의 하나이다. **하지만 단순성과 환원 프로그램은 없어졌다.**

중성자들과 양성자들의 발견과 더불어 시작했던 이런 과정은 그 이래로 지금까지 새로운 기본 입자들의 발견으로 계속되었다. 그러나 입자 이론은 주요한 난관이 되지 못한다. 실제적인 붕괴는 새로운 종류의 힘들의 발견 때문에 일어났다. 특히, 작은-영역의 핵력은 전자기적인 힘들과 중력적인 힘들에 외견적으로 환원할 수 없다는 발견이다.

그 당시에 중력적인 힘들은 물리학자들을 전혀 괴롭히지 못했다. 왜냐하면 그것들은 그저 일반 상대성을 통해서 해명되었기 때문이다. 그리고 중력적인 힘들과 전자기적인 힘들의 이원론이 통일장 이론으로 내체되기를 바랐기 때문이다. 그러나 이제 우리는 물리학에서 적어도 매우 다른 종류이면서 그리고 여전히 환원할 수 없는 종류의 힘들, 즉 중력, 감쇠 상호작용력, 전자기력 및 핵력을 갖게 되었다.15)

VI

따라서 데카르트적인 역학은 — 한때 데카르트와 뉴턴이 그 밖의 모든 것이 환원되어야 할 토대로서 생각했던 — 전자기론에 성공적으로 환원되었으며, 여전히 성공적인 환원이었다. 그렇지만 화학이 양자 물리학으로 환원되는 문제에 관해서는 어떤가? 그것은 공인될 정도로 매우 인상적인 환원이다.

논증을 위해 우리가 화학 결합에 (공유 전자 결합이나 쌍둥이 전

---

15) 오늘날 통일장 이론을 이루려는 새롭고 더 광범위한 시도들이 있다. 다시 말해, 네 가지 자연적 힘 모두를 통합하려는 시도들이 존재한다는 것이다. 이런 시도들 중에서, 우리는 Steven Weinberg와 Abdus Salam의 공동 작업을 언급할 수 있으며, 그것을 종종 'Weinberg-Salam of Interaction' 혹은 'gauge theory'이라고 부른다. 이 이론은 전자기적 힘과 약한 핵력들은 (어떤 종류의 원자핵들의 방사성 붕괴의 원인이 되는) 동일한 현상의 양상들이거나 측면들이라고 제안한다. 그리고 원자핵 속의 중립적인 소립자의 흐름에 대한 시험들을 통해서 이런 제안의 확인이 있었다. 그렇지만 중력적인 힘과 핵력들은 여전히 이런 이론을 넘어서 있으므로, 그 이론 자체는 어떤 측면에서 형이상학적인 탐구 프로그램이라는 점이다.

자 결합과 비공유 결합, 예컨대 소켓-구멍 결합 모두에) 대한 양자 이론에 완전히 만족하는 환원을 갖고 있다고 가정해 보자. 『화학 결합의 본성(*The Nature of the Chemical Bond*)』의 저자인 파울링 (Pauling, 1959)이 화학 결합의 본성이 무엇인지를 '정의할' (혹은 정확히 진술할) 수 없었다는 강력한 논평에도 불구하고 그렇게 가정해 보자. 나아가 우리가 핵력, 원소들 및 그것들의 동위원소들의 주기 체계, 그리고 특히 더 무거운 핵들의 안정성과 불안정성에 대한 완전히 만족할 만한 이론을 갖고 있다고 가정해 보자. 이것은 화학을 완전히 만족스러운 양자역학에 환원한 것이라고 여겨지는 가?

나는 그렇다고 생각하지 않는다. 전혀 새로운 관념, 즉 물리적인 이론에 약간 맞지 않는 관념이 도입되어야 한다. 그 예로 진화에 대한 생각, 우리 우주의 역사 및 우주 생성론에 대한 생각, 그리고 심지어 우주 발생론에 대한 생각도 들 수 있다.

이것이 그렇게 된 이유는 원소들의 주기율표와 (재정식화된) 주기 체계에 대한 보어의 이론은 더 무거운 핵들을 더 가벼운 핵들로 구성되어 있는 것으로 설명하고 있기 때문이다. 즉, 궁극적으로는 산소 핵들(양성자들)과 중성자들로 구성되어 있는 (이번에는 양성자들과 전자들의 구성으로 간주될 **수 있는**) 것으로 설명한다는 것이다. 그리고 이런 이론은 더 무거운 원소들은 — 이것들의 핵들이 실제로 진귀한 과정에서 나온다는 — 역사를 갖고 있다고 가정한다. 이런 진귀한 과정이 우주 속에서 오직 드물 정도로 마주치게 되는 조건들 하에서 몇몇 산소 핵들을 더 무거운 핵들에 융합하게 끔 한다는 것이다.

이런 일이 실제로 일어났으며 여전히 일어나고 있다는 견해를 지지하는 많은 증거를 우리는 갖고 있다. 다시 말해, 더 무거운 원소들은 진화의 역사를 갖고 있다는 것, 그리고 무거운 수소가 헬륨으로 변형된 융합 과정은 우리의 태양 에너지와 또한 수소폭탄의 주된 원천이라는 것이다. 따라서 헬륨과 더 무거운 모든 원소는 우주론적인 진화의 결과이다. 현재 우주론적인 견해에 따르면, 그것들의 역사 그리고 특히 더 무거운 원소들의 역사는 이상한 역사이다. 더 무거운 원소들은 현재 초신성들의 폭발 산물들이다. 최근의 몇몇 추정치들에 의하면, 헬륨은 모든 물질 질량의 25%를 차지하고 있으며, 수소는 모든 물질 질량의 3/2나 4/3을 점유하고 있기 때문에, 더 무거운 모든 핵은 극히 드물게 (아마 합해서 질량의 1%나 2% 정도) 있는 것 같다. 그러므로 우리 태양계의 지구와 아마도 다른 행성들은 대체로 (그리고 내가 매우 귀중하다고 말해야 할) 매우 진귀한 물질들로 만들어졌다.

지금 현재 우주의 기원에 대해 가장 널리 받아들여진 이론[16] ― 뜨거운 대폭발 이론 ― 은 대부분의 헬륨들이 빅뱅 자체의 산물이라고 주장한다. 즉, 헬륨은 팽창하는 우주가 존재한 지 최초 1분 내에 산출되었다고 주장하고 있다. 이 같은 사변의 (원래 가모프(Gamow)에서 기인한) 과학적 지위에 대한 위태로움을 강조할 필요는 없다. 그리고 화학을 양자역학에 환원하는 우리 시도에서는 이런 종류의 이론들에 호소해야 하기 때문에, 이런 환원이 잔여 없이 수행되어 왔다는 것을 거의 주장할 수 없다.

---

16) 이런 이론은 지금 J. C. Pecker, A. P. Roberts and J.-P. Vigier, "Non-velocity redshifts and phton-phton interactions", *Nature* 237, 1972, pp.227-229에서 제안한 적색 이동에 대한 새로운 이론 때문에 위태로울 수 있다.

우리가 적어도 부분적으로 화학을 물리적 이론에 환원하기보다는 우주론에 환원해 왔다는 것은 진실이다. 물론 근대의 전통적인 상대주의 우주론은 응용 물리 이론으로 시작했다. 그렇지만 헤르만 본디(Hermann Bondi)가 지적했듯이 지금은 이런 시대가 끝난 것 같다. 그리고 우리는 다음과 같은 사실에 직면했음에 틀림없다. 우리의 관념들 몇몇(예컨대, 디랙과 조르단(Jordan)에서 시작했던 관념들)은 거의 다 물리적인 이론을 우주 생성론에 환원하는 시도들로서 기술될 수 있다. 우주론과 우주 생성론 모두 여전히 물리적인 과학의 경계 사례들이다. 비록 우주론과 우주 생성론이 엄청나게 흥미로운 물리학의 일부분들일지라도, 그리고 더 잘 시험될 수 있게 됐을지라도 그렇다. 그러나 그것들은 화학을 물리학에 환원하는 토대로 기여할 만큼 충분히 성숙되지 못했다. 이 점이 바로 내가 소위 말하는 화학을 물리학에 환원하는 것은 불완전하며 어느 정도 문제가 있는 것으로 간주하고 있는 하나의 이유이다. 물론 내가 이런 새로운 모든 문제를 대단히 환영할지라도 그렇다.

VII

그러나 화학을 물리학에 환원하는 데는 두 번째 잔여가 존재한다. 현재 우리의 견해는 수소 단독으로, 더 정확히 말하면 수소 핵들이야말로 여타 모든 핵의 구성 물질이라는 것이다. 우리는, 양의 핵들은 전기적으로 매우 짧은 거리까지 서로 강하게 밀어내지만, 훨씬 더 짧은 (오직 거대한 압력이나 속도가 그 반발력을 제압하는 경우에만 달성할 수 있는) 거리에 대해 그것들은 핵력을 통해서 서로 끌어당긴다고 믿는다.

그렇지만 이것은 우리가 수소 핵들에 관계적인 속성들을 귀속시킨다는 것을 의미한다. 그런데 이런 관계적 속성들은 수소 핵들이 우리 우주에 존재하는 거의 모든 조건들에서 작용하지 않는 속성들이다. 다시 말해, 이런 핵력들은 극히 드문 조건, 즉 엄청난 온도와 압력 하에서 오직 나중에 활성화될 뿐인 잠재성들이다. 하지만 이것은 주기율표의 진화 이론이 **예정설**이나 **예정 조화설**의 성격을 갖고 있는 본질적 속성들에 대한 이론과 매우 닮아 보인다는 것을 의미한다.17) 어쨌든 우리가 속해 있는 것 같은 태양계는 현재 이론에 따르면 이런 속성들이나 정확히 말해 잠재성들의 사전 존재에 의존한다.

더구나 더 무거운 원소들의 기원이 초신성들의 폭발에 있다는 이론은 **두 번째 유형의 예정설이나 예정 조화설**을 도입한다. 왜냐하면 그것은 다음과 같은 주장에 이르기 때문이다. 중력의 힘들은 (외견적으로 그리고 지금까지 핵력들이나 전자기력들과 연관되지 않는 모든 힘들 중에서 가장 약한 힘들인)18) 수소의 거대한 축적에서, 핵들 사이의 엄청난 전기적인 반발력을 극복할 만큼 강력하게 될 수 있다. 또한 중력의 힘들은 핵력들의 작용에 기인한 힘들을 융합할 정도로 매우 강력하게 될 수 있다. 조화가 핵력들의 잠재성들과 중력의 잠재성들 사이에 존재한다. 나는 예정 조화설의 철학이 거짓이어야 한다고 말하고 싶지 않다. 그렇지만 나는 예정 조화

---

17) 나는 여기서 '예정 조화'라는 말을 다음과 같은 점을 강조하기 위해 사용하고 있다. 즉, 우리의 설명은 수소 원자의 분명한 물리적인 속성들의 측면에서가 아니라, 오히려 수소 핵들에 대한 지금까지 알려지지 않은 그리고 의심을 하지 않는 속성들을 전제했던 어떤 설명으로 사용했음을 강조한다는 것이다.

18) 전술한 주석 15을 보라.

에 호소하는 것이야말로 만족스러운 환원으로 간주될 수 있다고 생각하지 않는다. 그리고 나는 그런 호소는 어느 하나를 다른 하나로 환원하는 방법의 실패를 허용한다고 주장한다.

따라서 화학을 물리학에 환원하는 것은 결코 완전하지 않다. 설령 우리가 어느 정도 비실재적으로 지지할 수 있는 가정들을 허용한다 할지라도 그렇다. 오히려 이런 환원은 우주적인 진화나 우주 생성의 이론과 그리고 더불어 두 종류의 예정 조화 이론을 가정하고 있다. 잠자고 있는 잠재성들이나 산소 원자에 구비되어 활성화될 낮은 확률의 상대적인 성향들을 허용하기 위해서 그렇게 된다. 우리는 분명히 **창발**과 **창발적 속성들**의 관념들로 작업을 수행하고 있음을 인식해야 할 것 같다고 나는 주장한다.19) 이런 방식으로 이

---

19) 나는 여기서 현상적으로 예견할 수 없는 진화론적 단계를 지적하기 위해 '창발적'이란 용어를 사용하고 있다. 『자아와 그 두뇌』, 1977, P1장, 6-9절을 보라. 이른바 사람들이 생물학을 위한 반환원주의 탐구 프로그램이라고 하는 것을 옹호하고 싶지 않기 때문에, 다음과 같은 것은 그 상황에 관해 합리적인 논평인 것처럼 보인다. 즉, 물리학을 위한 역학적인 탐구 프로그램은 전기와 자기를 포함하는 시도 때문에 실패했거나, 좀 더 정확히 말해 패러데이가 무-중심적인 힘들을 도입했기 때문에 실패했다는 것이다. (에테르의 역학적 모형을 구성함으로써 이런 무-중심적인 힘들을 뉴턴 이론에 환원하려는 맥스웰의 시도는 그에게 장 방정식을 제시하는 데 극히 유익함을 증명했지만, 그러나 그럼에도 불구하고 그 시도는 성공하지 못했으며 중단되어야 했다.) 뉴턴 이론과 맥스웰 이론이 융합하지 않는다는 아인슈타인의 깨달음은 일반 상대성 이론에 이르게 했다. 그래서 물리학자들은 환원보다는 근본적으로 새로운 이론을 받아들여야 했다. 물리학이 이와 유사한 운명에 빠져버린 때는 로렌츠와 아인슈타인 덕택에 통일된 형식으로 역학 이론과 전자기 이론 모두가 대체로 물질의 미세 구조에 대한 새로운 통계적인 문제들에 적용되었을 때였다. 이것은 양자역학을 이끌었다. 생물학적인 문제들의 포함 때문에 더 나아간 물리학의 확충과 수정에 이르게 할 수 있는 가능성을 우리는 배제할

같은 매우 흥미로운 환원이 우주에 대한 이상한— 어쨌든 환원론자에게는 이상한— 그림을 우리에게 남겨주었음을 우리는 보았다. 바로 이것이 내가 이 절에서 하고 싶었던 요점이다.

VIII

지금까지 말했던 것을 요약해 보자. 나는 사례들을 통해서 환원의 문제를 명료히 하고자 노력했다. 그리고 나는 물리 과학의 역사에서 몇몇 매우 인상적인 환원들은 결코 완전히 성공하지 못했으며 잔여를 남기고 있음을 보여주고자 했다. 사람들은 뉴턴의 이론은 케플러와 갈릴레오 이론에 대한 완전히 성공한 환원이었다고 주장할(그러나 앞의 주석 5을 보라) 수 있다. 그러나 비록 우리가 현재 아는 것보다 훨씬 더 많은 물리학을 알고 있으며, 그리고 높은 근사치로 일반 상대성, 양자 이론 및 특별한 사례들로서 네 가지 종류의 힘들을 산출하는 통일장 이론을 갖고 있다고 가정할지라도, 심지어 그런 때에도 화학은 어떤 잔여 없이 물리학에 환원되지 않는다고 우리는 말할 수 있다. 사실상, 이른바 화학의 환원은 진화, 우주론 그리고 우주 발생론 및 창발적인 속성들의 존재를 가정하는 물리학에의 환원이다.

다른 한편, 우리가 행하는 환원 특히 화학을 물리학에 환원하는 시도들이 완전하게 성공하지 못하더라도, 우리는 믿을 수 없을 정도로 많은 양을 배워왔다. 새로운 문제들은 새로운 추측들을 야기했으며, 그리고 예컨대 핵융합 같은 것들 중 몇몇은 확인하는 실험

수 없다.

들을 이끌었을 뿐만 아니라 새로운 기술도 이끌었다. 그러므로 방법의 관점에서 보면, 우리의 환원 프로그램들은 커다란 성공들을 이끌었다. 비록 시도된 환원 자체는 대체로 실패했다고 말해질 수 있다 할지라도 그렇다.

IX

여기서 말해진 이야기와 그로부터 도출된 교훈은 예기치 못한 것으로 생물학자에게 거의 충격을 주지 못할 것이다. 또한 생물학에서, 환원론은 (물리주의나 유물론의 형태로) 완전히 성공하지는 못했다 하더라도 대단히 성공적이었다. 그렇지만 심지어 그것이 성공하지 못한 곳에서도, 그 환원은 새로운 문제들과 새로운 해결책을 이끌어왔다.

내 견해를 어쩌면 다음과 같이 표현할 수 있다. 철학으로서 환원은 실패이다. 방법의 관점에서 보면, 상세히 이루어진 환원 시도들은 믿기 어려운 성공에 이르렀으며, 그리고 그 실패들 또한 과학을 위해 매우 유익했다.

아마도 이런 과학적인 성공을 거둔 몇몇 사람은 철학의 실패에 충격을 받지 않았다. 어쩌면 화학을 완전히 양자역학에 환원하는 시도의 성공과 실패에 대한 나의 분석은 그들을 진지하게 생각할 수 있게 했으며, 그들로 하여금 다시 문제를 볼 수 있게 했다.

X

지금까지의 논의는 자크 모노(Jacques Monod)가 『우연과 필연

(*Chance and Necessity*)』 서문에서 했던 간략한 논평을 상술한 것으로 간주될 수 있다.[20]

어떤 물음도 넘어서서 모든 화학의 기저를 이루고 있는 양자 이론이 화학의 모든 것을 예측하거나 해결할 수 없다. [혹은 화학의 모든 것을 양자 이론에 환원할 수 없다.]

같은 책에서 모노는 또한 매우 두드러진 생명의 기원에 관한 (분명히 어떤 주장이 아닌) 어떤 제안을 내놓았다. 그리고 우리는 여기서 도달된 관점으로부터 생명의 기원을 고려해 볼 수 있다. 모노의 제안은 극히 개연성이 없는 우연한 상황들의 결합에 의해 생명은 무생물에서 창발했다는 것이다. 그런데 이것은 단순히 낮은 확률의 사건이 아니라 0의 확률의 사건 — 사실상 **특유의** 사건일 수 있다.

이런 제안은 (모노가 에클스와 토론하면서 지적했듯이) 실험적으로 시험을 할 수 있다. 만약 우리가 어떤 잘 정의된 실험적인 조건들 하에서 생명을 산출하는 데 성공한다면, 생명의 기원이 독특하다는 가설은 반박될 것이다. 따라서 얼핏 보면 가설처럼 보이지 않을 수 있다 하더라도, 그 가설은 시험할 수 있는 과학적 가설이다.

그 외에 모노의 제안을 그럴듯하게 만드는 것은 무엇인가? 유전 암호의 독특함이란 사실이 존재하지만, 그러나 이것은 모노가 지적했듯이 자연선택의 결과일 수 있다. 생명과 유전 암호의 기원을 혼란스런 수수께끼로 만드는 점은 이렇다. 만약 유전 암호가 번역되

---

20) *Chance and Necessity*, 1971, p.xii.

지 않는다면, 즉 암호에 의해 기록된 구조에 따라 단백질들의 합성에 이르지 못한다면, 유전 암호는 기능이 없이 존재한다. 그렇지만 모노가 지적했던 대로 세포(적어도 우리가 아는 유일한 것으로 비원시적인 세포)는 암호를 번역하는 조직이 "DNA **속에 그 자체로 암호화된** 적어도 50개 거대 분자적인 성분들로 구성되어 있다."[21] 그러므로 암호는 그 번역의 어떤 산물들의 사용을 제외한다면 번역될 수 없다. 이것은 실제로 이해할 수 없는 순환인 악순환을 구성하고 있다. 그런데 그 순환은 유전 암호의 창조에 대한 모형이나 이론을 형성하는 시도인 것처럼 보인다.

따라서 우리는 (우주의 기원처럼) 생명의 기원이 뚫을 수 없는 과학의 장벽이 될 가능성들에 부딪칠 수 있다. 그리고 생물학을 화학과 물리학에 환원하는 모든 시도에도 잔여가 되는 가능성들에 직면할 수 있다. 왜냐하면 생명 기원의 독특함에 대한 모노의 제안이 — 분명히 환원하는 모든 시도에 의해 — 반박될 수 있을지라도, 만약 그 제안이 참이라면, 완전히 성공하는 어떤 환원도 거부하는 데 이를 것이기 때문이다. 이런 제안과 더불어 방법론의 이유들 때문에 환원론자가 된 모노는 화학을 물리학에 환원하는 이전 논의의 관점에서 우리 모두를 강요했던 견해에 도달한다고 나는 믿는다. 그것은 미수에 그친 환원들을 계속하는 비판적인 환원론자의 견해이다. 비록 궁극적인 어떤 환원에도 그가 절망한다 할지라도 그렇다. 그러나 그 견해는 미수에 그친 환원을 계속 진행하는 데 있다. 다시 말해 모노가 다른 책에서 강조했듯이 환원론의 방법들을 전체론적인 방법들로 대체하기보다는 우리의 중요한 희망이 자

---

21) *Ibid.*, p.143.

리하고 있는 미수에 그친 환원들을 진행시키는 데 있다는 것이다. 이것은 옛날의 문제에 관해 많은 것을 배운다는 희망과, 이번에는 새로운 해결들, 즉 새로운 발견들에 이르는 새로운 문제들을 발견한다는 희망을 의미한다.

나는 여기서 전체론을 상세하게 논의하고 싶지는 않지만, 몇 마디 말을 필요로 할 수 있다. 전체론적인 실험 방법들의 사용(예컨대, 배아 속에 세포를 이식하는 것과 같은)은 전체론적인 사고 때문에 고무되었을지라도, 방법론적으로 환원론이라고 주장될 수 있다. 다른 한편 전체론적인 이론들은 심지어 원자나 분자를 기술하는 데 하찮게 요구될 뿐이며, 어떤 유기체나 유전자 집단에 관해 말하는 것은 아니다. 전체론이든 아니든 간에 가능한 유익한 추측들의 다양성에는 어떤 제한이 없다.22) 나의 주요한 논제의 관점에서, 생물학에서 실험적인 방법들의 성격에 관해서만 의문이 제기된다. 즉, 그 방법들 모두가 환원론의 성격을 띠지 않거나 다소 환원론의 성격을 띠든 간에 의문이 제기된다는 것이다. (부수적으로 유사한 상황이 데이비드 밀러(David Miller)가 나에게 상기시켜 주었던 것처럼, 결정론 이론들과 비결정론 이론들에 관해 일어난다. 내가 이 책의 본문에서 논증했듯이 우리가 비록 형이상학적인 **비결정론자**여야 할지라도, 방법론적으로 우리는 여전히 결정론적인 법칙들이나 인과적인 법칙들을 탐구해야 할 것이다. 해결된 문제들 자체가 확률적인 성격인 곳을 제외하고 법칙들을 탐구해야 한다는

---

22) 우리가 환원을 시도하기도 전에, 우리가 환원을 하려고 하는 것이 무엇이든 간에 가능한 한 많은 지식과 상세한 지식을 필요로 한다. 따라서 우리가 환원을 하기 전에, 우리는 환원될 것의 (즉, '전체' 수준에서) 작업을 할 필요가 있다. 『객관적 지식』, pp.285-318, 특히 p.297을 보라.

것이다.)

설령 생명 기원의 독특함에 대한 모노의 제안이 분명히 반복할 수 있는 조건들 하에서 무생물로부터 생명이 산출됨으로써 반박될지라도, 이것은 완전한 환원에 이른 것이 아니다. 나는 환원이 불가능함을 선험적으로 논증하고 싶지 않다. 그러나 우리가 해왔던 것을 이해하지 못한 상태에서 그리고 심지어 우리가 분자 생물학이나 유전 암호에 대해 눈치를 채기 전에 오랫동안 생명에서 생명을 산출해 왔다. 따라서 우리가 실제로 무엇을 하고 있는지에 대해 완전한 물리 화학적인 이해 없이 무생물로부터 생명을 산출할 수 있다는 것은 분명히 가능하다. 예컨대 우리가 암호 번역에 내재한 악순환을 끊어낼 수 있다는 것을 이해하지 않고도 가능하다.

어쨌든 꿈도 꾸지 못했던 분자 생물학의 돌파구가 생명의 기원 문제를 이전보다 더 커다란 수수께끼로 만들었다고 우리는 말할 수 있다. 다시 말해, 우리는 새롭고 더 깊은 문제를 습득해 왔다.

XI

따라서 화학을 물리학에 환원하는 시도는 진화 이론을 물리학에 도입할 것을 요구한다. 즉, 우리 우주의 역사에 의지할 것을 요청한다는 것이다. 진화의 이론은 생물학에서 훨씬 더 필수적인 것처럼 보인다. 더구나 목적이나 목적론 혹은 (마이어의 용어를 사용하면) 목적론적 법칙이라는 관념이나 문제 해결과 매우 유사한 관념 또한 필수적이다. 다시 말해 생물학적이지 않은 과학들의 (극대·극소에 의해, 또한 변화들의 계산에 의해 이런 과학들에서 행해진 역할이 아주 약간 비슷한 것으로 간주되었다 할지라도) 주제 문제와 전혀 맞지 않는 관념을 필요로 한다는 것이다.

물론 목적론을 목적론적이지 않은 말이나 일상적인 말로 설명할 수 있음을 보여준 것이야말로 다윈의 위대한 업적이었다. 다윈주의는 우리가 갖고 있는 가장 최선의 설명이다. 현재로서는 이것과 진지하게 경쟁하는 가설들이 존재하지 않는다.[23]

문제들과 문제 해결은 생명과 더불어 창발한 것으로 보인다. 비록 생명의 기원 이전에 자연선택과 비슷하게 작동하는 무엇인가 — 예컨대 덜 안정적인 원소들의 방사성 붕괴에 기인한 더 안정적인 원소들의 선택 — 가 존재한다 할지라도, 이런 용어의 어떤 의미에서도 원자핵들에 대해 살아남는 것이 '문제'라고 우리는 말할 수 없다. 그리고 수정들과 미생물들 및 미생물들의 분자적인 부분들 사이의 밀접한 유사성은 여기서 또한 무너진다. 수정들은 성장이나 번식이나 살아남음이란 문제들을 전혀 갖고 있지 않다. 하지만 생명은 애초부터 살아남음의 문제에 부딪쳤다. 우리가 원한다면, 실제로 생명을 문제 해결로 기술할 수 있으며, 살아 있는 유기체들을 우주 속에서의 복잡함을 해결하는 유일한 문제로 기술할 수 있다. (컴퓨터들은 문제 해결에서는 도구적이지만, 이런 의미에서 보면 문제 해결자가 아니다.)

이것은 우리가 모든 생명에 해결될 문제들에 대한 **의식**을 귀속시켜야 한다는 것을 의미하지 않는다. 심지어 인간의 수준에서도 우리는 끊임없이 많은 문제들을 해결한다. 그 문제들을 알지 않고도 우리가 균형을 유지하는 것과 같은 문제가 있다.

---

23) 『객관적 지식』, 6장과 7장.

XII

동물들도 의식을 소유하고 있으며 그리고 때때로 어떤 문제를 의식할 수도 있음은 전혀 의심할 수 없다. 그렇지만 아마도 동물의 왕국에서 의식의 창발은 생명의 기원 자체만큼이나 거대한 신비이다.

나는 이것에 관해 다음과 같이 말하는 이상으로는 말하고 싶지 않다. 즉, 범심론이나 물활론이나 일반적으로 물질에 (낮은 정도로) 의식이 부여된다는 논제는 내가 보기에 전혀 도움을 줄 것 같지 않다는 것이다. 이왕 그것을 진지하게 생각해 본다면, 그것은 예정의 다른 이론, 즉 예정 조화설이 된다. (그것은 물론 라이프니츠의 예정 조화 이론의 원래 형식의 일부였다.) 왜냐하면 비생명적인 물질에서 의식은 어떤 기능도 전혀 갖고 있지 않기 때문이다. 그리고 만약 (라이프니츠, 디드로(Diderot), 뷔퐁(Buffon), 헤켈(Haeckel) 및 다른 많은 사람들처럼) 우리가 의식을 비생명적인 입자들(모나드들, 원자들)에 귀속시킨다면, 우리는 그것이 동물들에서 어떤 기능을 갖고 있는 의식에 대한 그 입자들의 형식들의 존재를 설명하는 데 도움을 줄 것이라는 헛된 희망에서 그렇게 하고 있다.

왜냐하면, 동물의 의식이 어떤 기능을 갖고 있음은 의심의 여지가 거의 없기 때문이며, 그 의식은 마치 신체 기관인 것처럼 간주될 수 있기 때문이다. 우리는 이런 일이 어려운 것일지라도 그것은 진화의 산물, 즉 자연선택의 산물이라고 가정해야 한다.

이런 논평은 환원을 위한 프로그램일 수 있다 하더라도, 그러나 아직은 어떤 환원이 아니다. 그리고 환원론자에 대해 그 상황은 어느 정도 절망적인 것으로 보인다. 그런데 그 상황은 환원론자들이 범심론의 가설을 채택한 이유를 설명하거나 더 최근에는 그들은 모두 의식(예컨대 치통에 대한 의식)의 존재를 부정했던 이유를 설명하고 있다.

이런 행동주의 철학은 현재 매우 인기가 있다 할지라도, 의식의 비존재 이론이 물질의 비존재 이론보다 더 진지하게 생각될 수는 없다고 나는 주장한다. 두 이론 다 신체와 마음의 관계라는 문제를 '해결하고' 있다. 두 경우에서 그 해결은 급진적인 단순화인데, 신체를 부정하거나 마음을 부정하는 어느 하나이기 때문이다. 그렇지만 내 생각에 그것은 너무 하찮은 것이다.[24] 나는 이 같은 두 번째 '두드러진 물음'에 관해 조금 더 말해 보겠다. 특히 다음 XIV절에서 범심론에 관해 좀 더 말할 것이고, 거기에서 나는 심물 병행론을 비판해 보겠다.

XIII

이 논문 처음에 열거했던 세 가지 '두드러진 환원의 물음들' 중 나는 두 가지 물음을 간략하게 다루었다. 이제 나는 세 번째 물음, 즉 인간 자의식의 환원에 대한 물음과 인간 마음의 창조성에 대한 물음에 이르렀다

존 에클스 경이 종종 지적했듯이, 이 세 번째 물음은 '마음-뇌의 연락' 문제이다. 그리고 자크 모노는 첫 번째 한계인 생명의 기원 문제와 그 어려움을 비교했을 때, 인간의 중추 신경 체계의 문제를 '두 번째 한계'라고 한다.

이 두 번째 한계 지역은 특히 생물학의 문외한이 거주하기에 위

---

24) 『객관적 지식』, 8장과 『자아와 그 두뇌』, 특히 P3장, 19절을 보라.

험한 지역임은 의심의 여지가 없다. 그럼에도 불구하고 부분적인 환원의 시도들은 두 번째 물음의 환원보다 이 지역에서 더 희망적인 것처럼 보인다. 두 번째 물음의 지역 — 내가 보기에 비교적 불모지인 지역에서보다 첫 번째 지역에서 환원론의 모형들과 더불어 여기서 발견될 수 있고 아마도 심지어 해결될 수 있는 더 많은 문제들이 있는 것처럼 보이기 때문이다. 불가능하지는 않을지라도, 세 지역 어떤 곳에서도 완전한 성공적인 환원이 있을 것 같지 않음을 내가 강조할 필요는 없다.

이와 함께, 아마 다음과 같은 말도 할 수 있다. 즉, 나는 이 논문의 서두에 열거된 이 세 가지 환원에 대한 두드러진 물음을 논의하거나 여하튼 언급할 약속을 이행했다는 점이다. 그러나 모든 과학의 불완전성에 대한 나의 논제를 진행하기 전에, 그것들 중 세 번째 물음 — 신-심 문제 혹은 심-신 문제 — 에 관해 조금 더 나는 말하고 싶다.

동물들 속에서 의식의 창발 문제(물음 2), 그 의식의 이해 문제, 그리고 아마도 의식을 심리학에 환원하는 문제는 거의 해결될 것 같지 않은 것으로 나는 생각하고 있다. 그리고 나는 특히 인간의 자의식의 창발에 관한 더 나아간 문제(물음 3) — 즉, 심-신 문제 — 에 관해서도 유사하게 느끼고 있다. 하지만 우리가 적어도 인간 자아의 문제에 어떤 통찰을 할 수 있다고 나는 생각한다.

나는 비록 스스로를 다원론자로 기술하는 것을 선호할지라도, 많은 측면에서 데카르트적인 이원론자이다.[25] 그리고 물론 나는 데카르트의 두 실체의 어느 하나도 동의하지 않는다. 물질은 연장이

---

25) 『추측과 논박』, 12장과 『자아와 그 두뇌』, 특히 24장을 보라.

라는 본질적 속성을 갖고 있는 궁극적인 어떤 실체가 아니라, 복잡한 구조로 이루어져 있음을 우리는 알았다. 그런 구성을 통해서 우리는 그 실체의 '연장' 대부분에 대한 설명을 포함하고 있는 많은 것을 알게 되었다. 그것은 전기적 반발력을 통해서 (모두 다는 아닐지라도) 많은 공간을 점유하고 있다.

내 논제는 분명히 환원할 수 없는 단일한 것으로 인간의 자의식은 상당히 복잡하며, 그것은 아마도 부분적으로 해명될 수 있다는 것이다.

나는 고급한 인간 의식이나 자아 의식이 동물에게는 결여된 것이라고 주장해 왔다.26) 또한 인간의 영혼이 송과선에 자리 잡고 있다는 데카르트의 추측이 종종 표현되어 왔을 만큼 불합리한 것일 수 없으며, 두뇌를 반으로 나눈 스페리(Sperry)의 결과의 관점에서 보면 그 위치는 언어 중추에서, 즉 뇌의 왼쪽 반구에서 탐색될 수 있다고 나는 주장해 왔다.27) 더 최근에 에클스가 나에게 알려준 대로,28) 나중에 스페리의 실험은 이런 추측을 어느 정도 지지하고 있다. 즉, 오른쪽 뇌는 매우 영리한 동물의 뇌로 기술될 수 있는 반면에 오직 왼쪽 뇌만은 인간에게 나타나며 자아를 아는 것 같다.

나는 특히 인간 언어 발전에 귀속하는 역할을 내 추측의 근거로 삼고 있다.

칼 뷜러(Karl Bühler)가 지적했던 것처럼,29) 모든 동물의 언어는

---

26) 1969년 5월 에모리대학에서 행한 강연들과 오랜 세월에 걸쳐 런던정경대학에서 행한 강의들 중에서. 또한 『자아와 그 두뇌』, pp.126, 438-448, 519를 보라.

27) 『자아와 그 두뇌』, 특히 E4장과 E5장.

28) J. C. Eccles, "Unconscious actions emanating from the human cerebral cortex", 미출간, 1972.

― 실제로 거의 모든 동물의 행동은 ― **표현적인** (또는 징후를 보내는) 기능과 **소통** 기능(또는 신호 전달 기능)을 갖고 있다. 그렇지만 인간의 언어는 그 외에 그 이상의 기능 몇 개를 갖고 있는데, 그 기능들은 인간 언어의 특징이며, 말의 더 좁고 중요한 의미에서 인간의 언어를 언어이게끔 해준다. 뷜러는 인간 언어의 기초적인 기술 기능에 주의를 기울이게 했다. 그리고 나는 그 후에 그 이상의 기능들(예컨대 지시, 충고 등등의 기능들)이 있음을 지적했다.[30] 그런 것들 중 인간 존재를 위해 가장 중요하고 특징적인 기능이 **논증적인** 기능이라고 나는 지적했다. (앨프 로스(Alf Ross)는 다른 많은 기능, 예를 들어 명령을 내리거나 요청하거나 약속하는 기능을 추가할 수 있다고 지적했다.[31])

나는 이런 기능들의 어떤 것도 다른 어떤 것들에 환원시킬 수 있다고 생각해 본 적이 없다. 즉, 모든 기능 중 적어도 두 고급 기능(기술과 논증 기능)을 두 하위 기능(표현과 소통 기능)에 환원시킬 수 있다고 나는 생각하지 않았다. 그런데 그렇게 많은 철학자들이 이런 기능들을 인간 언어에 특징적인 속성들로 오해한 이유가 될 수 있는 이런 일은 항상 존재한다.

나의 논제는 인간 언어의 고급 기능과 함께 새로운 세계가 창발한다는 것이다. 즉, 인간 마음의 산물들의 세계가 그것이다. 나는 그것을 '세계 3'이라고 불렀다. 이 책의 부록에서 내가 이 용어 ―

---

29) Karl Bühler, *Sprachtheorie*, 1934.

30) 『추측과 논박』, 4장과 12장을 보라.

31) Alf Ross, "The rise and fall of the doctrine of performative", in *Contemporary Philosophy in Scandinavia*, ed. R. E. Olsen and A. M. Paul, 1972, pp.197-212.

또한 '세계 1'과 '세계 2' — 를 어떻게 사용하는지를 이미 기술했다. 간략히 말하면, 나는 물리적인 물질, 힘들의 장 등의 세계를 '세계 1'이라 했으며, 또한 의식과 아마도 잠재의식적인 경험의 세계를 '세계 2'라고 불렀다. 그리고 특히 이야기를 말하는 깃, 신화 만들기, 이론들, 이론적인 문제들, 실수를 탐지하기 및 논증들 같은 말해진 (쓰이거나 인쇄된) 언어의 세계를 '세계 3'이라고 했다. (예술 작품들과 사회적인 제도들의 세계도 '세계 3'에 포괄되거나 '세계 4'와 '세계 5'로 불릴 수도 있다. 이것은 단지 취향과 편리의 문제에 불과하다.)

나는 이런 용어들을 이런 지역들의 (제한된) **자율**을 강조하기 위해 도입했다. 대부분의 유물론자나 물리학자나 환원론자는 이런 세 세계들 중 단지 세계 1만이 실제 존재하므로 그 세계가 자율적이라고 주장한다. 그들은 세계 2를 행동으로 대체하는데, 특히 언어적인 행태로 대체한다. (위에서 지적했듯이, 이것은 그저 신-심 문제를 해결하는 모든 쉬운 방식 중의 하나에 불과하다. 다시 말해, 인간 마음의 존재와 인간의 자의식을 부정하는 방식이다. 그런데 이런 것들을 나는 우주에서 가장 주목할 만하고 놀라운 어떤 것으로 간주하고 있다. 마찬가지로 쉬운 다른 방식은 버클리와 마하의 유심론, 즉 오직 감각들만이 존재하며 물질은 그저 감각들에서 '구성된다'는 논제이다.)

XIV

신체 혹은 두뇌와 마음 간의 상호관계에 관해 대체로 다음 네 가지 견해가 있다.

(1) 물리적 상태들의 세계 1이 존재함을 부정, 즉 버클리와 마하가 주장했던 유심론이다.

(2) 심적인 상태들이나 심적인 사건들의 세계 2가 존재함을 부정, 즉 어떤 유물론자들, 물리학자들 및 철학적 행동주의자들이나 두뇌와 마음의 동일성을 옹호하는 철학자들의 견해이다.

(3) 심적 상태들과 두뇌 상태들 사이의 철저한 병행론을 주장함, 즉 이른바 '심물 병행론'이라는 견해이다. 이것은 횔링크스(Geulincx), 스피노자, 말브랑슈(Malebranche) 및 라이프니츠를 통해서 데카르트 학파가 처음으로 도입한 견해이다. 이것은 주로 데카르트적인 관점의 어떤 어려움을 회피하기 위해 도입되었다. (부수 현상론처럼, 그것은 의식에서 생물학적인 어떤 기능을 박탈한 것이다.)

(4) 심적 상태들은 물리적인 상태들과 상호작용할 수 있다는 주장이다. 이것은 (3)을 대체한 데카르트의 견해였다고 널리 믿게 된 것이다.

나 자신의 견해는 두뇌-마음 병행론은 거의 틀림없이 **어느 정도까지** 존재할 것이라는 점이다. 갑작스럽게 다가오는 대상을 볼 때 눈을 깜박이는 것과 같은 어떤 반사작용들은 어느 모로 보아도 다소 평행적인 성격을 띠고 있다. 즉, 근육의 반응은 (분명히 중추 신경 체계를 포함하고 있는) 그 자체로 시각적인 인상이 반복될 때 규칙적으로 반복한다. 우리 주의가 그 인상에 끌린다면, 우리는 그 인상이 일어나고 있음을 의식할 수 있으며, 그리고 몇몇 다른 반사작용들(그러나 물론 모두 다는 아닌)도 그렇다.

그럼에도 불구하고, 나는 **완전한** 심물 병행론의 논제 — (3)의 견해 — 는 실수라고 믿는다. 아마도 이것은 단순한 반사작용들이 포함된 몇몇 경우에서도 실수이다. **따라서 나는 심물 상호작용의 형식을 제안한다.** 이것은 (데카르트가 보여주었던 것처럼) **물리적인 세계 1은 인과적으로 닫혀 있지 않지만,** 그러나 세계 2에, 즉 심적 상태들과 심직 사건들에 열려 있다는 논제를 포함하고 있다. 어쩌면 이것은 물리학자에게는 약간 매력적이지 않은 논제이지만, 그러나 내 생각에 (자율적인 영역을 포함하고 있는) 세계 3이 세계 2를 통해서 세계 1에 영향을 미친다는 사실에 의해 지지되는 논제이다. (이 책 부록에서 이에 대해 많은 것이 논의되었다.)

나는 어떤 것도 세계 1 속에서 시작할 때는 언제나, 그것과 연관된 어떤 것이 세계 1에서 (두뇌 속에서) 시작한다는 견해를 기꺼이 받아들인다. 그렇지만 완전하거나 철저한 병행론을 말하기 위해서, '똑같은' 심적 상태들이나 심적 사건들이 항상 정확히 대응하는 신경생리학적인 상태에 의해 동반되며 그리고 **그 역**도 우리가 주장할 수 있어야 할 것이다.

앞서 지적했듯이, 나는 이런 주장 속에 정확한 어떤 것이 존재함을 기꺼이 인정한다. 그리고 나는 예컨대 어떤 두뇌 영역의 전기적인 자극은 규칙적으로 어떤 특징적인 운동들이나 감각들을 야기할 수 있음도 기꺼이 인정한다. 그러나 나는 모든 심적 상태들에 관한 보편적인 규칙으로서 그 주장이 어떤 내용을 갖고 있는지 ─ 그것은 공허한 주장이 아닌가를 물어볼 것이다. 왜냐하면, 우리는 세계 2의 원소들과 두뇌 과정들 사이의 병행론이나 세계 2의 형태들과 두뇌 과정들 사이의 병행론을 펼 수 있기 때문이다. 하지만 우리는 상당히 복잡한, 독특하고 분석할 수 없는 세계 2의 과정들과 어떤 두뇌 과정 사이의 병행론을 말할 수 없다. 그리고 독특한 우리의 생명 속에는 수많은 세계 2의 사건들이 존재한다. 비록 창조적인 새로움을 우리가 무시한다 할지라도, 어떤 선율을 두 번 듣고 그것이 동일한 선율임을 깨닫는 것은 동일한 세계 2의 사건의 반복이 아니다. 그 이유는 단지 그 선율을 두 번째 듣는 것이 그 선율을 **인식하는** 작용과 연관되어 있기 때문이다. 그런데 선율을 인식하는 작용은 첫 번째 들을 때는 없었기 때문이다. 세계 1의 대상(이런 경우에는 또한 세계 3의 대상)은 반복되는데, 세계 2의 사건은 반복되지 않는다. 세계 2의 사건들을 연상 심리학처럼 되풀이 발생하는 원소들의 구성으로 간주하는 일종의 세계 2 이론을 우리가 받아들일 수 있을 경우에만, 우리는 세계 2 경험의 반복된 부분 — 동일한 선율을 **듣기** — 과 반복되지 않은 부분 사이의 분명한 구분을 할 수 있다. 여기서 반복되지 않은 부분이란 그것이 동일한 선율임 (이번에는 인지 경험이 다른 맥락들에서 반복할 수 있는)을 **인식하는** 것이다. 그러나 나는 이런 원자론적인 심리학이나 분석적인 심리학이 우리를 멀리까지 완전히 데려갈 수 없다는 것은 분명하다고 생각한다.

세계 2는 상당히 복잡하다. 만일 우리가 오직 감각 지각 (즉, 세계 1의 대상들에 대한 감각) 같은 분야들에만 주의를 기울인다면, 우리는 원자적이나 분자적인 방법들, 예컨대 **형태들**의 방법들(내 생각에 에곤 브룬스윅(Egon Brunswik)의 생물학적 방법들이나 기능적인 방법들)에 의해 세계 2를 분석할 수 있다고 생각할 수 있다. 그렇지만 이런 방법들의 적용은 전혀 적합하지 않은 것으로 판명된다. 만약 어떤 문제나 이론 같은 세계 3의 대상을 발명하거나 이해하려는 우리의 독특한 시도들을 고려한다면 그렇다.

우리의 사고나 이해는 언어적인 형식화의 시도들과 상호작용하며, 언어적인 형식화에 의해 영향을 받는 방식, 그리고 이론을 정식화하려고 할 때 더 분명하게 되는 어떤 문제나 이론에 대한 애매한 느낌을 우리가 갖게 되며, 그것을 기록하고 해결하는 시도들을 비판할 때 훨씬 더 분명하게 되는 느낌을 우리가 갖게 되는 방식, 어떤 문제는 변할 수 있으며, 어떤 의미에서 여전히 옛날 문제인 방식, 한편에서는 사고의 흐름이 상호 연관되고 다른 한편에서는 분절되는 방식, 이런 모든 방식은 내가 보기에 분석적인 방법들이나 원자론적인 방법들을 넘어서는 것 같다. 이런 방법들은 형태 심리학의 흥미로운 분자적인 방법들을 포함하고 있다. (첨언하면, 형태 심리학자들은 가설들이 형태들이라고 가르치는 반면에 나는 형태들이 가설들, 즉 수신된 신호들에 대한 해석들이라고 가르친다.)

이외에, 만일 두뇌의 한 영역이 파괴되면, 종종 세계 2에 거의 간섭하지 않거나 어쩌면 전혀 간섭하지 않는 다른 영역이 '대체할' 수 있다고 우리가 믿을 이유도 갖고 있다. 이것은 병행론을 반대하고, 그리고 이번에는 더 복잡한 세계 2의 경험들에 대한 필수적인 애매한 생각이라기보다는 오히려 세계 1에서의 실험들에 근거를 둔 다른 논증이다.

물론 이 모든 것은 반환원론처럼 들린다. 그리고 우리의 이런 세계를 보고 그 속에서 우리와 함께하는 철학자로서, 나는 실제로 궁극적인 어떤 환원에 대해서도 절망하고 있다. 그렇지만 방법론적으로 이것은 나를 반환원주의자의 탐구 프로그램으로 이끌지 않는다. 그것은 단지 우리가 시도한 환원들의 성장과 더불어 우리 지식을 확장할 것이란 예측과 그 지식과 함께 해결되지 않은 우리 문제들의 영역을 확장할 것이란 예측으로 이끌 뿐이다.

XV

이제 특히 인간의 자의식이란 문제로 돌아가자. 내가 제안한 것은 이렇다. 자의식은 세계 1과 세계 2와 세계 3의 상호작용을 (만일 좋다면, 되먹임을) 통해서 창발했다는 점이다. 세계 3이 행한 역할에 대한 나의 논증은 다음과 같다.

인간의 자의식은 다른 무엇보다도 상당히 추상적인 수많은 **이론들**을 토대로 하고 있다. 아마 동물들과 심지어 식물들도 분명히 시간 의식과 시간적인 기대들을 갖고 있다. 그러나 자신을 과거, 현재 및 미래를 소유하고 있는 것으로, 그리고 개인적인 역사를 갖고 있는 것으로, 또한 이런 역사를 통해서 (자신의 신체에 대한 동일성과 연계된) 자신의 개인적인 동일성을 알고 있는 것으로 간주하는 것은 시간에 대한 거의 명백한 이론을 (벤자민 리 워프 (Benjamin Lee Whorf)에게는 죄송하지만) 필요로 한다. 따라서 그것은 우리가 의식의 연속성을 잃어버리는 잠자는 시간 동안에, 우리 — 우리 신체 — 는 본질적으로 똑같이 남아 있다는 이론이다. 그리고 우리가 의식적으로 과거 사건들을 회상할 수 있다는 것은 (동물들의 기억이 취하고 있는 더 원시적인 형식이라고 내가 주장하는 우리의 기대들과 반응들에서 단순히 과거 사건들에 의해 영향을 받는 대신에) 이런 이론에 토대를 두고 있다.

몇몇 동물은 분명히 개성들을 갖고 있다. 그 동물들은 자부심과 열정과 거의 유사한 어떤 것을 갖고 있으며, 그리고 어떤 이름에 반응하는 것을 배운다. 그렇지만 인간의 자의식은 언어와 (외견적이고 암묵적으로) 정식화된 이론들 속에 닻이 내려져 있다. 아이는 자신의 이름과 궁극적으로 '자아' 혹은 '나' 같은 용어 사용을 배운다. 그리고 그 아이는 자신의 신체 연속성에 대한 의식과 자신에 대한 의식과 더불어 그 용어 사용을 배운다. 그는 또한 그것을 의식은 언제나 중단되지 않는다는 지식과 결합한다. 인간의 영혼이나 인간의 자아의 엄청난 복잡성과 비실체적인 성격은 특히 다음과 같은 경우 분명하게 된다. 사람들은 자신이 누구인가를 잊어버리는 경우들이 존재한다는 것을 우리가 상기한다면 그렇다. 그러나 그들은 적어도 자아의 일부를 유지해 왔거나 어쩌면 회복해 왔다. 어떤 의미에서 인간의 기억은 잃어버리지 않는다. 왜냐하면 그들은 걷거나 먹거나, 그리고 심지어 말하는 **방법**을 기억하고 있기 때문이다. 하지만 그들은 예컨대 브리스틀 출신이라는 것이나 자신들의 이름이나 주소가 무엇인지를 **상기하지** 못한다. 그들이 자신의 집으로 돌아오는 길(동물들은 정상적으로 찾아오는)을 알지 못하는 한에서 보면, 인간의 자의식은 심지어 동물의 정상적인 기억 수준을 넘어서도 작용한다. 그렇지만 만약 인간이 언어 능력을 잃지 않는다면, 동물의 기억을 넘어서는 어떤 의식이 남아 있게 된다.

　나는 심리 분석을 강력히 지지하는 사람이 아니지만, 그러나 심리 분석의 발견들은 사유 설체에 호소하는 데카르트와는 대조적으로 인간 생명의 복잡성의 견해를 지지하는 것 같다. 나의 주요 논점은 이렇다. 인간의 자의식은 적어도 자신의 신체의 시간적이거나 역사적인 연속성에 대한 앎과 자신의 의식적인 기억과 자신의 것인 단 하나의 독특한 신체 사이의 연관에 대한 앎, 그리고 잠을 통해서 자신의 의식이 정상적이고 주기적으로 방해받고 있다는 의식을 포함하고 있다. 더구나 그것은 국소적으로 그리고 사회적으로 어떤 장소와 인간의 모임에 속한다는 의식을 포함하고 있다. 분명히 이런 많은 것들은 본능적인 기초를 갖고 있으며, 동물들도 공유하고 있다. 나의 논제는 심지어 무언의 인간 의식 수준에서 그 기초를 제기함에 있어서 세계 2와 세계 3 사이의 인간의 언어나 인간의 상호작용은 중요한 역할을 한다는 것이다.

분명히 인간 자아의 통일성은 대체로 기억 때문이며, 기억은 동물에 귀속될 뿐만 아니라, 식물에도 (심지어 아마 어떤 의미에서는 자석 같은 비유기적인 구조들에도) 귀속된다. 그러므로 기억 자체에 호소하는 것은 인간 자아의 통일성을 설명하는 데 충분하지 않다는 것을 아는 것이 매우 중요하다. 필요로 하는 것은 (과거 사건들에 대한) '일상적인' 기억이라기보다는, 신체를 갖고 있는 의식과 신체들에 관한 세계 3의 이론들(즉 물리학)을 연계하는 이론들에 대한 기억이다. 다시 말해 세계 3의 이론들의 '파악'이라는 성격을 띤 기억을 필요로 한다. 그것은 만약 우리가 필요로 한다면, 명백한 세계 3의 이론들에 우리가 물러날 수 있도록 하는 성향들로 구성된다. 우리가 이런 성향들을 소유하고 있다는 느낌, 그리고 우리가 필요로 한다면 그와 같은 이론들을 분명히 표현하기 위해 우리가 그 성향들을 이용할 수 있다는 느낌으로 구성된다. (이것은 물론 인간 언어에 의존하는 자아에 대한 의식과 동물적인 의식의 차이를 어느 정도 설명할 것이다.)

XVI

내가 보기에 이런 사실들은 인간의 세계 2인 인간 의식의 세계를 인간의 세계 1에, 즉 본질적으로 두뇌 신경생리학에 환원하는 어떤 것도 불가능함을 정립하는 것 같다. 왜냐하면 세계 3이 적어도 부분적으로 자율적이며 다른 두 세계와는 별도이기 때문이다.

만약 세계 3의 자율적인 부분이 세계 2와 상호작용할 수 있거나, 내가 보기에 그런 작용을 할 수 있다면, 세계 2는 세계 1에 환원될 수 없다.

세계 3의 부분적인 자율성에 대한 나의 표준 사례들은 산술에서 가져온 것이다.

이 책 부록에서 이미 설명했듯이, 자연수의 무한수열은 이런 사례를 제공한다. 그것은 인간 마음의 발명이자 산물이며 발전된 인간 언어의 일부이다. 사람들이 단지 '하나, 둘, 많이'만 헤아릴 수 있는 원시언어들이 존재하며, 그리고 오직 다섯까지만 헤아릴 수 있는 다른 언어들이 존재하는 것으로 보인다. 그러나 끝없이 헤아리는 방법이 발명되었다면, 차이들과 문제들은 자율적으로 발생한다. 홀수와 짝수는 **발명**된 것이 아니라, 자연수의 수열에서 **발견**되었다. 그리고 소수들과 이들과 연관된 해결된 많은 문제들과 해결되지 않은 많은 문제들도 발견되었다.

이런 문제들과 그것들을 해결한 (최대 소수는 존재하지 않는다는 유클리드 정리 같은) 정리들은 자율적으로 발생한다. 그 문제들은 인간이 창조했던 자연수 수열들의 내부 구조들의 일부로 야기된다. 그리고 그것들은 우리가 생각한 것이나 생각하지 못한 것과 독립적으로 발생한다. 하지만 우리는 이런 문제들을 **파악**하거나 **이해**하거나 **발견**할 수 있으며, 그 문제들 중 몇몇을 해결할 수 있다. 따라서 세계 2에 속하는 우리의 사고는 부분적으로 자율적인 문제들과 세계 3에 속한 정리들의 객관적인 참에 의존한다. 세계 2는 세계 3을 창조할 뿐만 아니라, 일종의 되먹임 과정에서 세계 3에 의해 부분적으로 세계 2가 창조된다.

그렇다면 나의 논증은 다음과 같이 진행된다. 세계 3 특히 그 세계의 자율적인 부분은 분명히 물리적인 세계 1에 환원될 수 없다. 하지만 세계 2가 부분적으로 세계 3에 의존하기 때문에, 세계 2는 세계 1에 환원될 수 없다.

그래서 물리학자들이나 이른바 내가 말하는 철학적인 환원론자들은 세계 2와 세계 3의 존재를 부정하는 것으로 환원된다. 하지만 이와 더불어 세계 3의 정리들을 매우 많이 사용하는 인간 과학기술의 전체(특히 컴퓨터들의 존재)는 이해할 수 없게 된다. 그리고 공항이나 마천루를 만든 사람들이 산출한 것과 같은 세계 1에서의 엄청난 변화들은 궁극적으로 물리적인 세계 1 자체에 의해 산출된 것으로 우리는 가정해야 한다. 다시 말해, 세계 3의 이론들이나 그 이론들을 바탕으로 한 세계 2의 계획들 없이 산출된 것으로 가정해야 한다는 것이다. 그런 변화들은 예정되어 있다. 그것들은 궁극적으로 수소 원자핵들에 장착된 예정 조화의 일부이다.

이런 결과들은 내가 보기에 불합리한 것 같다. 그리고 철학적 행동주의나 물리주의는 (혹은 마음과 몸의 동일성 철학은) 내가 보기에 이런 불합리성에 환원되는 것 같다,

XVII

철학적인 환원론은 실수라고 나는 믿는다. 그것은 모든 것을 본질과 실체에 의한 궁극적인 설명에 환원시키고자 하는 소망 때문이다. 즉, 더 이상의 어떤 설명도 할 수 없거나 할 필요가 없는 설명에 환원시키려는 바람 때문이라는 것이다.

우리가 궁극적인 설명을 포기한다면, 우리는 항상 '왜?'라고 계속 물을 수 있음을 깨닫는다. 왜-물음들은 결코 궁극적인 답변에

이르지 못한다. 지적인 아이들은 이 점을 아는 것 같다. 그렇지만 실제로 아이들은 어쩌면 원리적으로 끝이 없는 일련의 물음들에 답변할 충분한 시간을 가질 수 없는 어른들에게 그 답변을 양보한다.

XVIII

세계 1, 2, 3은 부분적으로 자율적일지라도, 동일한 우주에 속한다. 그것들은 상호작용한다. 그렇지만 만약 우주에 대한 지식 자체가 실제로 그렇듯이 우주의 일부를 형성한다면, 우주에 대한 지식이 불완전할 수밖에 없다는 점은 쉽게 보여줄 수 있다.

부록에서 나는 어떤 사람이 작업하고 있는 방의 상세한 지도를 그리는 사례를 언급했는데, 그가 시작할 때 야기된 문제들은 그가 지도를 그리는 작업 속에 포함되어 있다. 그 사람은 과제를 끝마칠 수 없음은 분명하다.

이 사례와 다른 사례들은 왜 설명을 하려는 모든 과학이 불완전한지를 보여주는 데 도움을 준다. 왜냐하면 과학을 완전하게 하기 위해서 그 자체에 대해 설명하려는 해석을 해야 할 것이기 때문이다.

훨씬 더 강한 결과는 형식화된 산술학에 대한 괴델의 유명한 불완전성 정리에 함축되어 있다. (괴델의 정리와 이런 맥락에서 여타의 수학적인 불완전 정리들을 사용하는 것은 비교적 약한 견해를 반대하는 데 거대한 대포를 사용하는 것일지라도 그렇다.) 모든 물리적인 과학은 산술학을 사용하고 있기 때문에 (그리고 환원론자에게는 오직 물리적인 부호들로 정식화된 과학만이 어떤 실재성을 가지고 있기 때문에) 환원론자에게 모든 과학이 불완전함을 보여주어야 하는 괴델의 정리가 모든 물리적인 과학을 불완전하게 만든다. 왜냐하면 모든 과학을 물리적으로 정식화된 과학에 환원하는 것이 가능하다고 믿지 않는 비환원론자에게는 과학이란 어쨌든 불완전하기 때문이다.

철학적인 환원론은 실수일 뿐만 아니라, 환원의 방법이야말로 완전한 환원들을 성취할 수 있다는 믿음 또한 실수인 것처럼 보인다. 우리는 창발적인 진화의 세계 속에 살고 있다. 만일 문제들이 해결되면, 해결한 문제들은 새롭고 더 깊은 문제들을 야기한다. 따라서 우리는 창발적인 새로움의 세계에 살고 있다. 이런 새로움은 대체로 이전의 어떤 단계에도 완전히 환원될 수 없다.

그럼에도 불구하고, 환원을 시도하는 방법은 매우 유익하다. 왜냐하면 부분적인 환원의 부분적인 성공을 통해서 우리는 많은 것을 배울 뿐만 아니라, 부분적인 환원이 실패함으로써 우리 실패들을 드러내는 새로운 문제들에서도 또한 배우기 때문이다. 열린 문제들은 그 해결들만큼이나 흥미로울 것이다. 실제로 거의 모든 해결이 이번에는 전혀 새로운 열린 문제들의 세계를 열리게 한다는 사실 때문에 그 문제들이 흥미로운 것이다.

환원에 대한 더 나아간 논평, 1981

I

1972년 초 앞의 부록을 쓸 때, 나는 다음 두 가지 것을 눈에 띠게 하는 데 열중했다. 하나는 미수에 그친 환원에 대한 가치이다. 즉, 이런 시도들의 가끔 전혀 믿을 수 없는 성공과 그 시도들이 산출할 수 있는 새로운 이해의 가치가 그것이다. 다른 하나는 그럼에도 우리는 실제로 완전히 성공하는 환원들을 하지 못한다는 것이었다. 여기서 '성공적'이라는 말은 우리의 통찰, 즉 우리의 이해에 그저 덧붙이는 것 이상을 의미한다. 화학과 같은 지식 분야는 원자이론과 같은 다른 지식의 분야에서 완전히 도출할 수 있음을 입증해 왔다는 것을 의미한다.

이런 완전한 환원들이 존재하는지에 강력한 의문을 제기하면서, 나는 이른바 '철학적인 환원론'이라 한 것과 싸우고 싶었다. 철학적 환원론이란 환원이 조만간 몇몇 철학적인 이유 때문에 완전히 성공할 것이라는 약간 독단적인 예상을 말한다. 달리 말하면, 그 환원들은 다음과 같은 이유 때문에 성공할 것이라는 점이다. 우리가 세계에 관해서나 우리 사신에 관해서나 언어나 과학에 관해서 혹은 철학에 관해서 또는 내가 무엇을 모르는지에 관해서 알기 때문에, 즉 환원론이 참임을 알기 때문에 성공한다는 것이다.

이렇게 말하는 사람들에게 나는 그런 종류에 관해서 어떤 것도 알고 있지 않으며, 그리고 세계는 환원론자의 철학에서 꿈꾸어진 것보다 훨씬 더 재미있고 흥미진진한 것이라고 답변한다.

II

나는 닐스 보어의 원소들의 주기 체계에 대한 신기한 양자 이론의 결과로서 1922년 원자 번호 72(하프늄)의 발견에 따른 흥분을 여전히 생생하게 기억하고 있다. 그 당시에 그것은 화학이 원자 이론에 환원되었던 위대한 순간으로서 우리에게 충격을 주었다. 그리고 그것은 아마도 크릭과 왓슨의 DNA 구조 발견으로 대변되는 돌파구에 의해서만 대체되는 20세기 모든 환원론자의 모험으로서의 위대한 순간이었다고 나는 여전히 말하고 싶다. 나는 아직도 1929년에 나온 교과서를 갖고 있다. 그 교과서에는 내가 여기서 (저자인 아르투르 하스와 그 책을 완성하는 데 하스를 보조했던 내 친구 프란츠 우르바하에 감사한 마음으로) 재현한 두 도식을 통해서 그 진보가 극적으로 묘사되었다.1)

---

1) Arthur Haas, *Atomtheorie*, Berlin and Leipzig, 1929, pp.35, 111. [『끝나지 않는 물음』, pp.84, 91, 128의 우르바하에 대한 포퍼의 논의를 보라.

보어의 이론은 원소들의 화학적인 속성들의 예측과 이로 인해 여전히 알려지지 않았던 원소 72의 속성들을 예측함으로써 그 원소의 발견을 이끌었을 뿐만 아니라, 그것은 또한 그 원소들의 광학적인 몇몇 속성들을 예측하도록 해주었다. 그리고 그것은 심지어 화학적인 복합물들의 몇몇 속성을 예측하게끔 이끌었다.

그것은 물질의 역사에서 위대한 순간이었다. 우리는 당연히 **이것은 위대한 순간**이라고 생각했다. 보어는 완전히 실패로 돌아갔다.

	I		II		III		IV		V		VI		VII		VIII	
	a	b	a	b	a	b	a	b	a	b	a	b	a	b	a	b
1	1H															2He
2	3Li		4Be		5B		6C		7N		8O		9F			10Ne
3	11Na		12Mg		13Al		14Si		15P		16S		17Cl			18Ar
4	19K	29Cu	20Ca	30Zn	21Sc	31Ga	22Ti	32Ge	23V	33As	24Cr	34Se	25Mn	35Br	26Fe 27Co 28Ni	36Kr
5	37Rb	47Ag	38Sr	48Cd	39Y	49In	40Zr	50Sn	41Nb	51Sb	42Mo	52Te	43Tc	53J	44Ru 45Rh 46Pd	54Xe
6	55Cs	79Au	56Ba	80Hg	57-71 seltene Erden	81Tl	72Hf	82Pb	73Ta	83Bi	74W	84Po	75Re	85At	76Os 77Ir 78Pt	86Rn
7	87Fr		88Ra		89Ac		90Th		91Pa		92U					

표 1.
화학원소들의 주기 체계
원자량과 화학적 현상 그리고 다른 현상에 따른 순서

편집자.]

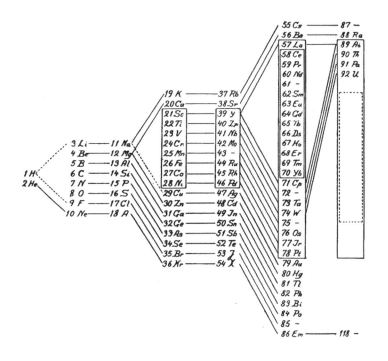

표 2.
원자의 껍질 구조에 대한 닐스 보어 이론에 따른 주기 체계

그러나 전혀 다른 유형의 문제가 아래와 같이 시작되었던 배후
에서 이미 어른거리고 있었다. 소디(Soddy)의 제안(1910)과 톰슨(J.
J. Thomson)의 발견(보어의 원자 모형의 해인 1913) 및 아스톤(F.
W. Aston)의 질량 분광학(1919)에 의해 시작되었던 배후가 있었다.
그런 다음에 우레이(Urey)의 충격적인 일, 즉 중수의 발견이 나왔
다. 그런데 이것은 화학의 모든 기초적인 척도, 다시 말해 원자 무
게들의 척도가 — 화학과 주기 체계의 기본적인 현상들이 — 약간
잘못되어 있으므로 수정이 되어야 한다는 것을 의미한다.

따라서 바탕이 갑자기 무너졌다. 왜 그런지 모르지만 닐스 보어는 늪 위에 건물을 지었다. 그러나 그의 건축물은 여전히 서 있다.

그때 양자역학과 런던과 하이틀러의 이론이 나왔다. 그리고 화학을 물리학으로 환원하는 일이 오직 원리적으로만 가능한 환원이었다는 것은 상당히 분명하게 되었다. 그리고 완전한 환원 같은 어떤 것도 위대한 돌파구의 해인 1922년보다 훨씬 더 멀어지게 되었다는 점이 이제 분명하게 되었다.

다음은 어떤 것들을 덜 추상적으로 만들기 위해 묘사된 이야기를 일별한 것이다. 왜냐하면 나는 이제 약간 추상적인 장, 곧 환원의 논리학에 이르렀기 때문이다.

III

피터 메더워(Peter Medawar)는 다음 표 3을 사용하여 환원을 비판적으로 논의한다.2)

(4) 생태학/사회학
(3) 생물학
(2) 화학
(1) 물리학

표 3.
환원에 대한 관례적인 표

---

2) 『자아와 그 두뇌』, pp.20-21을 보라. 그리고 또한 P. B. Medawar, *Induction and Intuition in Scientific Thought*, London, 1969, pp.15-19 와 "A Geometric Model of Reduction and Emergence", Ayala and Dobzhansky, *op. cit.*, pp.57-63을 보라.

메더워는 상위 주제들과 하위 주제들의 참된 관계가 단순히 논리적인 환원 가능성이 아니라, 오히려 아래 표 4에 언급된 주제들 사이의 관계에 비교할 수 있다고 주장한다.

```
(4) 계량 기하학 (유클리드 기하학)
(3) 아핀 기하학
(2) 투영 기하학
(1) 위상 기하학
```

표 4.
다양한 기하학

표 4에 열거된 상위 기하학적 원리들과 하위 기하학적인 원리들 간의 근본적인 관계는 기술하기가 전혀 쉽지 않지만, 그러나 확실하게 환원 가능성의 관계는 아니다. 예를 들면, 계량 기하학 특히 유클리드 기하학의 형식에서는 거의 부분적으로만 투영 기하학에 환원할 수 있다. 심지어 투영 기하학의 결과들이 모두 계량 기하학에 타당할지라도 그렇다. 계량 기하학이 투영 기하학의 개념들을 쓰기에 충분할 정도로 풍부한 언어 속에 끼워 넣어진다 하더라도 말이다. 따라서 우리는 계량 기하학을 투영 기하학의 **풍부함**으로 간주할 수 있다. 유사한 관계들이 다른 수준에서도 유효하다. 풍부함이란 부분적으로 개념들의 하나이지만, 그러나 대체로 정리들의 하나이다.

메더워는 표 3의 연속적인 수준들 사이의 관계들은 표 4의 관계들과 유사할 수 있다고 제시한다. 그래서 화학은 물리학의 풍부함으로 간주될 수 있는데, 그것은 화학이 전체적으로는 아니지만 부분적으로는 물리학에 환원될 수 없는 이유를 설명해 준다. 표 3의 상위 수준들에서도 이와 유사하게 설명된다.

그러므로 표 4의 주제들은 분명히 하위 수준들에 관한 주제들에 **환원시킬 수 없다.** 비록 하위 수준들이 매우 명료한 의미에서 상위 수준들에 타당하게 남아 있으며, 그리고 하위 수준들이 어떻게든 상위 수준들에 포함된다 할지라도 그렇다. 더구나 상위 수준들에 관한 몇몇 명제들은 하위 수준들에 환원할 수 있다.

나는 메더워의 논평들이 상당히 시사적임을 발견했다. 물론 그 논평들은 우리의 물리적인 우주가 결정론적이라는— 어떤 주어진 순간에 널리 퍼져 있는 초기 조건들을 갖고 있는 물리적인 이론은 다른 순간의 물리적인 우주 상태를 **완전히** 결정하고 있다는— 생각을 우리가 포기할 경우에만 받아들일 수 있다. 만약 우리가 이런 라플라스적인 결정론을 받아들인다면, 표 3은 표 4와 유사한 것으로 간주될 수 없다.

현재 실정에서 이 두 표의 상위 수준들은 하위 수준들의 가설들(공리들)에서 도출할 수 없는 새로운 근본적인 가설들(새로운 공리들)을 포함하고 있는 것으로 간주될 수 있다. 그리고 새로운 근본적인 개념들은 하위 수준들의 개념들을 통해서 정의할 수 없다.

이와 반대로, 환원론에 대한 생각은 본질적으로 새로운 어떤 것도 상위 수준들에 들어오지 않는다는 점이다.

따라서 만일 우리가 물리적인 가설들을 정식화(공리화)한다면, 환원론에 따라 외견적으로 새로운 모든 개념은 물리학의 개념들의 측면에서 환원될 (정의될) 수 있어야 하므로, 원리적으로 그런 개념들을 회피할 수 있다. 그리고 이런 정의들이 있을 때, 외견적으로 새로운 모든 가설은 정식화된 물리학 체계나 공리화된 물리학 체계의 기초적인 가설들에서 논리적으로 연역될 수 있어야 한다.

IV

그런데 순수 논리적인 용어들로 기술될 수 있는 이런 환원 프로그램이 원리적으로라도 수행될 수 있는지를 의심할 논리적인 이유들이 있다. 나는 이런 이유 몇몇을 언급해 보겠다.

유사한 프로그램인 수학을 논리학에 환원하는 프로그램을 생각해 보라. 이것은 화이트헤드와 러셀의 『수학 원리』에서 찬란한 성취로 정점을 이루었지만, 그러나 또한 매우 유능한 수학자들의 판단에서는 적어도 프로그램들의 환원론적인 측면들에 관한 한 실패로 정점을 이룬 프로그램이다. 순수 논리학은 수학에서 엄청나게 중요한 역할을 한다. 그렇지만 수학은 (함수적인) 논리학보다 더 풍부하다. 괴델의 발견은 이 점을 보여주고 있다. 즉, 수 이론을 위한 모든 공리 체계에서 볼 때, 그런 공리 체계에서는 논리적으로 결정될 수 없는 문제들이지만, 더 강한 체계에서만 논리적으로 결정되는 문제들이 야기된다. (이 같은 더 강한 체계에서는 새롭지만 정확히 비슷한 문제들이 야기된다.) 따라서 우리는 성장하는 공리 체계들의 무한한 계열을 필요로 한다. 그리고 심지어 수 이론을 위한 이런 (불완전한) 공리 체계들의 하나를 논리학에 환원하는 것도 환원론의 프로그램이란 의미에서 완전한 환원이 아닐 것이다.

또한 정의의 문제도 존재한다. 환원론의 프로그램이란 의미에서 형식적인 정의의 요점은 그 정의가 **단지 축약**으로 공헌한다는 것이다. 예컨대 콰인은 자신의 수리 논리학 체계에서 몇몇 정의를 소개한 후에 그것들에 관해 다음과 같이 논평하고 있다.

이런 축약 규약들은 형식적인 정의들이라고 불린다. … 어떤 기호를 형식적으로 정의하는 것은 이미 준비된 어떤 표기법의 형식을 위한 속기로서 그 기호를 채택하는 것이다. … 기호를 정의하기 위해서는 그것을 피하는 방법을 보여주어야 한다.[3)]

이것은 환원론자가 유념하고 있는 정의의 종류이다. 왜냐하면 그는 본질적으로 새롭고 환원할 수 없는 어떤 원소도 상위 수준들에 들어오지 못함을 보여주고 싶기 때문이다. 달리 말하면 **모든 것**은 가장 낮은 수준인 물리학에 환원할 수 있다. 비록 복잡한 물리적 상황들이나 별들 때문에 축약적인 정의가 (마하가 이른바 '사고의 경제'라고 한 이유 때문에) 필요하게 될지라도 그렇다.

이처럼 순수하게 축약하는 정의들을 '비창조적인 정의'라고 부르자. 왜냐하면 또한 다른 정의들인 창조적인 정의들이 있기 때문이다. 이런 정의들은 비창조적인 정의들과 구별할 수 있지만, 그러나 그것들은 전혀 다른 역할 — 공리들이나 새로운 가설들의 역할 — 을 한다. 그러므로 창조적인 정의들의 사용은 미수에 그친 환원에서는 허용될 수 없다.

V

창조적인 정의들과 비창조적인 정의들은 다음과 같이 기술될 수 있다.

어떤 형식적인 정의가 도입한 새로운 기호를 S라고 하자. 만약 그 정의가 비창조적이거나 단지 축약이라면, 모든 새로운 정리는 — 즉, 그 정의가 허용하는 정리들의 도출, 그리고 그 정의 없이는

---

3) W. V. Quine, *Mathematical Logic*, revised edition, 1951, p.47.

도출될 수 없는 정리들은— 기호 S를 포함할 것이다. 그리고 그 정의는 우리로 하여금 이런 새로운 정리들의 모든 정의에서 S를 제거하게끔 해줄 것이다. 그러나 만일 정의가 창조적이라면, 기호 S를 포함하지 않지만, 그러나 S를 도입하는 그런 정의가 없을 때 공리들로부터 도출될 수 없는 정리들이 존재할 것이다.

첫 인상들은 이런 창조적인 정의들이 존재할 수 없다는 것을 시사할 수 있다. 그러나 그런 정의들은 존재할 수 있으며 또한 존재한다. 그것들에 관한 몇몇 사실은 환원론자의 프로그램과 강력하게 관계를 맺고 있다.

1963년에 나는 「확률 계산에서 창조적 정의와 비창조적 정의」라는 사례 연구를 발표했다.[4] 나는 확률 계산을 다양한 이유 때문에 내 사례 연구의 대상으로 생각했다. 주된 이유는 그것은 내가 상당히 잘 알고 있다고 생각했던 공리 체계를 나에게 제시해 주었기 때문이다. 그리고 어떤 공리(또는 정의)가 새로운 정리들, 즉 나머지 공리 체계에서 도출할 수 없는 정리들을 산출할 수 있는지를 증명하는 방법들에 내가 상당히 익숙해 있었기 때문이다.

여기서 우리의 관심을 끄는 사례 연구의 주요한 결과들은 다음 (그 연구에서 주어진 사례들) 두 가지이다.

만약 우리가 순수 축약적인 정의나 비창조적인 정의를 어떤 공리 체계에 도입한다면, 이 정의는 창조적인 정의가 될 수 있다.

(a) 공리들의 하나를 생략함으로써
(b) 새로운 정리를 추가함으로써

---

4) *Synthese* 15, 1963, pp.167-186.

따라서 만일 우리의 공리 체계가 엄격하게 정해지지 않는다면, 어떤 정의가 창조적인지 아니면 비창조적인지를 우리는 확신할 수 없다.

그런데 이 점은 물론 '물리주의'의 관점에서 보면, 즉 (적어도) 화학과 생물학의 전체가 물리학에 환원될 수 있다는 논제에서 보면 매우 중요하다. 우리는 외견상 순수 축약적인 어떤 정의에 대해서도 그 정의가 실제로 축약적인지를 말할 수 없다. 만약 우리가 작업을 하는 (더 상위의 체계들도 환원시키길 우리가 바라는) 물리학의 공리 체계가 정확히 정식화되지 않거나 정해지지 않는다면 그렇다.

하지만 심지어 그런 때에도 어떤 정의의 성격은 의심스러운 것으로 남아 있을 수 있다. 주어진 공리 체계에 상대적인 주어진 정의가 창조적인지 아닌지를 결정할 통상적인 방법은 전혀 존재하지 않는다.

내가 보기에 이 점은 순수 논리적인 관점에서 환원론자의 프로그램은 실제로 매우 애매하다는 것을 보여주는 것 같다. 물론 과학을 직관적으로 이해하는 관점에서 보면 — 매우 중요하지만 애매한 측면에서 — 심지어 부분적인 환원들도 만족스럽고 중요한 것으로 남아 있을 수 있다.

VI

이 모든 것은 유물론의 역사와 관계가 있으며, 또한 유물론의 자기-초월에 대한 이야기와도 관계가 있다. 유물론의 배후에 있는 주된 생각, 즉 이른바 내가 말하는 유물론의 탐구 프로그램은5) 알려지고 친숙한 물질의 속성들이란 측면에서 모든 것 — 모든 전체, 질서정연한 우주, 조화로운 우주 — 을 설명하려는 시도였다.

대체로 유물론의 탐구 프로그램은 두 가지가 있었다. 파르메니데스로 거슬러 올라가는 하나의 프로그램은 세계를 꽉 찬 것, 곧 물질로 채워진 것이라 간주했다. 그것은 연속체 역학으로 이끌었다. 다른 하나는 '원자들과 허공'이란 표어로서 세계를 대체로 텅 빈 것이라 간주했다. 이 두 프로그램은 모두 세계를 거대한 역학적 기계로 보는 관점을 이끌었다. 다시 말해 소용돌이라는 관점이나 원자들이라는 관점을 이끌었다. 그렇지만 물질에 대한 친숙한 속성들이란 측면에서 세계를 설명한다는 것은 이 두 프로그램 모두에 본질적이었다.

이런 본질적인 요청은 물론 환원주의자의 요청이다. 이런 점에서 유물론과 환원론은 동일한 하나의 프로그램이다. 그것은 매우 중요하고 유익한 프로그램 — 실제로 자연과학이 되었던 프로그램이었다. 그러나 과학에 대한 비판적인 전통 때문에, 그것은 그 자체를 초월했다. 이 비판적인 전통은 이데올로기적인 전통보다 더 강력하다고 입증되었다.

따라서 우리는 이제 설명을 해왔던 친숙한 그런 속성들 대신에 추상적이며 익숙하지 않은 법칙들을 갖고 있다. 그리고 매우 낯선 추상적인 수학 정식들이 친숙한 물질의 행태를 설명하고 있다. 예컨대, 물질의 보존이라는 직관적으로 상당히 만족스러운 관념은 에너지 보존이라는 상당히 추상적인 법칙으로 대체되었다. 또한 물질 자체는 단지 이런 추상적인 에너지의 형식일 뿐이라고 간주되었다.

---

5) 『과학적 발견의 논리』『후속편』, III권, 『양자 이론과 물리학의 분열』, 'Metaphysical Epilogue'을 보라.

그러나 유물론을 초월하는 과정은 보다 이전에 — 뉴턴과 뉴턴적인 힘과 더불어, 패러데이와 맥스웰 및 아인슈타인과 함께, 그리고 장들이란 관념과 더불어 — 시작했다. 그리고 그 과정은 원자의 붕괴에 대한 고유한 확률 같은 관념과 함께 시작되었다.6)

VII

이런 환원론자의 어떤 노력도 우주의 창조성을 설명하지 못한다. 또한 생명과 생명의 믿을 수 없는 복잡한 사항들과 형식들의 풍부함도 설명하지 못한다. 실제로 다윈 이전에 환원론자들은 자연에서의 설계란 문제에는 눈을 감는 것 외엔 더 이상 어떤 것도 할 수 없었다. 1850년『종의 기원』이 출판된 이후에는, 실제로 어떤 논증, 곧 환원론이 사용할 수 있었던 — 자연선택이라는 — 매우 강한 논증이 있었다. 환원론자들은 설계의 문제를 보지 않기 위해 더 이상 눈을 감지 않았어야 했다. 이와 정반대로 그들은 이제 환원론 대신에 설계의 문제를 사용할 수 있다.

다윈적인 환원 프로그램은 왓슨과 크릭의 성공을 통해서 가장 커다란 격려를 받게 되었다. 분자 생물학이 엄청나게 빨리 성장하는 과학의 일부가 되었을 뿐만 아니라, 그와 동시에 거의 이데올로기가 되었다는 것은 전혀 이상하지 않았다.

---

6)『자아와 그 두뇌』, 특히 P1, P3, P5장을 보라.

VIII

여기서 나는 최근의 흥미진진한 다른 발전에 관해 약간의 말을 하고 싶다. 즉, 생명의 진화라는 질문과 중요할 정도로 관계가 있는 것으로 결코 균형이 아닌 열린 체계들에 대한 열역학의 발전이다.

'열역학'은 열의 흐름과 그 열의 흐름에 원인이 되는 힘들에 대한 다른 말이다. 모든 사람이 알고 있듯이, 열은 더 뜨거운 물체나 지역에서 더 차가운 물체나 지역으로 흐른다. 그리고 흐름이 멈출 때, 이 운동은 균형을 이루는 경향이 있다. 과학으로서 열역학은 이 모든 것을 기술하려고 노력한다. 그리고 성공하는 환원론자와 유물론자의 설명은 그에 대응하는 분자 역학, 즉 소위 말하는 통계 역학에 의해 주어진다.

열역학의 처음 두 법칙은 에너지 보존법칙과 엔트로피는 오직 증가만 할 수 있다고 주장하는 법칙이다. 분자적인 무질서로서의 엔트로피에 대한 볼츠만 해석의 측면에서 표현하면, 두 번째 법칙은 닫힌 체계의 분자적인 무질서는 최대한에 — 총체적인 무질서에 — 이를 때까지 오직 증가만 할 수 있다고 말한다.

우주적인 원리로 해석된 무질서 증가에 대한 이 법칙은 생명의 진화를 이해할 수 없게 만들었다. 외견적으로는 심지어 역설적인 것으로 되었다. 왜냐하면 생명의 진화는 볼츠만의 무질서로부터 벗어나려는 일반적인 경향을 보여주었기 때문이다.

이런 분명한 역설의 해결은 다음과 같은 사실과 연관되어 있다는 것은 오랫동안 의문시되어 왔다. 발전하고 성장하는 동식물상과 더불어 모든 살아 있는 체계와 심지어 전체 지구도 열린 체계라는 것이다.

물론, 두 번째 법칙(그리고 그 법칙에 대한 볼츠만의 해석)은 열린 체계에서는 유효하지 않다. 나는 여기서 그 이야기를 할 수 없지만, 그러나 주로 프리고진에서 연유한 가장 중요한 결과들을 나는 언급하고 싶다.[7] 간략히 말해 그 결과들은 **결코 균형이 아닌 상태의 열린 체계**는 무질서를 증가시키는 어떤 경향도 보여주고 있지 않다. 심지어 그것들이 엔트로피를 산출한다 할지라도 그렇다. 하지만 그것들은 결과들의 환경에 이런 엔트로피를 내보낼 수 있으며, 또한 그것들의 내부적인 질서를 감소시키기보다는 오히려 증가시킬 수 있다. 그것들은 구조적인 속성들을 발전시킬 수 있으며, 이로 인해 균형 상태를 정반대로 바꿀 수 있게 한다. 왜냐하면 이런 균형 상태에서는 흥미로운 어떤 일도 그 구조적인 속성들에 더 이상 일어날 수 없기 때문이다.

아마도 가장 단순한 사례는 열판 위에서 끓고 있는 찻주전자이다. 이것은 많은 에너지가 바닥으로부터 에너지가 흘러들어가고, 꼭대기와 옆면에서는 에너지가 흘러나온다는 의미에서 열린 체계이다.

체계 내부의 강렬한 온도 차이들은 닫힌 체계가 하는 것과는 정반대의 일을 발전시킨다. 그 차이들은 열의 흐름을 산출할 뿐만 아니라 물의 흐름도 빠르게 한다. 그리고 물이 끓기 시작할 때, 우리는 심지어 상당히 특징적인 크기의 가지적인 물질 구조들의 산출, 즉 증기 거품들의 산출을 보게 된다. 이런 증기 거품들은 결코 균형이 아니지만, 그러나 평균적인 크기의 거품 종류가 존재한다. 달

---

7) Ilya Prigogine, *From Being to Becoming: Time and Complexity in the Physical Science*, San Francisco, 1980, 특히 pp.88-89.

리 말해 전형적인 확률적이거나 통계적인 결과가 (이런 성향들은 전체적인 상황인 열판의 온도, 주전자의 크기와 형태, 열의 흐름 … 에 의존한다) 존재한다는 것이다. 더구나 두 상태 — 액체인 물 과 기체인 물 — 로 나누어진 물이 존재한다. 그것은 또한 분자들의 집단이 다음 단위의 시간 동안에 어느 한 상태를 가정할 것인지, 아니면 다른 상태를 가정할 것인지의 확률적인 문제임이 분명하다. 우리는 여기서 (열역학 전체에 관통하는 것으로) 확률적인 결과들, 다시 말해 물리학의 비결정론에 직면하게 된다.

프리고진은 물리학의 이 부분을 이론적으로 그리고 실험적으로 발전시키고 있다. 그리고 이제 균형이 아닌 열린 체계는 엔트로피 의 균형 상태를, 에너지를 극대화하는 상태를, 구조가 사라지는 상 태를 향해 움직이기보다는 오히려 새로운 구조들을 창조할 수 있 다. 달리 말하면 열린 체계는 그렇게 오랫동안 예측해 왔던 열 죽 음의 상태를 향해 나아가지 않는다는 것이다.

IX

프리고진의 작업은 물리주의자가 행하는 흥미진진한 환원의 하 나인 것으로 간주될 수 있다. 그것은 적어도 (지구상에서 생명의 진화에 대한 상당히 분명한 양상인 것처럼 보이는) 상위 구조들에 대한 물리적인 이해를 향한 첫 단계의 조치를 취한다는 의미에서 환원의 하나이다. 따라서 그것은 생명의 창조가 왜 물리학의 법칙 들과 **모순**이 되지 않는지를 이해하는 길을 열 수 있다.

그렇지만 이것이 환원론의 방향에서의 어떤 단계라 하더라도, 그 단계는 생명의 창조적인 속성들의 환원으로부터는 무한히 멀리 떨어져 있다.

우리가 우주를 물리적인 기계로 보든 그렇지 않든 간에, 우주가 생명과 창조적인 인간들을 산출해 왔다는 사실을 우리는 받아들여야 한다. 우리는 또한 인간들의 창조적인 사유에 열려 있으며, 인간들에 의해 물리적으로 변해 왔음을 받아들여야 한다. 우리는 이런 사실에 눈을 감거나 환원론자의 프로그램이 이룩한 성공을 공감하지 않아야 한다. 또한 이런 프로그램 때문에 생명을 품고 있는 우주가 다음에 말하는 최선의 의미에서 창조적이라는 사실에 눈이 멀지 않도록 해야 한다. 위대한 수학자들, 위대한 과학자들, 그리고 위대한 발명가들은 물론이고 위대한 시인들, 위대한 예술가들, 위대한 음악가들이 창조적이었다는 의미에서 창조적이라는 사실이다.

미래는 열려 있다

이한구

이 책 『열린 우주: 비결정론을 위한 논증』은 칼 포퍼의 대표작 『과학적 발견의 논리』(1959)의 후속편 중 두 번째 권이다. 후속편은 모두 세 권으로 되어 있는데, 첫 번째 권은 『실재론과 과학의 목표』이고, 세 번째 권은 『양자 이론과 물리학의 분열』이다. 이 후속편들은 포퍼의 처녀작 『탐구의 논리(*Logik der Forschung*)』(1934)가 『과학적 발견의 논리(*The Logic of Scientific Discovery*)』로 영역되어 출간되던 1950년대 중반에 쓰였지만, 여러 사정상 1982년에 출간되었다. 편집자의 서문에 그 사정이 자세히 설명되어 있다. 이 후속편들은 포퍼 과학철학의 정점을 이루고 있다.

이 책의 중심 과제는 '과학적 결정론'이라 불리는 교설의 타당성을 검토하는 것이다. 이 책은 물리학의 역사에 대한 새로운 이해를 요청하며, 고전 물리학은 양자 물리학만큼이나 결정론을 전제하고 있지 않다고 주장한다. 동시에 이 책은 인간의 자유와 창의성을 논증한다.

1.

이 책의 주제는 크게 두 가지이다. 하나는 책 제목이 암시하듯이 결정론을 논박하는 것이고, 다른 하나는 인간의 자율성을 옹호하는 일이다.

결정론이란 인간의 행위를 비롯한 이 세상의 모든 사건이 우연이나 선택의 자유에 의해서 일어나지 않고 일정한 인과의 법칙에 따라 일어난다는 주장이다. 인과의 법칙이란 모든 사건은 원인에서 발생한 결과이며 원인이 없이는 아무것도 생기지 않는다는 법칙이다. 이런 결정론적 세계관에 기초하여 많은 물리학자들은 오늘날도 우리가 사는 세계가 닫힌 세계라고 주장한다. 닫혔다는 것은 한 세계가 다른 세계와 연관이 전혀 없다는 것이다. 말하자면 물리적 사건은 물리적 원인에 의해서만 발생하며, 물리적 원인 이외의 다른 어떤 것도 물리적 사건의 원인이 될 수 없다는 것이다. 만약 한 물리적 사건은 반드시 물리적 원인을 가진다면, 즉 물리적 세계 이외의 세계, 예컨대 신의 의지나 인간의 선택이 여기에 개입할 여지가 전혀 없다면, 그 물리적 세계는 결정론적 닫힌 체계가 된다. 포퍼는 이런 세계상을 부정한다. 그렇다고 인과의 법칙을 부정하려는 것은 아니다.

인간의 선택적 자유를 옹호하는 일은 쉬운 일이 아니다. 결정론을 받아들이면, 인간의 자유는 부정된다. 결정론을 수용하면서 인간의 자유의지를 인정한다면, 이원론으로 가지 않을 수 없다. 임마누엘 칸트가 그 대표적인 경우이다. 칸트는 세계를 현상세계와 물자체의 세계로 이원화한 후, 경험세계에 나타나는 인간의 행위는 인과율에 의해 결정되지만. 물자체의 세계에서는 자유의지가 존재하는 것으로 해석했다. 그렇지만 그런 경우 두 세계의 연결이 새로운 문제로서 등장한다. 물론 결정론을 부정한다 해서 자유의지의 문제가 자동으로 해결되는 것은 아니다. 이 책의 부록은 특히 인간의 자율적인 창조적 행위가 어떻게 가능한지를 다원적 세계관을 통해 논증적으로 보여준다.

결정론이란 비유하자면 세계의 변화가 동영상과 비슷하다고 보는 것이다. 말하자면 지금 투사되고 있는 그림이나 사진이 현재이고, 이미 보았던 동영상의 부분들이 과거이며, 아직 보지 못한 것들이 미래라는 것이다. 동영상에서는 미래와 과거가 공존하고 있으며, 미래는 과거와 동일한 의미에서 확정되어 있다.

포퍼는 결정론을 세 종류로 나눈다. 종교적 결정론, 과학적 결정론, 형이상학적 결정론이 그것이다. 모든 결정론의 원조 격인 종교적 결정론(religious determinism)은 세계와 인간의 운명은 이미 결정되어 있다는 것이다. 이것은 세상만사가 미리 정해진 필연적 법칙에 따라 일어난다고 하는 운명론과도 유사하며, 신적인 존재의 전지전능과도 연관이 깊다. 전지란 모든 것을 미리 안다는 의미이며, 전능이란 미래를 결정하는 완전한 능력을 의미한다. 모든 것이 이미 결정되어 있지 않다면 전지란 불가능할 것이다. 그러므로 신의 입장에서 보면 세계는 창조의 순간부터 종말까지 완전히 결정되어 있는 셈이다. 같은 논리로 개인은 태어나면서부터 정해진 운명을 바꿀 수 없게 된다.

우리가 신과 신의 법칙 대신에 자연과 자연의 법칙을 대체시키면, 종교적 결정론은 형이상학적 결정론(metaphysical determinism)

으로 전환된다. 이때 자연은 신의 전능을 대신한다. 그러므로 자연 속의 모든 사건은 미리 결정되어 있으며, 미래도 과거와 마찬가지로 고정되어 변화할 수 없다.

과학적 결정론(scientific determinism)은 형이상학석 셜성론에다 미래에 대한 예측의 가능성을 덧붙인 것이다. 즉, 우리가 자연의 법칙을 안다면 순전히 합리적 방법에 의해 현재의 상태로부터 미래를 예측할 수 있다는 것이다. 포퍼는 과학적 결정론을 다음과 같이 규정한다. "그것은 만약 과거의 사건에 대한 충분히 정확한 기술이 자연의 모든 법칙들과 함께 주어진다면, 우리는 모든 사건을 우리가 원하는 엄밀성의 정도에서 합리적으로 예측할 수 있을 만큼, 세계의 구조는 미리 결정되어 있다는 교설이다."[1]

세 결정론 중에서 형이상학적 결정론의 주장이 가장 단순하다. 그러므로 그것은 종교적 결정론이나 과학적 결정론을 수반하는 것으로 간주되며, 여러 종류의 결정론적 이론에 공통적인 것만을 포함하는 것으로 규정될 수 있다. 과학적 결정론이 형이상학적 결정론보다 강한 주장인 이유는 분명하다. 형이상학적 결정론은 과학적 결정론과 마찬가지로 세계의 인과적 결정성을 주장하지만, 과학적 방법에 의해 예측이 불가능한 사건들이 있을 수 있음을 인정하기 때문이다.

종교적 결정론이나 형이상학적 결정론은 반증 가능한 교설들이 아니다. 그러므로 이들은 논박될 수 없다. 그렇지만 이들에 대한 비판적 검토가 불가능한 것은 아니다. 과학적 결정론을 지지하는

---

1) Karl Popper, *The Open Universe: An Argument for Indeterminism* (Totowa: Rowman and Littlefield, 1982), p.5 이하. (다음부터 이 책은 *OU*로 표기한다.)

논증들은 종교적 결정론이나 형이상학적 결정론을 강력하게 지지하는 논증이 될 수 있다. 반면에 과학적 결정론의 붕괴는 이들에 대한 심각한 타격이 된다.

포퍼는 과학적 비결정론자이면서 동시에 형이상학적 비결정론자이다. 그러므로 그는 원리상 예측이 불가능한 어떤 사건들이 존재할 수 있다고 주장한다. 예컨대 모차르트의 교향곡 G단조 같은 새로운 작품의 창조는 모차르트의 육체(특히 그의 뇌)나 그의 물리적 환경을 연구하는 물리학자나 생리학자에 의해서 정확하게 예측될 수가 없다는 것이다.2) 포퍼에 의하면 과학이 언젠가는 신의 전지에 도달할 수 있을 것이라고 가정하는 것 이외에 이런 사건의 예측을 지지하는 논증이란 존재할 수가 없는 것이다.

고전 물리학의 결정론적 성격은 라플라스(Laplace)에 의해서 정식화되었다고 할 수 있다. 라플라스에 의하면, 자연적 법칙들의 체계와 어떤 순간의 세계의 초기 조건에 관한 정확하고 완전한 지식을 우리가 갖는다면, 다른 순간의 세계의 상태를 연역할 수 있다. 이런 일을 할 수 있는 존재가 라플라스의 악마(초인간적 지성)이다. 물론 라플라스도 우주 속의 모든 물체들에 관한 초기 조건을 우리가 확인하기란 불가능하다는 것을 인정한다. 그렇지만 그는 과학의 성장에 따라 우리는 점차 보다 나은 지식을 얻을 수 있을 것이며, 이에 따라 예측 역시 보다 정확해질 것으로 생각한다.3) 이런 맥락에서 보면, 세계의 미래는 과거의 어떤 순간 속에 암시되어 있으므로, 결정론의 참이 성립된다.

이런 과학적 결정론과 외견상 결정론을 포퍼는 구별한다. 외견상

---

2) *OU*, p.41.
3) *OU*, p.30.

결정론은 겉으로 보기에 결정론같이 보이지만, 미래의 모든 사건을 정확하게 예측할 수 있다고 주장하지는 않는다. 뉴턴의 이론들, 맥스웰의 이론들 및 아인슈타인의 이론들은 모두 외견상 결정론에 속한다. 외견상 결정론도 자연 법칙과 초기 조건으로 미래의 사건을 예측하지만, 유한한 정확도의 범위 내에서 작업을 할 뿐이다. 우리가 현대 물리학을 인정하는 한, 그리고 인과의 법칙을 수용하는 한, 외견상 결정론을 인정하지 않을 수 없다. 그렇지만 포퍼는 외견상 결정론에서 과학적 결정론의 도출은 불가능하다고 본다.

오늘날 양자역학이 고전 역학을 대체하면서, 완전한 예측이란 불가능하게 되었다. 이것은 과학적 결정론이 성립될 수 없음을 의미한다. 그렇지만 과학적 결정론자들은 양자역학에 대한 하이젠베르크의 불확정성의 원리를 주관주의적으로 해석함으로써 자신들의 주장을 유지시키고자 한다. 말하자면 현재의 우리의 인식 능력으로는 미시 세계에 대한 정확한 예측을 할 수 없지만, 과학적 지식의 성장에 따라 언젠가는 예측이 가능하게 될 것이라는 것이다.

이에 대한 포퍼의 대답은 다음 두 가지 차원에서 제시된다.

i) 첫째로, 고전 물리학 내부에서도 과학적 결정론은 성립되지 않는다.

ii) 둘째로, 하이젠베르크의 불확정성의 원리는 주관주의적으로 해석해서는 안 되고, 객관주의적으로 해석되어야 한다.

고전 물리학 내부에서도 과학적 결정론이 성립될 수 없는 결정적 이유는, 초기 조건들을 우리가 원하는 정도로 정확하게 계산할 수가 없기 때문이다. 포퍼는 이를 계산 가능성의 원리라고 부른다.

어떤 사건을 예측하려면, 법칙과 초기 조건을 활용해야 한다. 이것은 다음과 같은 구조를 갖는다.

$$\left.\begin{array}{ll} \text{법칙} & \text{L1, \& L2, \& } \cdots \text{ Ln} \\ \text{초기 조건} & \text{C1, \& C2, \& } \cdots \text{ Cn} \end{array}\right\} \rightarrow \text{ 사건 E}$$

이런 구조에서 사건 E를 정확하게 예측하려면 법칙 L1, L2 ⋯ Ln이 확실해야 하고, 초기 조건 C1, C2 ⋯ Cn이 정확하게 측정될 수 있어야 한다. 그렇지만 법칙도 아직 반증되지 않은 가설일 뿐 백 퍼센트 확인된 것은 아니며, 초기 조건 역시 완전한 정확도로 측정하는 것은 불가능하다. 그러므로 사건 E에 대한 정확한 예측은 불가능하게 된다.

우리의 과학적 이론들은 세계를 파악하기 위해 인간이 창안해낸 발명품들이다.[4] 그것은 물고기를 잡는 그물과 유사하다. 그러므로 과학적 이론들이 모든 측면에서 실재 세계를 그대로 반영해 줄 것으로 생각하는 것은 잘못이다. 또한 그것들은 잘못될 수도 있다. 우리 자신들이 오류 가능한 존재이기 때문이다. 만약 이론들이 틀릴 수 있다면, 결정론적으로 보이는 이론들의 특성에 대응해서 실재 세계가 반드시 결정론적 성격이라는 추론은 타당하지 않을 것이다. 포퍼의 해석에 따르면 뉴턴의 이론도 결정론을 주장하지는 않는다. 말하자면 중력의 법칙이나 관성의 법칙들은 결코 세계가 결정되어 있다고 주장하지 않는다. "결정론적으로 보이는 특성을 갖고 있는 것은 오히려 이론 자체이다."[5]

---

[4] *OU*, p.42.

양자역학에 대한 포퍼의 객관주의적 견해는 성향 이론에서 전형적으로 나타난다. 말하자면 확률은 우리의 주관적 인식의 정도를 나타내는 것이 아니라 물리적 성향을 나타낸다는 것이다. "양자 이론의 이중 슬릿 실험의 해석은 궁극적으로 나를 성향 이론으로 인도하였다. 그것은 나로 하여금 확률이 물리적으로 실재해야 한다는 확신을 심어주었다. 즉, 성향은 물리적 성향이며 뉴턴의 힘처럼 물리적 상황의 관계적 속성인데, 그것은 실험 결과에 영향을 줄 수 있다는 점에서뿐만 아니라, 일정 조건 하에서 다른 것들과 상호작용할 수 있다는 점에서 실재적이다."

포퍼의 이러한 성향 해석은 과학적 결정론뿐만 아니라 형이상학적 결정론의 거부를 의미한다. 세계 자체가 열려 있는 것이다.

2.

포퍼는 다원론자로서 세계들에 대해 세계 1, 세계 2, 세계 3이라는 명칭을 붙였다.6) 세계 1은 물리적 세계(physical world)를, 세계 2는 심리적 세계(the mental world)를, 그리고 세계 3은 객관적 관념의 세계(the world of ideas in the objective sense)를 의미한다.7) 세계 1은 물리적 사물들의 세계이다. 이것은 우리가 일상적으로 대하는 흙과 물, 바람과 불 등으로 구성된 세계이다. 미시적 관점에서 보면 이들은 모두 원소들로 이루어진 구성체들이라 할 수 있다.

---

5) *OU*, p.43.

6) 이하에서 전개되는 다원적 세계에 대한 논의들은 나의 논문 「비판적 합리주의의 존재론」을 바탕으로 재구성한 것이다.

7) *OU*, p.114.

살아 있는 유기체도 세계 1의 구성요소이다. 이들은 세포로 구성되어 있고, 세포들은 원소들의 집합체이기 때문이다.

세계 2는 주관적 경험의 세계이다. 말하자면 그것은 희로애락의 감정과 의지의 세계, 잠재의식과 무의식의 세계를 포함한 내면적, 심리적 세계이다. 물론 이 세계는 인간들만이 갖는 독점적인 세계가 아니다. 동물들도 의식이 있는 한, 그 의식은 세계 2를 구성한다고 할 수 있다. 자아와 죽음에 관한 의식이 세계 2를 상징적으로 나타낸다. 세계 1만을 주장하는 유물론자들은 세계 2의 존재를 세계 1로 환원시키려고 한다. 말하자면 내면적, 심리적 세계란 신경세포의 물리·화학적 작용에 불과하다는 것이다. 이런 반론에 대해 포퍼는 세계 1에 대한 세계 2의 작용력에 의해 세계 2의 독자적 존재를 주장한다.

물리적 대상들의 세계 1이나 주관적 경험들의 세계 2는 우리에게 친숙한 세계라고 할 수 있다. 그렇지만 세계 3은 약간은 낯선 세계이다. 이 세계는 물리적 세계도 아니며, 심리적 세계도 아니다. 그것은 사고의 대상들로 이루어진 세계이고, 그런 한에서 이론 자체와 그것들의 논리적 관계의 세계이며, 논증 자체의 세계나 문제 상황 자체의 세계이다. "이론이나 명제, 혹은 진술은 세계 3의 가장 중요한 언어적 실재이다."8)

포퍼의 세계 3은 플라톤의 형상의 세계나 헤겔의 객관적 정신의 세계, 프레게의 제3의 영역과도 어떤 유사성을 갖는 것으로 해석된다. 오히어는 포퍼의 세계 3을 플라톤주의적이라고 특징짓기도 한다.9) 플라톤의 형상의 세계가 단순히 주관적 심리적 세계가 아니

---

8) Karl Popper, *Objective Knowledge*(London: Oxford University Press, 1975), p.157. (다음부터 이 책은 *OK*로 표기하기로 한다.)

라는 점에서, 세계 3과 형상의 세계는 같은 존재론적 지위에 있다고도 할 수 있다. 그렇지만 플라톤의 형상의 세계는 3이나 7 같은 보편적 개념들로서 이루어진 세계인 데 반해, 세계 3은 보편적 개념뿐만 아니라 '7 × 11 = 77' 같은 올바른 수학적 명제나 '7 × 11 = 66' 같은 틀린 명제, 그리고 모든 종류의 비수학적 명제와 이론을 포함하는 세계이다.10) 그뿐만 아니라 포퍼의 세계 3이 플라톤의 형상세계와 다른 결정적인 특징은 그것이 인간 정신의 창조물이라는 점이다. 간단히 말해 그것은 인간 정신이 창조한 세계이다. 그것은 이야기들, 신화들, 도구들, 과학적인 이론들, 과학적인 문제들, 사회제도나 예술 작품들 모두를 포괄한다.

이들 세계는 서로 환원될 수 없는 독립된 세계들이다. 그렇지만 이들 세계는 발생론적으로 보면 진화론적 과정에 의해 연결되어 있기도 하다.11)

여기서 세계 3이 문제이다. 포퍼는 세계 1에 미치는 세계 2의 영향력에 의해 세계 2를 증명했듯이, 세계 1이나 세계 2에 미치는 세계 3의 영향력에 의해 세계 3의 실재를 논증하려고 한다. "내가 옹호하고자 하는 명제는 — 그것이 상식을 약간 넘어서는 것으로 보이는데 — 물리적 세계 1과 심리적 세계 2뿐만 아니라 추상적 세계 3도 실재한다는 것이다. 그것은 바위나 나무의 물리적 세계가 실재

---

9) Anthony O'Hears, *Karl Popper*(London: Rontledge & Kegan Paul, 1980), p.181; Rolin Church, "Popper's 'World 3' and the Problem of the Printed Line", *Australian Association of Philosophy*, p.379 이하 참조.

10) *OK*, p.156.

11) Karl Popper, *The Self and Its Brain*(London: Springer International, 1977), p.16. (다음부터 이 책은 *SB*로 표기하기로 한다.)

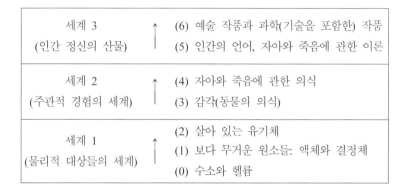

세계 3 (인간 정신의 산물)	↑	(6) 예술 작품과 과학(기술을 포함한) 작품
		(5) 인간의 언어, 자아와 죽음에 관한 이론
세계 2 (주관적 경험의 세계)	↑	(4) 자아와 죽음에 관한 의식
		(3) 감각(동물의 의식)
세계 1 (물리적 대상들의 세계)	↑	(2) 살아 있는 유기체
		(1) 보다 무거운 원소들: 액체와 결정체
		(0) 수소와 헬륨

한다는 것과 꼭 같은 의미에서 실재적이다. 세계 1의 물리적 대상들이 상호 영향을 미치는 것과 꼭 같이 세계 2와 세계 3의 대상들은 상호 영향을 미친다."[12] 세계 3은 물론 세계 1에 직접 영향을 미치지는 못한다. 세계 1에 대한 세계 3의 영향력은 간접적이다.

여기서 간접적이라는 것은 세계 1과 세계 3은 직접적으로 상호작용할 수 없고 세계 2를 통해서만 상호작용한다는 것이다. 에클스에 따르면 이것은 다음과 같은 이야기가 된다.[13]

세계 3의 독자성을 이해하기 위해서는 세계 3의 주요 특성인, 실재성과 자율성, 비시간성과 상호 주관성을 하나하나 검토하는 것이 필요하다.[14] 우선 실재성의 의미부터 살펴보자. 세계 3은 발생론적으로 보면 세계 2를 전제하지 않고는 불가능하다. 말하자면 세계 3은 세계 2에 의해 창조된 세계이다. 이런 측면에서 세계 3은 세계

12) *OU*, p.116.

13) *SB*, p.359.

14) J. D. Gilory Jr., "A Critique of Karl Popper's World 3 Theory", *The Modern School Man*, Vol. LXII, No. 3(Saint Louis University, 1985), p.189.

세계 1		세계 2		세계 3
물리적 대상들과 상태	$\Rightarrow$	의식의 상태	$\Rightarrow$	객관적 의미의 지식
1. 무기물과 우주의	$\Leftarrow$	주관적 지식	$\Leftarrow$	물질적 기체에
에너지		지각의;		부호화된
2. 생물		사유의;		문화적;
모든 생명체의 구조와		감정의;		철학적;
활동		성향적 의도의;		신학적;
(인간의 뇌 포함)		기억의;		과학적;
3. 가공물		꿈의;		역사적;
인간의 창조의;		창조적 상상력의;		문학적;
도구의;		경험		예술적;
기계의;				기술적;
책의;				전승
예술품의;				이론적 체계
음악의;				과학적 문제
물질적 기체				비판적 논증

2에 의존적이라고 할 수도 있다. 그렇지만 그것의 독자적인 실재성을 주장할 수 있는 것은 그것이 일단 창조된 연후에는 세계 2와는 상관없이 존재하기 때문이다. 포퍼는 세계 3의 실재성을 논증하기 위해 다음과 같은 사유 실험을 제시한다.[15]

(1) 모든 생산수단과 그것들을 사용하는 방법에 대한 이해가 파괴되었지만 도서관과 그로부터 배울 수 있는 능력이 존재할 경우와

(2) 모든 생산수단과 그것들을 사용하는 방법에 대한 이해뿐만

---

15) *OK*, p.156 참조.

아니라 모든 도서관도 파괴되었고 다만 책으로부터 배울 수 있는 능력만이 존재할 경우를 상정해 보자.

　이 두 경우에서 문명의 재건은 어느 쪽이 용이하겠는가? 도서관이 보존되어 있을 경우 문명의 재건이 용이하리라는 것은 자명해 보인다. 이것은 무엇을 의미하는가? 포퍼에 의하면 이것은 세계 3의 실재성을 의미한다. 말하자면 책 속에 기호화된 정신적인 것들은 그 인과적 효력이나 존재에 있어서 세계 2에 의존하고 있지 않다는 것이다. 벌의 집이나 새의 둥지는 벌이나 새에 의해 만들어진 것이다. 그렇지만 벌이나 새들이 떠난 후에도 그것들이 자체적으로 존재한다는 것은 세계 3의 실재성을 논증하는 하나의 비유가 된다.
　세계 3의 자율성은 다음과 같이 설명된다:16) 우리는 자연수를 창안한다. 그렇지만 소수나 홀수, 짝수는 발견된 것이다. 말하자면 우리가 창안한 것은 하나에다 계속해서 하나를 더해 나가는 자연수의 계열인데, 그 자연수의 계열은 그것을 창안한 정신에 의해서는 전연 고려되지 않았던 소수나 홀수, 짝수 등의 속성을 자율적으로 갖게 된다. 그러므로 이런 속성들은 우리의 창안이 아니라 발견의 대상이 될 수밖에 없다. 물론 이러한 논의가 세계 3이 전체적으로 자율적이라는 이야기는 아니다. 그것은 단지 세계 2에 의해 의도되지 않는 어떤 부분이 세계 3 속에 있다는 것이다. "세계 3의 자율적인 부분은 세계 2와 상호작용할 수 있고, 또 세계 2를 경유하여 세계 1과 상호작용할 수 있다는 의미에서 실재한다. 자율적 세계 3의 대상들은 세계 2의 과정들에 강한 인과적 영향을 가질 수

---

16) *OU*, p.118 이하.

있으며, 그 영향은 세계 1에까지 미칠 수 있다."17)

세계 3의 대상들에는 시간적 술어를 귀속시킬 수 없다는 점에서, 그것은 시간을 넘어서 있다. 물론 그것들이 창조된 시간은 존재하며, 전체적으로 세계 3은 증가한다고 할 수 있다. 그렇지만 일단 창조된 후에는 세계 3의 개별적 실재들은 플라톤의 형상처럼 영원히 지속된다고 해야 한다.

상호 주관성은 세계 3의 대상들이 그것을 창조한 인간 정신에 의해서가 아니라 다른 인간 정신에 의해 이해될 수 있다는 의미이다. 여기서 특히 중요한 것은 상호 주관성은 그것의 현실적인 실현 여부와는 관계없이 세계 3의 대상들이 소유한 성향적 특질이라는 점이다. "책은 객관적 지식의 세계 3에 속하기 위해서 원리적으로 혹은 사실적으로 어떤 사람에 의해 이해되어야만 한다."18)

세계 3의 대상들은 물질적인 것에 의존해서 존재한다고 할 수 있다. 이런 점에서 이것들은 세계 1과 세계 3에 동시에 속한다. 예컨대 책은 물질적 대상으로서 세계 1의 구성원이 된다. 그러나 수많은 부수를 찍어 내어도 바뀌지 않는 책의 내용은 세계 3에 속한다. 말하자면 『반야심경』 백만 부를 찍어 낸다 할지라도, 이 책의 내용은 동일하다고 해야 할 것이다. 이때 이 책의 내용이 세계 3의 구성원이 된다. 스토아학파들은 언어를 세 세계 모두에 속하는 것으로 해석했다. 즉, 그들은 언어를 물리적 행위나 물리적 기호로 이루어졌다는 점에서 세계 1에 속하며, 주관적 심리 상태를 표현한

---

17) *OU*, p.121.

18) *OK*, p.116; E. D. Klemke, "Karl Popper, Objective Knowledge, and The Third World", *Philosophia* Vol. IX(July 1986 Bar-Ilan University), p.47.

다는 점에서 세계 2에 속하며, 어떤 것을 주장하거나 기술하거나 정보를 포함하고 있다는 점에서 세계 3에 속하는 것으로 보았다.

세계 3의 이러한 구조는 하르트만이 정신의 객체화된 과정을 전경과 배경으로 나눈 것과도 흡사하다.[19] 전경은 우선 감각적으로 접근할 수 있는 정신을 담지하고 있는 물질적 사물의 층이고, 배경은 그 속에 고정된 정신적 내용을 의미한다. 정신적 내용, 즉 객체화된 정신은 자립적 존재 방식을 가진 것은 아니라 할지라도, 어떤 산 정신과의 만남에 의해 활성화될 수 있다. 예컨대 근대 초 천 년 동안 잠들어 있던 그리스·로마의 정신을 재발견한 문예부흥은 잠들어 있는 정신을 깨워 산 정신 속으로 재도입시킨 것이라 할 수 있다. 객체화는 다시 활성화되면 산 정신을 움직이는 힘이 된다. 이것은 세계 3이 세계 2의 매개에 의해 세계 1에 영향을 끼치는 과정과 동일하다.[20]

세계 3의 문제와 관련해서 포퍼는 철학자들을 두 집단으로 나누고자 한다. 첫 번째 집단은 플라톤처럼 세계 3을 승인하며, 그 세계를 초인간적이고 신적이고 영원한 것으로 간주한다. 두 번째 집단은 로크, 밀, 콜링우드처럼 언어와 그것이 표현하고 전달하는 것은 인간에 의해 만들어진 것이기 때문에 언어적인 것은 모두 세계 1과 세계 2에 속하는 것으로 보고 세계 3의 실재를 거부한다. 플라톤주의자들은 영원한 진리에 관해 이야기할 수 있다고 주장한다.

---

19) Nicolai Hartmann, *Das Problem des geistigen Seins*(Berlin: Walter de Gruyter& Co., 1962), p.425.

20) Martin Morgenstern, *Nicolai Hartmann:Grundlinien einer wissen-schaftlich orientierten Philosophie*(Tübingen und Basel: A Francke, 1992), p.186.

그런데 영원한 진리는 인간이 존재하기에 앞서 존재하지 않으면 안 된다. 따라서 그것들은 인간에 의해 창조된 것일 수 없다. 두 번째 집단의 사람들도 영원한 진리란 우리의 창조물일 수 없다는 사실에 동의한다. 그렇지만 그들은 거꾸로 영원한 진리의 세계란 존재할 수 없다는 결론을 내린다.[21]

여기서 포퍼가 택하는 노선은 제3의 길이다. 말하자면 세계 3의 존재를 승인하면서도, 그것이 인간의 창조물이라는 것을 인정하는 것이다. "나는 세계 3의 실재나 (그렇게 불릴 수 있다면) 자율성을 승인하면서, 동시에 그것이 인간 활동의 산물임을 인정하는 것은 가능하다고 생각한다."[22]

지금까지의 설명은 세계가 물리주의자들이 주장하듯이 세계 1만이 존재하는 것이 아니라, 세계 2와 세계 3이 별도로 독자적으로 존재하며, 동시에 이들이 상호작용한다는 것이었다. 독자적으로 존재한다는 것은 그것들이 세계 1로 환원될 수 없다는 것을 의미한다. 직관적으로도 의미의 세계인 세계 3은 물리적 세계인 세계 1로 환원될 수 없는 것으로 보인다. 세계 2 역시 세계 1로 환원될 수 없다. 세계 2는 부분적으로 세계 3에 의존해 있기 때문이다.

세계 2와 세계 3의 실재가, 그리고 이들의 상호작용이 그렇게 큰 의미를 갖는 것은 이들이 닫힌 세계가 아니라 열린 세계를 보증해 주기 때문이다. 세계 3은 세계 2에 영향을 미칠 수 있다. 동시에 세계 2는 세계 1에 영향을 미칠 수 있다. 예컨대 우리가 『반야심경』을 읽고 감명을 받아 세상을 보는 관점이 달라졌다면, 그리고 그 결과 나의 태도가 바뀌었다면, 그것은 세계 3이 세계 2에, 그리고

---

21) *OK*, p.158 이하.
22) *OK*, p.159.

세계 2가 세계 1에 영향을 미친 결과이다. 이런 사실은 세계 1은 세계 2를 향해 열려 있고, 세계 2는 세계 3을 향해 열려 있음을 의미한다.

이 점은 매우 중요하다. 왜냐하면, 우리를 포함해서 세계 1, 2, 3을 부분으로 포괄하고 있는 전체 자연이나 우주는 그 자체로 열려 있다는 것을 보여주기 때문이다. 열린 세계에서만, 우리는 자유를 누린다. 열린 세계에서만, 우리는 운명의 노예가 아니라 선택의 자유를 가진 창조자가 된다.

❖ 찾아보기 ❖

[용어]

ㄱ

298

연구 47

시험 가능성(Testability) 시험 가능성과 논리적 취약점 37; 확률 이론의 시험 가능성 164-166, 29절, 30절; 시험 가능성과 이론들에 대한 선호 89

신(God) 33-34, 149; 전능의 문제 33-34; 전지의 문제 33-34

신경생리학(Physiology) 결정론적이라 주장하는 신경생리학 48; 신경생리학의 과정들 55-56

실재(Reality)와 세계 1 187-188

실재론(Realism) 29-30

심물 병행론(Psychophysical parallelism) 243

심물 상호작용론(Psychophysical interactionism) 243-245. 또한 세계 1, 2, 그리고 3을 보라.

심-신 문제(Mind-body problem) 238-253. 또한 환원의 문제를 보라.

ㅇ

아인슈타인의 파르메니데스에 대한 생각(Einstein as Parmenides), 그리고 형이상학적 결정론 29-30, 26절

아인슈타인의 결정론(Einstein on determinism) 29, 78, 152-153, 155; 전자기장의 응결에 불과한 것으로서 기본 입자들 220

아인슈타인의 특수 상대성 이론 (Einstein's theory of special relativity) 아인슈타인의 특수 상대성 이론과 '과학적' 결정론 115; 관성 질량과 중력 질량의 본질적인 동일성을 무너뜨림 217. 또한 특수 상대성 이론을 보라.

안정성(Stability) 안정성의 문제 70, 12절, 14절; 통계적인 안정성 165

양자도약(Quantum jumps) 200

양자택일 원리(All-or-nothing principle) 5절; 신경 전달의 양자택일 원리 49

양자 이론(Quantum theory) 28, 200-202, 220-230, 256-258; 양자 이론과 결정론 33, 201-203, 10절; 물질의 전자기 이론으로서의 양자 이론 220; 양자 이론과 인간의 자유 202; 확률 이론 67; 양자 이론과 화학을 양자 물리학에 환원 224-225, 232, 259

언어(Language) 언어의 네 가지 기능 144-145, 149, 197, 241-242; 언어의 탐조등 이론 90-91; 언어와 세계 3 187, 191, 197

엔트로피(Entropy) 열린 체계와 닫힌 체계에서의 엔트로피 268-270

역사(History) 인간의 역사, 역사의 미래 과정, 예측할 수 없는 역사 117-118

역사법칙주의(Historicism) 역사법칙주의의 교설, 역사법칙주의와 예측 117-118, 123; 역사법칙주의 반박 117

칼 포퍼(Sir Karl Raimund Popper)

칼 포퍼 경은 1902년 오스트리아 빈에서 태어났다. 그는 1918년부터 1928년까지 빈 대학에서 수학, 물리학, 심리학, 음악사 및 철학을 공부했다. 그와 동시에 가구 명인의 도제와 교사로 일했다. 그는 빈 대학에서 철학박사학위를 받은 지 50년이 지난 1978년에 엄숙한 의식을 통해서 이 학위를 '새롭게' 수여받았고 자연과학 분야의 명예 박사학위를 받게 되었다.

그는 빈에서 교사로 일하면서 1934년에 『탐구의 논리(*Logik der Forschung*)』를 출판했다. 이 책은 1959년에 영어로 번역되어 『과학적 발견의 논리』로 출판된 이후 고전이 되었으며, 현재까지 많은 언어로 번역, 출판되었다.

포퍼는 영국에 거주하면서 유럽, 뉴질랜드, 호주, 인도, 일본에서 강연을 했다. 1950년 이후 종종 미국에서 강연하였고, 하버드 대학에서 윌리엄 제임스 강연을 했다. 그의 저술로는 『열린사회와 그 적들』(미국 정치학회의 리핀코트 상 수상), 『추측과 논박』, 『역사법칙주의의 빈곤』, 『객관적 지식』, 『끝나지 않는 물음』과 『과학적 발견의 논리』의 『후속편』을 구성하고 있는 세 책, 『실재론과 과학의 목표』, 『열린 우주: 비결정론을 위한 논증』, 『양자 이론과 물리학의 분열』, 그리고 에클스 교수와의 공저인 『자아와 그 두뇌』 등이 있다.

포퍼는 시카고 대학, 덴버 대학, 워윅(Warwick) 대학, 캔터베리 대학, 샐포드(Salford) 대학, 런던 시립대학, 빈 대학, 만하임 대학, 구엘프(Guelph) 대학, 프랑크푸르트 대학, 잘츠부르크 대학, 케임브리지 대학, 옥스퍼드 대학, 브라질리아 대학, 그리고 구스타브아돌

프(Gustavus Adolphus) 대학과 런던 대학에서 명예 박사학위를 받았다.

그는 영국 왕립학술원과 학사원의 회원이며, 미국 예술과학 아카데미 외국 명예회원, 프랑스 학술원 회원, 국제 과학철학학회 회원, 벨기에 왕립아카데미 명예회원, 유럽 과학, 예술, 도서 아카데미 회원, 뉴질랜드 왕립학회 명예회원, 국제 과학사 아카데미 명예회원, 독일 언어문학 아카데미 명예회원, 오스트리아 지식 아카데미 명예회원, 빈 예술원 명예회원, 워싱턴 D.C. 국가과학 아카데미 외국 명예회원을 역임했다. 또한 미국 하버드 대학 우등생연합 명예회원, 독일 철학연합회 명예회원, 런던 정경대학의 명예교수, 케임브리지 다윈 대학의 명예교수, 런던 킹스 대학 과학철학, 과학사 분과의 명예 연구교수, 스탠포드 대학 후버 연구소의 선임연구원을 역임했다.

포퍼는 도덕 심리 과학에 대해 빈 시의 훈장을 받았으며, the Sonning Prize of the University of Copenhagen, the Dr Karl Renner Prize of the City of Vienna, the Dr Leopold Lucas Prize of the University of Tübingen, the Ehrenring of the City of Vienna, the Prix Alexix de Tocqueville, the Grand Decoration of Honour in Gold(Austria), the Gold Medal for Distinguished Service to Science of the American Museum of Natural History (New York), the Ehrenzeichen für Wissenschaft und Kunst (Austria), the Order Pour le Mérite(German Federal Republic), the Wissenschaftsmedaille der Stadt Linz 등을 받았다.

1965년 영국 엘리자베스 2세 여왕으로부터 작위를 부여받은 후, 1982년에 명예훈작의 휘장(H.C.)을 받았다.

편집자 약력

윌리엄 바틀리 3세(William Warren Bartley III)

하버드 대학과 런던 대학을 졸업했다. 칼 포퍼 경의 제자이면서 동료였으며, 오랫동안 포퍼의 조교로도 일했다. 런던 정경대학의 논리학 교수를 역임했고, 바르부르크 연구소에서 과학철학의 역사를 강의했다. 또한 케임브리지의 곤빌 앤드 카이우스(Gonville and Caius) 대학 쿡 연구소 선임 연구원(S. A. Cook Bye-Fellow), 피츠버그 대학 과학철학과 과학사, 철학 교수를 역임했다. 현재 스탠포드 대학 후버(Hoover) 재단의 전쟁, 혁명, 그리고 평화 연구소 선임 연구원으로 일하고 있다.

역자 약력

이한구

경희대학교 석좌교수이며 성균관대학교 명예교수, 대한민국 학술원 회원이다. 저서로『지식의 성장』,『역사학의 철학』,『역사주의와 반역사주의』,『역사와 철학의 만남』,『문명의 융합』, *The Objectivity of Historical Knowledge* 등이 있고, 역서로는『열린사회와 그 적들 I』(칼 포퍼),『추측과 논박』(칼 포퍼),『분석철학』(엄슨),『영원한 평화를 위하여』(칸트),『칸트의 역사철학』(칸트),『객관적 지식』(칼 포퍼) 등이 있다. 열암 학술상, 서우 철학상, 대한민국 학술원상, 3·1문화상을 수상했다.

이창환

성균관대학교 경제학과와 철학과를 졸업하고, 동 대학원 철학과에서「믿음이란 무엇인가?」로 석사학위를 받았으며, 동 대학원 철학과 박사과정을 수료했다. 충북대학교, 청주대학교, 대덕대학교의 강사로 철학과 사상, 형이상학, 분석철학, 논리와 사고, 현대사회와 윤리, 공학 윤리 등을 강의했고, 청주대학교 객원교수를 역임했다. 역서로『파르메니데스의 세계』,『객관적 지식』,『역사법칙주의의 빈곤』,『포퍼 선집』 등이 있다.

열린 우주

1판 1쇄 인쇄   2020년 10월 25일
1판 1쇄 발행   2020년 10월 30일

지은이   칼 포퍼
옮긴이   이한구 · 이창환
발행인   전춘호
발행처   철학과현실사
출판등록   1987년 12월 15일 제300-1987-36호
서울시 종로구 대학로 12길 31
전화번호 579-5908
팩시밀리 572-2830

ISBN 978-89-7775-840-7   93160
값 18,000원

옮긴이와의 협의하에 인지는 생략합니다.
잘못된 책은 바꿔 드립니다.